U0074350

存真書齋仙道經典文庫〔修訂版〕

主編　蒲團子　副主編　三一子
張莉瓊

道言五種

〔清〕陶素耜　撰述
〔民國〕玉溪子　增批
蒲團子　校輯

心一堂

書　　名：**道言五種**
系　　列：存真書齋仙道經典文庫（修訂版）
作　　者：陶素耜 玉溪子
編　　者：蒲團子
責任編輯：陳劍聰
出　　版：心一堂有限公司
通訊地址：中國香港九龍旺角彌敦道610號荷李活商業中心十八樓05-06室
深港讀者服務中心：深圳市羅湖區立新路六號羅湖商業大厦負一層008室
電話號碼：(852)90277110
網　　址：publish. sunyata. cc
電　　郵：sunyatabook@gmail. com
網　　店：http：//book. sunyata. cc
淘寶店地址：https：//shop210782774. taobao. com
微店地址：https：//weidian. com/s/1212826297
臉　　書：https：//www. facebook. com/sunyatabook
讀者論壇：http：//bbs. sunyata. cc
版　　次：二〇二一年十月初版
平裝
定　　價：港　幣　二百四十八元正
人民幣　一百九十八元正
新臺幣　九百九十八元正
國際書號：ISBN 978-988-8583-29-4

中國香港發行：中國香港聯合書刊物流有限公司
地　　址：中國香港新界大埔汀麗路三十六號中華商務印刷大厦三樓
電話號碼：(852)2150-2100
傳真號碼：(852)2407-3062
電　　郵：info@suplogistics. com. hk

臺灣發行：秀威資訊科技股份有限公司
地　　址：臺灣臺北市內湖區瑞光路七十六巷六十五號一樓
電話號碼：+886-2-2796-3638
傳真號碼：+886-2-2796-1377
網絡書店：www. bodbooks. com. tw
臺灣秀威書店讀者服務中心
地　　址：臺灣臺北市中山區松江路二〇九號一樓
電話號碼：+886-2-2518-0207
傳真號碼：+886-2-2518-0778
網絡書店：www. govbooks. com. tw

中國大陸發行
零　　售：深圳心一堂文化傳播有限公司
地　　址：深圳羅湖區立新路六號羅湖商業大厦負一層008室
電話號碼：(86)0755-82224934

善的十條真義

學理重研究不重崇拜
功夫尚實踐不尚空談
思想要積極不要消極
精神圖自立不圖依賴
能力宜團結不宜分散
事業貴創造不貴模仿
幸福講生前不講死後
信仰憑實驗不憑經典
住世是長存不是速朽
出世在超脫不在皈依

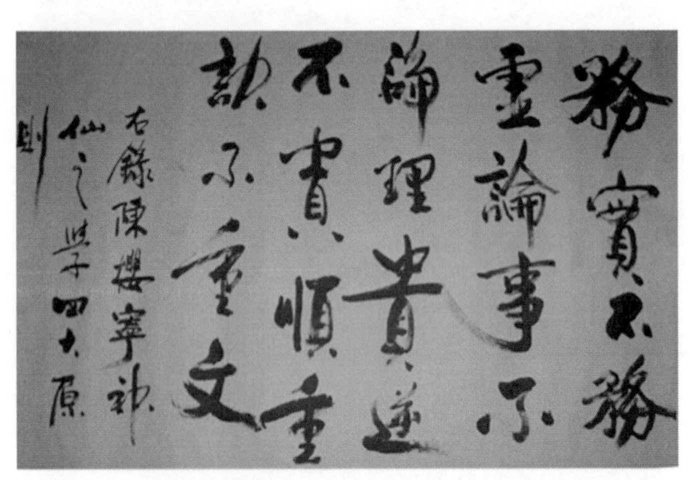

神仙學術四大原則

務實不務虛

論事不論理

貴逆不貴順

重訣不重文

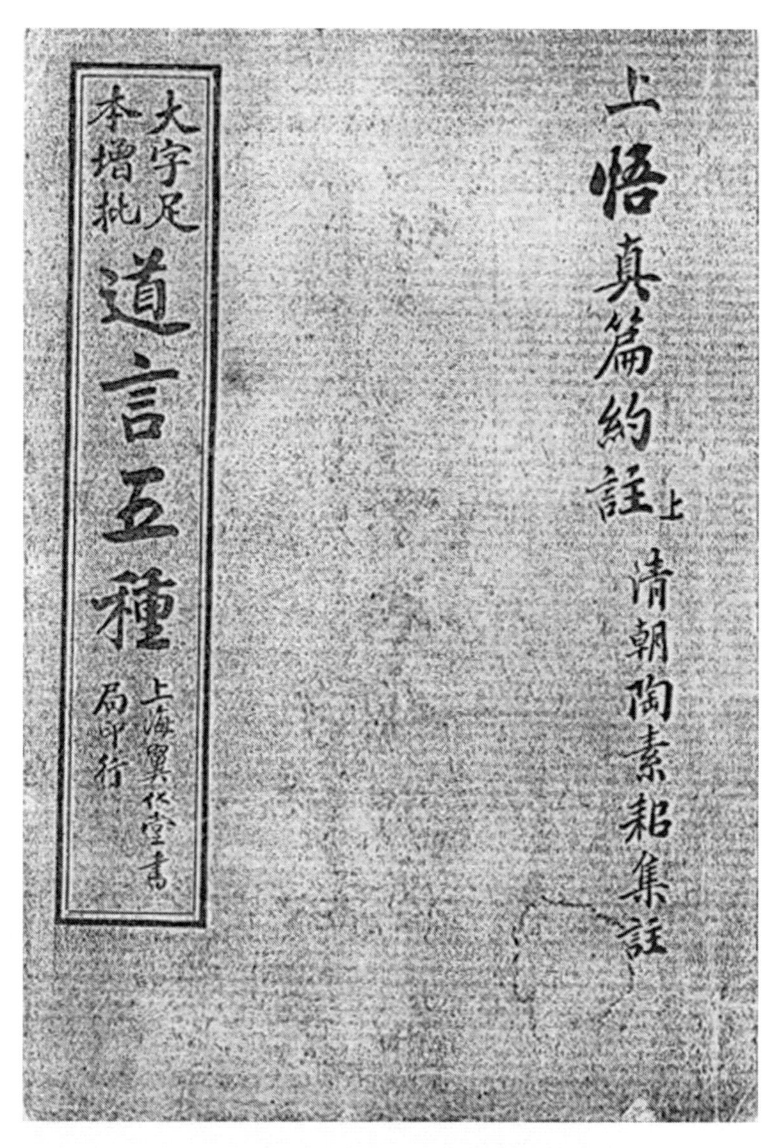

陳攖寧先生藏本道言五種書影

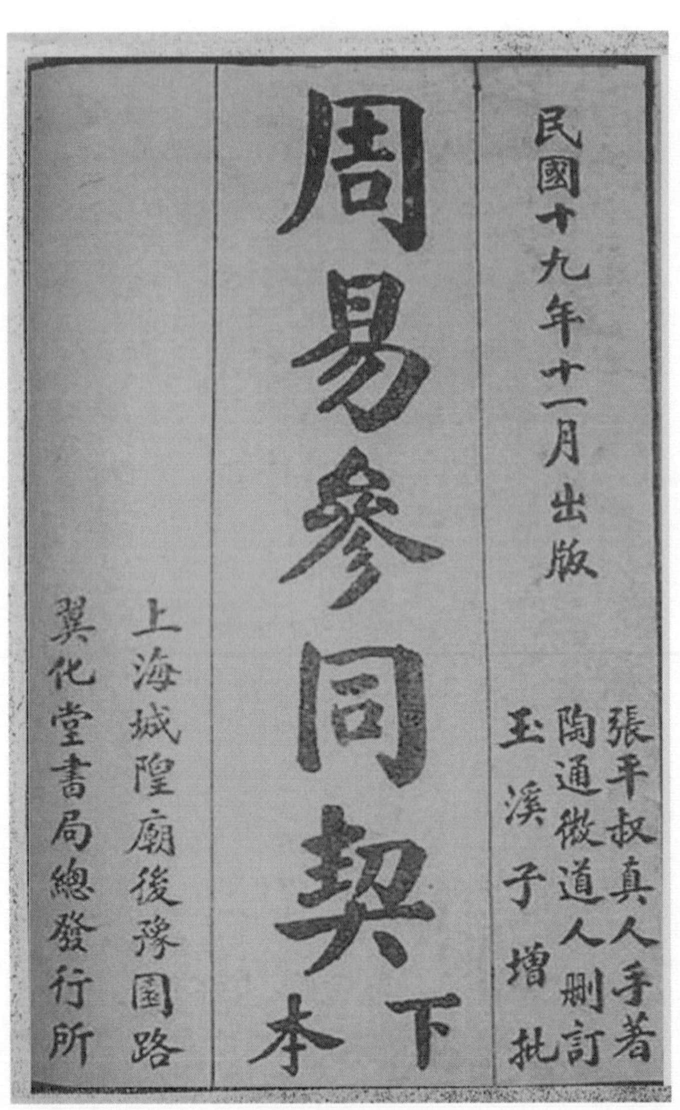

民國十九年十一月出版

張平叔真人手著

陶通微道人刪訂

玉溪子增批

周易參同契

下本

上海城隍廟後豫園路

翼化堂書局總發行所

周易參同契脉望書影

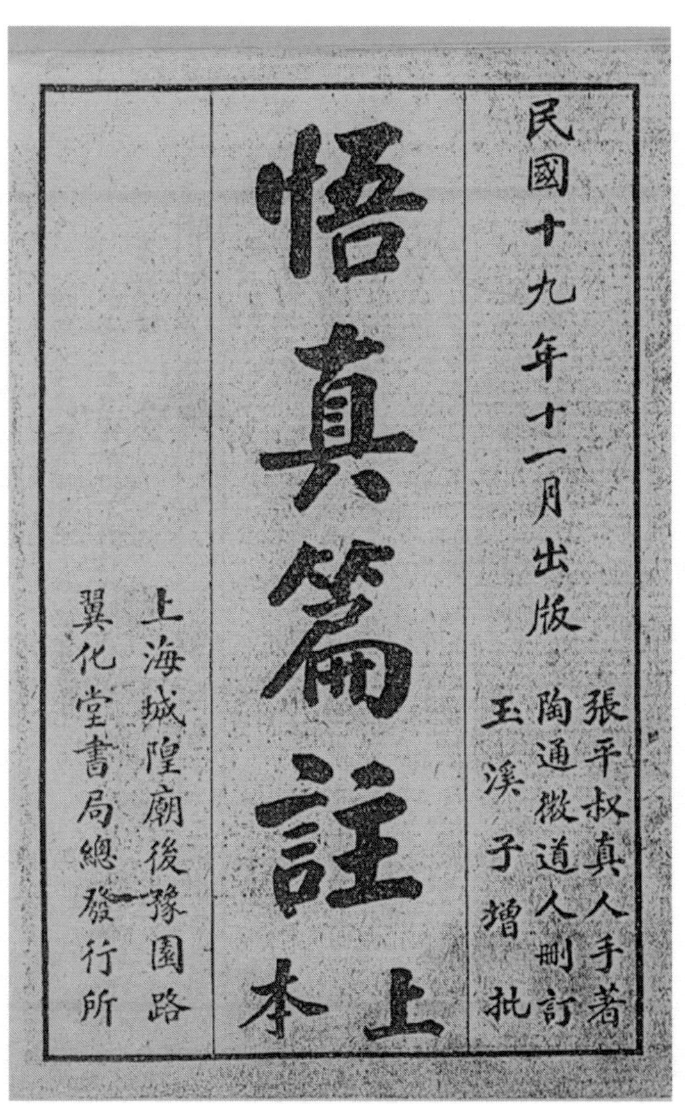

民國十九年十一月出版

張平叔真人手著

陶通微道人刪訂

玉溪子增批

悟真篇註

上本

上海城隍廟後豫園路

翼化堂書局總發行所

悟真篇約註書影

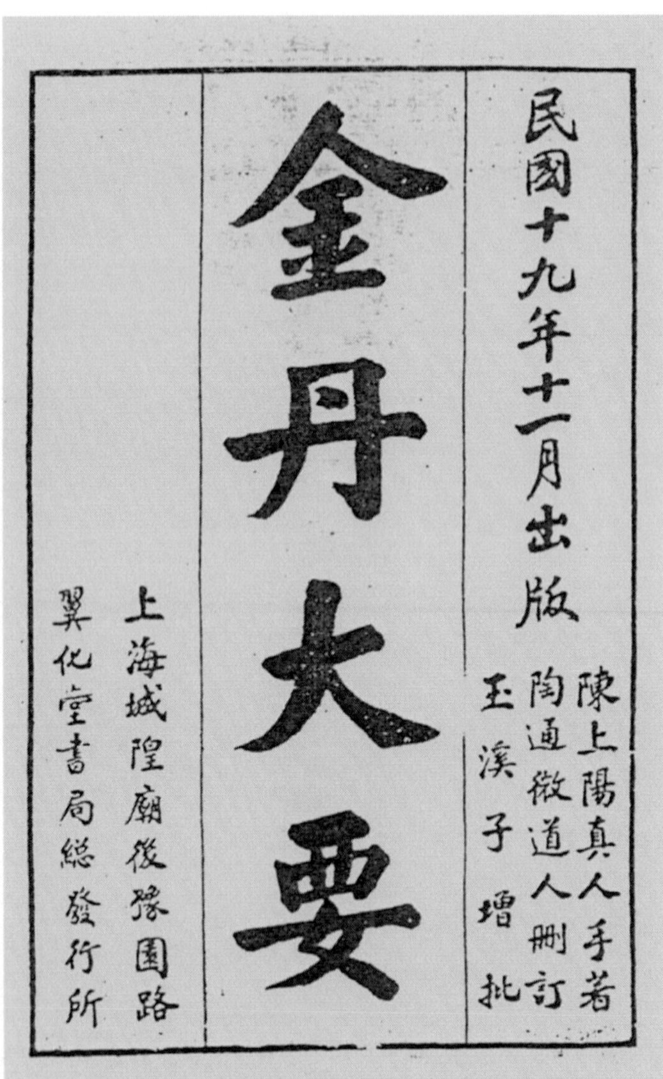

民國十九年十一月出版

陳上陽真人手著

陶通微道人刪訂

玉溪子増批

金丹大要

上海城隍廟後豫園路

翼化堂書局總發行所

金丹大要書影

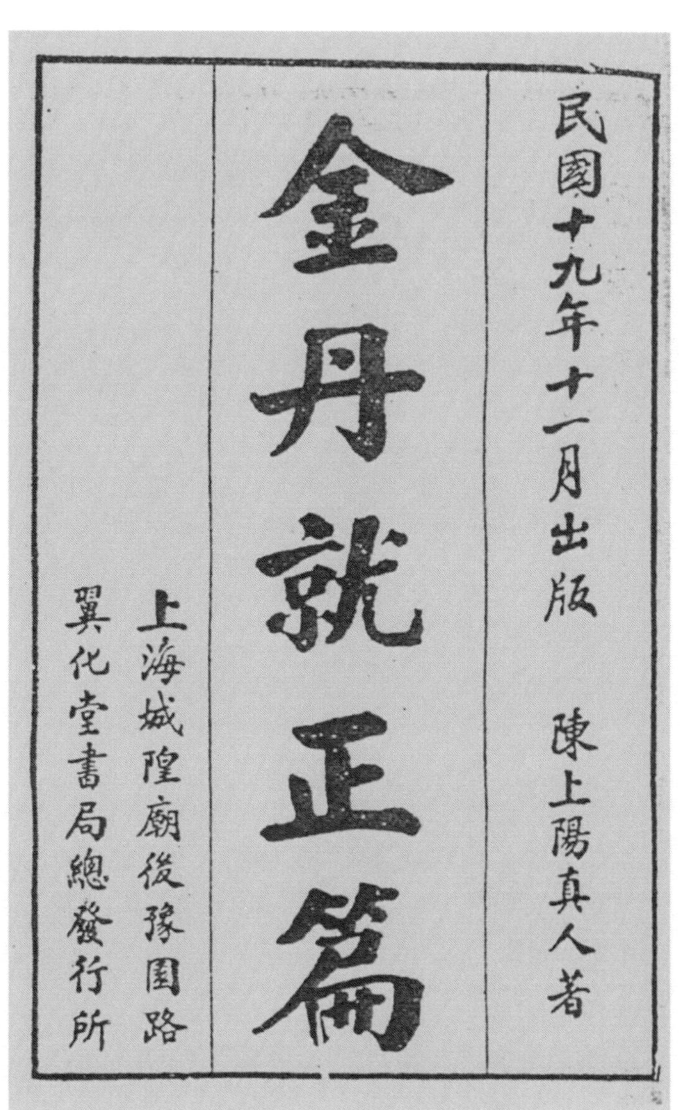
民國十九年十一月出版
陳上陽真人著
金丹就正篇
上海城隍廟後豫園路
翼化堂書局總發行所

金丹就正篇書影

民国廿九年十一月出版

承志錄

上本

上海城隍廟後豫園路

翼化堂書局總發行所

承志錄書影

存真書齋仙道經典文庫緣起

仙道學術，淵遠流長，自軒皇崆峒問道，至今已歷數千年。然歷代仙道大家之經典著述，由於時代之變遷，或埋於館藏，或收於藏海，或佚於民間，或存於方家，若欲覓之，誠爲不易。故對一些孤本要典進行重新編校整理，以免其失落，實屬必要。存真書齋仙道經典文庫之編輯，即由此而起。

存真書齋仙道經典文庫之整理計劃始於二〇〇四年，雖已歷五年，然由於諸多原因，公開出版頗費周折，文庫之第一種道言五種僅以自印本保存，流通之願難以得償。香港心一堂出版社社長陳劍聰先生，雅好道學，嘗以傳播中華固有之傳統文化爲己任。在得知存真書齋仙道經典文庫出版之困難後，遂致電於愚，願將文庫公開出版，以廣流通。善莫大焉。

存真書齋仙道經典文庫之整理出版，意在保留仙道文化之優秀資料，故而其所入選者，以歷代具有代表性的仙道典籍或瀕於失傳之佳作爲主，内容皆須合乎正統仙道之原則，不涉邪僞。凡不合乎於此者，縱爲珍本，亦不在整理之列。

本文庫之整理出版，得到了胡海牙老師的大力支持，及存真書齋諸同仁的通力協助，在此謹致以衷心的謝意。另外，還要特別感謝心一堂出版社陳劍聰先生對文庫出版所提供的方便，及張莉瓊女士、王磊龍靈老弟、劉坤明先生爲文庫的整理、出版所付出的努力與關心。

願文庫之出版，能爲仙道文化資料之保存小有裨益，則愚等之願遂矣。

己丑夏日蒲團子於存真書齋

修訂版序

存真書齋仙道經典文庫是我與三一子先生等人，在十多年前開始籌劃整理的。此前曾做過兩種自印本，但無論是印刷還是裝訂，都很難做到讓人滿意。二〇〇九年的某一天，心一堂出版社的陳劍聰先生打電話給我，希望能合作出版一些書籍，而我也正與中華書局談圖書出版事宜。我當時無法預估商談結果，遂將存真書齋仙道經典文庫的第一種，清代陶素耜撰著道言五種交給中華書局，請出版社審核研究，而將第二種李涵虛仙道集、第三種女子道學小叢書交由心一堂出版。這樣既可保證所出書籍的印製質量，也讓我們不必爲發行費心，能將更多的精力放在仙道經籍的收集與整理上。由於那時候心一堂出版社也剛剛起步，而仙道典籍的讀者群又不廣，故發行量一直不理想，李涵虛仙道集、女子道學小叢書的發行情況，並没有達到我們的預期，以至於我在以後的一段時間內，每整理完一種書，都要先問一問陳劍聰先生還能不能出版。就這樣，我們與心一堂出版社合作了十多年。不僅出版了存真書齋仙道經典文庫十五種不含道言五種，還出版了胡海牙文集兩個版本，一爲單册，一爲上下册、陳攖寧仙學隨談壹、貳、叁、龍虎三家丹法「析判」、陳攖寧文集全十一册等。從二〇二〇年開始，我們所有的圖書出版交由柱下文化(北京)有限公司，繼續與心一堂合作出版。雖然在經濟利益上所獲甚微，但我們與心一堂出版社合作出版的圖書，能經常得到同道之稱贊，也甚爲欣慰。

存真書齋仙道經典文庫從二〇〇九年由心一堂出版社出版，至今已有十多年，由於當時的整理水平及資料等所限，已出版書籍中的失誤與錯漏也時有發現，故很有必要進行一番修訂。結合我們已發現的問題，及一些朋友提出的意見與建議，本次修訂，除了修正文字、調整版式、對部分圖片和書影進行修飾外，還對部分内容進行了重新整理。比如將道言五種納入存真書齋仙道經典文庫，重新校勘，並加入少量陳攖寧先生批註内容；如李涵虛仙道集中無根樹二註，將選用更好的版本重新校訂；如當初整理女子道學小叢書時，選用的版本以青城山常道經書社寫刻翻印本爲主，此次將以民國年間上海翼化堂书局木刻原版進行整理，並加入全本道學小叢書等。

對錯漏及不足的修訂，是爲了讓圖書更爲完善。與此同時，存真書齋仙道經典文庫系列叢書的整理工作依然在繼續。希望閲讀文庫的朋友，能多提寶貴意見。

二〇二一年一月二十六日農曆庚子年臘月十四日蒲團子於玄玄居

編輯大意

一　道言五種是存真書齋仙道經典文庫第一種，又名道言內外五種秘錄，乃清康熙間會稽存存子陶素耜先生編著。全書包括陶素耜先生集註之周易參同契脉望、悟真篇約註兩種，及其删訂之元上陽子金丹大要、明陸潛虛金丹就正篇、明彭純一承志錄三種，共計五種。雖名五種，而金丹就正篇中含有陸潛虛之玄膚論及七破論中之六論，故所收丹書實爲七種。是書二〇〇九年交由中華書局出版，故本叢書未能及時收入。故本次修訂，將是書納入叢書。

二　陶素耜，原名式玉，道號存存子，自號清淨心居士、通微道人，又號霍童山人。少時才華益盛，後來往於霍童洞天，遇師授以修養秘法，遂焚時藝之文，作此道言五種，以傳後世。陶氏與參、悟集註作者仇知幾先生友善，常相互印證丹法。陶氏的丹道思想與方法，頗受後世丹家推重。

三　道言五種，首參同而次悟真者，以參同契爲「萬古丹經王」，而悟真篇發揮參同契之奧義，二書共爲丹書之祖； 繼以金丹大要、就正篇者，以參同辭義奥雅，悟真意旨微約，故取金丹大要之簡明、就正篇之直捷，以方便學人入門； 終以承志錄者，取悟真篇「内藥還同外藥，内通外亦須通」之旨，以外丹而參證於内煉，俾使學者内外皆明，下手方不入於歧路。 是道言五種，淺奥並蓄，内外兼備，歷來爲學人所珍視。

三　周易參同契脉望，係陶素耜先生集前賢註解精華，而獨露師傳奧要。 全書共分四十章，卷前有陶氏讀參同契雜義一篇計二十條，以提挈綱領； 卷末附圖說十一篇，明作丹法象。

四　悟真篇約註，係陶素耜引證翁葆光、陸子野、陳致虛、陸潛虛、戴同甫、李文燭、甄九映、仇知幾等諸賢之註，於每章首列一正解於前，繼陳可互相參證者於後，末參己意以補各註之末及即文中「愚按」，章首冠以陸潛虛「小序」以總一章之旨。

五　金丹大要，乃元上陽子陳致虛著。 上陽子自云：「金丹大要十卷。 首卷『虛無』三章，以示三才；二卷『上藥』一章，以體法身；三卷『妙用』九章，以證九還；四卷『須知』七章，以驗七返；五卷『積功』詩歌，以分邪正；六卷『累行』序說，使無著象；七卷『發真』問答，接引羣生；八卷『修真圖象』，示可印證；九卷『超格』擬古，最上一乘；十卷『超宗』酌古，見性成佛。卷卷皆備鉛汞火候。學道之士，首卷不悟，須尋二卷；三卷不達，四卷須知。次第熟覽，無一不備。吾之成此金丹大要，多重言者，切之故也；多俗語者，顯之故也。」正統道藏依次列虛無三卷、上藥一卷、妙用二卷、須知二卷、積功二卷、累行二卷、發真二卷、超格一卷、超宗一卷，並金丹大要圖一卷，共計十七卷。陶素耜以其詞多重複，遂爲之删訂，錄上藥三品說、妙用九章、須知八章，並附丹法參同十八訣。

六　金丹就正篇，係採自明陸潛虛方壺外史，並附陸著玄膚論及破論六篇。

七　承志錄係明萬曆年間太華山人彭純一貞父所著，乃外丹黃白之術。陶素耜校訂之餘，復作辨惑十五條置於卷末，以補書中遺意。

八　道言五種版本有康熙年間妙蓮齋刻本、遺經堂刻本，嘉慶五年即公元一八〇〇年瀛經堂刻本名道言內外五種秘錄，民國乙卯即公元一九一五年四川成都蓉城復真書局刻本名增批道言五種，民國十九年即公元一九二〇年上海翼化堂善書局刻本名大字足本增批道言五種等。據說還有道光刊本行世。妙蓮齋本、遺經堂本、復真書局本均覓之無踪；瀛經堂本遼寧某圖書館善本庫有藏。現在能見到者，除上海翼化堂版外，尚有巴蜀書社於一九九四年出版的藏外道書第十册中殘存的道言五種之參同契脉望、悟真篇約註和金丹大要三種，約爲嘉道年間刻本，其中悟真約註、金丹大要均有缺頁。而上海翼化堂版，雖被幾家叢書所收錄，然均不完整。臺北自由出版社蕭天石先生編纂的道藏精華中收錄了周易參同契脉望與承志錄二種；黄山書社出版的三洞拾遺中，收錄了悟真篇約註、金丹大要、金丹就正篇、承志錄四種，而缺少參同契脉望，四種著作的順序爲悟真篇約註、承志錄、金丹就正篇、金丹大要，與原著之意不合，其中承志錄亦有脱頁。另有碧梧山莊於民國年間影印玉溪子增批道言五種之金丹大要一種，錯漏較多，亦不知是否有道言五種全本之刊行。

九　玉溪子增批本道言五種，最早於公元一九一五年由四川成都蓉城復真書局刻版印行。增批本作者玉溪子，據成都太極生先生考證，係三復子唐道宗先生季子，名興易，字德修、號還三、玉溪子，生於道光二十八年戊申歲一八四八年，卒於民國十六年丁卯歲一九二七年，四川定遠人。翼化堂版道言五種批註敘末署「旹歲在旃蒙單閼月在圉陽上澣穀旦古漢初玉溪子敘於果山之隱仙洞」。「古漢初」，後改名定遠，即今四川廣安武勝。果山，據太極生先生考證，即金泉山，唐女真謝自然飛昇地。「歲在旃蒙單閼」，「旃蒙」爲十天干之「乙」，「單閼」爲十二地支之「卯」，即「歲在乙卯」，即公元一九一五年；「月在圉陽上澣穀旦」，「圉」，月陽名之一，爾雅釋天云月「在丁爲曰圉」，農曆十月上旬。翼化堂刻本當來自於復真書局刻本。

十　本次點校所採用之版本，爲民國十九年即公元一九二〇年十一月上海豫園路翼化堂書局所出版的玉溪子增批道言五種石印本。校輯過程中，爲方便計，對一些章節添加了小標題，又因翼化堂本部分文字混用，今均做了相應的統一。如「辨」「辦」混用作「辨」，今統作「辨」；如「實」多作「寔」，今統作「實」；「關」多作「関」，今統作「關」；「無」「无」混用作「無」，今統作「無」；如「証」「證」混用，今統作「證」；如「炉」「爐」混用，今統作「爐」；如「灵」「靈」混用，今統作「靈」；如「恋」「戀」混用，今統作「戀」；「盗」「盜」混用，今統作「盜」；「机」「機」混用，統作「機」；「还」「還」混用，今統作

「還」；「采取」「採取」混用，今統作「採取」；「观」「觀」混用，今統作「觀」；諸如此類，皆不做詳細校記。

十一　悟真篇約註、金丹就正篇等有少量陳攖寧先生批註，本次整理時收錄在內。

十二　本書在校輯過程中，胡海牙老師提供了相關的資料，北京三一子先生做了大量的工作，劉坤明先生、張莉瓊女士也提供了相關的幫助，在此謹致以謝意。並感謝心一堂出版社及陳劍聰先生對本書出版提供的支持與幫助。

二〇二一年一月二十四日农历庚子年腊月十二日蒲團子於玄玄居

存真書齋微信公眾號

柱下文化微信公眾號

目錄

周易參同契脉望

悟真篇約註

金丹大要

金丹就正篇

承志錄

會稽陶素耜存存子　述
古漢初玉溪子　加批

道言五種

道言五種批註敘

道言五種，首參同而次悟真者何？以參同爲丹經之祖，悟真發參同之義也。參同、悟真理已備矣，而又次乎大要、就正篇者何？以參同奧雅，悟真約微，故取大要之簡明、就正之直捷也。而篇終又次以承志錄者何？以「内藥還同外藥，内通外亦須通」，若只知内而不知外，將何以了易而成己、濟世而成物乎？此則存存子所以必註集五種之意也。

夫内外之丹本仙道，魏翁作「契」而曰「周易參同」者何？蓋大易作之於伏羲，畫八卦而重爲八八，爲内外大丹之鼻祖，有黃帝演之曰金碧，太上演之曰道德，文、周、孔子演之曰周易。而獨與三聖之易同契者，以周易之言煉己築基、進火退符、合丹温養，事至詳且悉，循序可行，故曰「同契」也。魏張仙翁只就卦象以立言，陶氏註則集衆論以作解，而於周易經文則有不可同契者。蓋易道時未嘗興，故只識其表而不達其裏，道其粗而未道其精也。

鄙人幼承庭訓，長讀父書，頗知易道即丹道，真有若合符節者，不過命詞有異耳。故敬爲批揭於其上，原與同志參觀焉。若欲得其所以同契之詳實，須參看周易辨真自訓詳解而後可。

旹歲在旃蒙單閼月在圉陽上澣穀旦古漢初玉溪子敘於果山之隱仙洞

周易參同契脉望

會稽陶素耜存存子　述
古漢初玉溪子　加批

參同悟真註序

自昔童穉時，雅志玄門之學，既而咿唔呫嗶，馳騤名場者，忽數十年。初願未酬，每訪方外人，大抵導引規中諸法耳。作輟行之，訖無成效。

乙丑後，匏繫金臺，廣搜秘要，始讀參同、悟真，乃知返魂延命，果有別傳心法，而不獨在閉目枯坐，作槁木死灰狀也。乙亥歸里，重晤陶存存先生，證以所得。先生亦云，往時蒲團靜攝，不足了生死大事，爰取道德、南華及參、悟諸書，閉門討論，復虛心延訪，得孫教鸞真人嫡派，遂註參同、悟真，博採諸家，而折衷已意，晦者闡之使明，缺者補之使完，凡藥物火候、結丹脱胎，凡所不能盡吐者，皆隱躍逗露於行墨之間，俾潛心好道之士，流覽玩索，知真詮畢萃於斯編矣。

昔朱子學貫天人，而於參同一書，尚多未解，蓋不得其密諦心傳，而槪求之儒理，亦焉能啟鑰而抽關耶！

余交存存於越水吴山燕臺鳳闕間，已三十餘載，及近來還甬，而先生亦笑傲林泉，有超然世外之想，每著書立說，思嘉惠後人，其最有關於性命精微者，内外丹法，各有成書。

余麤心浮慕，豈能盡窺此中堂奥？倘得結廬静地，晨夕從遊，終期策勵竿頭，一遂人元素志耳。昔春秋陸通住世七百餘年，西漢孔安國長生四百餘歲，皆儒門而通於道術者，鑿然可據也。然則此書垂世悠遠，夫豈同於燕齊迂外之說乎哉！

康熙四十年臘月望日甬江年家同學弟仇兆鰲頓首拜題

仇知幾先生兆鰲，字滄柱，鄞人也。少從黄宗羲講切性命之學，爲諸生，有盛名。官吏部右侍郎即引疾歸，與會稽陶存存研窮修養秘旨。久之，松顔鶴貌，照耀山林。蓋浩然有得者也。所著有四書說約、杜詩詳解及黄老諸書行世。

參同悟真註自序

柱史之道德，漆園之南華，金丹之祖也。卷舒變化，雲龍天鬼，屬辭比事，兼綜條貫，曲士之守邊見者，法眼不具，鮮不謂侮聖而畔道矣。

東漢魏伯陽，祖述周易，作參同契三篇，鼎器、藥物、火候，悉取卦象爲證，發明妙徼同玄，緣督守中之秘，而道德、南華之旨，乃大顯於世。「萬古丹經王」，非虛語也。宋張伯端感青城丈人授訣，歌詠金丹藥物火候交會吉凶之理，凡九十九首，名悟真篇，而參同「推情合性」之旨益暢。千載而後，幸有同心。是參同、悟真者，道德之微言，南華之諦義，性命之極致，三教之真詮也。

廼道德、南華，其說以無爲爲常，以自然爲應，以天行爲動，絕聖棄智，歸於嬰兒，忘言絕慮，和以天倪，讀者尚未知其爲金丹之書也。自有參同、悟真，而金丹之道乃大著。氣精交感，道歸自然，魂魄相拘，行分前後，慎御政之首，轉生殺之機，爲之而主之以無爲，有作而還歸於無作。參、悟二書，固即老莊「食母」「守母」、「有情」「有信」之旨也。

註參同者，始於彭曉、朱晦翁，而集成於俞琰，皆互有短長，惟陳致虛、陸西星、李文燭爲最；悟真則翁陸陳三註外，亦互有瑕瑜，惟陸西星爲醇耳。余童年即愛讀二書，義理幽深，未得旨趣，今者感師面命，事理豁然，而知「有情」「有信」二語，足以盡參、悟之蘊矣。情者，靜之動也；信者，動之符也。「信」之一字，千聖萬真，同此一訣。余註參同併集註悟真，非欲與前賢參訂異同，正以義理遥深，思補前賢所未發，以微窺作者之意，或不至侮聖而畔道也已。

夫以道之浩博，而不可終窮也。坐一室而睹容光，與登日觀而眺滄溟，其耳目之所届，瞻聽之所及，遠近大小，必有殊矣。又況有絕雲氣，御飛龍，騎日月以出六極之外，而遊無何有之鄉者，其相去何如耶！余特睹容光者耳，見眺滄溟者而窅然喪矣。夫安知不有負青天，挾倒景，而神遊於無窮者之至吾前也。堯舜陶鑄於糠粃，孔子復往於兀駘，予其敢以小知自安乎？倘有見參同、悟真，而謂非性命之極致、三教之真詮，不足發明道德、南華之蘊，則真侮聖而畔道。其無以與乎文章之觀，無以與乎鐘鼓之聲也，猶之形骸之聾瞽矣。

康熙庚辰中秋日清淨心居士陶素耜題於妙蓮齋

陶存存先生素耜，原名式玉，會稽人也，少遊越水吴山，燕臺金闕，其才華益盛。登康熙近上，即退處山林，往來霍僮洞天，遇方外至人，傳以修養秘法，遂焚時藝之文，作此道言五種集註及丹家雜義，以詔後學。仇知幾稱其笑傲林泉，樂天達命，洵知言也。自號「清淨心居士」，又曰「通微道人」。

周易參同契脉望目錄 原目

讀參同契雜義

一　參同一書，辭韻奧雅，根據古書，皆内景法象隱語，非世儒章句之學也。以卦象言，則曰乾坤，曰坎離，曰震兑，曰復姤；以天道言，則曰天地，曰日月，曰春秋，曰寒暑；以地道言，則曰鉛汞，曰河海，曰山澤，曰金砂；以人事言，則曰夫婦，曰男女，曰父母，曰主客；以物理言，則曰龍虎，曰金木，曰水火，曰雄雌。皆喻言也，不過發明一陰一陽之道爾，讀者慎勿執著。**增批**　契中一切異名，固是發明陰陽，即周易之易，亦是發明陰陽。故曆书说日月爲易，象陰陽也。而周易中之取象，更難枚舉，讀周易實事自知。

二　冠以「周易」者何？是書從河洛先後天卦圖及文王大圓圖而出者也，其詳具圖說内。先天乾南坤北，後天代以離坎，爲乾坤之二用。二用無爻位，故六十卦張布爲輿，以運周天火候。以乾坤象鼎器，坎離象藥物，不在運轂之内也。六十卦用，喻陽火陰符，初一始於屯蒙，三十日終於既未，取雜卦傳卦畫，一正一反，以象火符一陽一陰之義，此即文王序卦意也。故云「周易」。**增批**　日月爲易，日月即坎離。坎離交则爲坤乾。此乾坤坎離，有藥物鼎器之喻。六十卦喻火符者，此魏翁借以明一月中陰陽之義。若文王之序卦，乃行功之次序也。讀者勿執契言疑之，知易時自了然矣。參者，三也；同者，合也；契者，符也。參同發明天地媾精、日月撣持妙理，後序「歌敘大易」一條，正作契之本旨。推而廣之，「養性服食」雖「羅列三條」，而「異名同出」，故曰「三相類」。參同實包舉三元大道也。有謂契與大易、黃、老爲三相類者，愚未敢以爲然。夫三元皆黃老之道，大易一條，正指人元之道；三條常以養性爲言，不宜摘「黃老」二字作主；二條配以地元服食，而三元乃全。皆從真陰真陽二氣感應而得其精，實切近。而與吾人最親者，莫要於人元。

三　是書流傳既久，繕寫訛錯，簡編不無重複淆亂之弊。明嘉靖時，楊升庵、杜一誠二本，直分四言爲「經」，五言爲景休箋註，雜言爲叔通補遺。王九靈遂將五言分隸四言之下，以上篇爲御政，中篇爲養性，下篇爲服食，更屬牽强。列仙傳謂魏伯陽作參同契三卷，不言景休、叔通共作，稚川仙翁歷年未遠，必非謬語。況後序一云「今更撰錄，補塞遺脱」，一云「故復作此，名三相類」，其爲魏公自撰明甚。余註悉遵舊文，不敢更置。

四　註參同契者甚多，辨論精詳，校正明確，莫如俞琰發揮一書。但俞不知金丹大藥，一切講歸清淨，外此皆斥爲旁門，小知自恃，誤人亦正不淺。自上陽洩漏於前，潛虛詳闡於後，深造實詣，二註並傳，庶幾暗室之巨燈，迷津之寶筏。**增批** 上陽、潛虛之註亦多發明，當與此註參看更佳。 此外，李晦卿亦大有發明處，只是藥物雖陳，火候未講，大旨已備，關渡未明，後學無從下手。余不自揣，輙將師授悉心吐露，非敢炫奇於古人，聊述所聞待來者。

五 魏公祖述周易作契，借易卦以發明丹道，點破重玄，見金丹與易道有合，非謂金丹必藉於卦爻也。**增批** 魏公作契，深知易道即丹道，故名爲周易參同契，非借卦以發明之也。 若執易象以求丹，則丹道反晦。其中細微節次，煉己則於「内以養己」「性主處内」章發之，沐浴則於「二月榆落」「八月麥生」章發之，温養則於「春夏據内體」「君子居其室」章發之。至於六門大藥，則上篇「三日出爲爽」一章，中篇「始於東北」一章，並以發明太陰少陰五日一候相合之妙。三篇專論金丹大道，並未講及地元，真一子專論神丹，彭好古雜講外事，理雖可通，均非的脉，與俞琰專言玉液者，正復相等。

六 上篇歷敘陰陽造化煉成大丹之旨，中篇細陳金汞還返温養防危之用，下篇備顯成丹法象之微，真是次第條列，一步緊一步，意旨原無重複。惟因真鉛難得，反反復復，擬諸形容，正欲學人洞曉先天一炁也。獨火候訣法，不肯明著於文。「始於東北」一章，畧述六門之用，而一月温養之朔弦望晦准之；「朔旦爲復」一章，申明半刻之功，而一年温養之始「復」終「坤」准之。要之月即是年，日即是月，年月日時，皆是比喻。雖火候乃上天所秘，非師勿傳，余註頗爲包括，幸覽者細心玩之。

七

仇氏知幾子集註，事理貫通，深達道妙，而且音韻詳確，美不勝舉，序文例言最得丹道肯綮，余摘取三條，入諸雜義中，以公同好。序云：「古之真人，知神由中主，而氣自外來，故必以神馭氣，而保厥長生。夫人之一身，常以元神爲主宰，而取坎塡離，氣始復焉。坎中之水，即陽氣也，乘其爻動，而以意招之；離中之火，即陰精也，靜極能應，而以意運之。此意從靜極而生，即真土也。氣精交感，皆是真意所攝。意不專一，其神散而不凝；神不凝聚，則大用現前而失之俄頃。是故，『安靜虛無』，以養其神也；『萬乘之主』，以尊其神也；『辰極處正』，以用其神也；『閉塞三寶』，以斂其神也。神靈則氣應，始可從事伏食，而行還返之道，故神爲丹君，氣爲丹母，誠用功綱要也。」此論最合紫陽祖「神爲君，心爲主」之旨。

八　知幾子云：「契中言金水者，有兩種：先天之金水，五千四十八日，金氣足而水潮生，所謂『天應星，地應潮』是也；後天之金水，一月六候，前三候震兑乾屬金，後三候巽艮坤屬水，從日光之明晦分出陰陽也。先天之金水，取爲丹母，還丹用之；後天之金水，資爲爐藥，煉己養丹用之。**增批**　先天之金，即是先天鼎中之先天；後天之金水，即後天鼎中之先天。在易即兑坎二卦。『五分水有餘』直指先天大藥，『晦朔合符』專論六候之象，非兩弦震兑相當也。」愚按：先天大藥，李晦卿指晦前朔後，每月之首尾，爲鉛汞二藥，確有至理，但種鉛得鉛，種汞得汞，巧處全在丁壬先後之間。此種天機，知者甚鮮。

九　又云：「契中言火候者，亦有數種：有鉛中之火，白虎初弦之氣也；有汞中之火，青龍初弦之氣也；有二七之火，白虎首經是也；有周天之火，十月抽添是也；有首尾之武火，煉己温養用之，後天陰火是也；有中間之文火，一符得丹用之，先天陽火是也；有外火，三日出庚，震來受符，天地之和氣是也；有内火，緩處空房，平調勝負，一身之元氣是也；有丁壬妙合之火，以汞投鉛，前二候煉藥用之；有舉水滅火之火，迎鉛制汞，餘四候得藥用之；有未濟之火，火上而水下，順行之常道，求藥用之；有既濟之火，水上而火下，逆行之丹法，合丹用之。」**增批**　仇註一切之火，總不外進火退符、和丹温養中一點心龍之弦氣與己規中之靈光而已。

十　藥物、火候，仇氏言之詳矣，而鼎器未及，余爲補之。鼎器者，空虛之物也。乾坤爲天地之體，天地爲乾坤之象，人身一小天地，故以乾坤當之。老子曰「當其無，有器之用」，契曰「器用者空」。天地間，實者不能容物，而虛者能容受之。坤器中本來無物，二七之期，感觸乾父精光，而陽氣始動；乾鼎中亦本來無物，採取之時，吸受坤母陽鉛，而金丹始凝。皆是無中生有，劈空造作出來，曰「鼎器」者，不過借之以作盛物之器也。辟之外丹，始而寄氣於鉛，而鉛不用；繼而寄氣於銀，而銀不用。銀鉛本無先天之氣，只是假此作鼎器，以招攝先天一炁耳。人元金丹，亦猶是也。**增批**　鼎器雖分陰陽，若乾宮不虛，不能吸受坤元；坤宮不虛，何以容納乾元。天地與乾坤有同理者也。

十一　鼎器、藥物、火候，有元神爲主以運之。而關渡不明，鵲橋難駕。元竅藥生，何以招之入路？醍醐灌頂，何以送之歸壺？古仙云：「修真若不明關渡，採藥歸來迷道路。」關渡其可不知耶？**增批**　元竅逢壺，須要着眼。**蒲團子按**　「逢壺」，或爲「歸壺」。近來固陵一派，得錢賈真人指授，而牛女之路通。天律甚嚴，余亦不敢細述。南派仙師，於成丹火候，配以十二辰，將此二着稱爲卯酉沐浴，義理甚精，余於「漸歷大壯」節註内，吐露其端，復於靜照圖詳示其竅，俟明者自得之。

十二　契中言玄關者，亦有數處，曰「内照形軀」，曰「方圓徑寸」，曰「運移不失中」，曰「浮游守規中」，皆是。古仙云：「學人不曉内玄關，採得藥來無處安。」則玄關其最要也。但此玄關，上不在天，下不在地，中不在人，非有非無，非内非外，上通絳宮而透泥丸，下接丹田而達湧泉。雖有此竅，却無形體。下手立基之始，離諸妄想，物我俱忘，專氣致柔，回光返照，靜定習久，如止水無波，如太虛無雲，凡息一停，真息自動，但覺一念從規中起，混混續續，兀兀騰騰，靜極欲動，自然見玄關一竅，其大無外，其小無内。悟真所謂「土釜」「家園」「黄金室」等名，皆是此竅。此之謂真胎息、真爐鼎、真精神，乃種金穀之玉田也。**增批**　玄關即内黄庭，又即薪傳之「中」也。

十三　修真成道法門，大畧有四種：「上德無爲，不以察求」，清淨之功也，謂之天元；「下德爲之，其用不休」，返還之事也，謂之人元；九池九鼎，藥化功靈，服食之道也，謂之地元；靜則金丹，動則霹靂，符籙之法也，傳授真，行持力，亦成南宮列仙。四者之外，皆旁門外道矣。後世方技之流，以盲引盲，不可勝紀：有歷藏思神者，有食氣導引者，有餐霞吸雲者，有枯坐煉魔者，有數息閉息者，皆清淨之弊也；有九一採戰者，有懸胎接氣者，有出胎吸氣者，有紅鉛秋石者，有嬰臍梅子者，有離形感氣者，皆人元之弊也；有燒煉三黃者，有草木灰霜者，有煮硫乾汞者，有金石煉食者，皆地元之弊也；有履斗瞻星者，有日時干支者，有立壇祭祀者，有結想見形者，有詐稱仙佛者，皆符籙之弊也。夫三元大道，都是同類施功，無質生質，凡有作有爲，渣質濁穢，與夫行符籙而缺内功者，盡屬邪魔外道，參同所以連篇誥誡也，學道者其知之。**增批**　一切旁門當知得，自不爲他所迷。

十四　俞琰釋疑一書，辨正經文，最有見解，而中尚有偶失處，不得不爲辨之。如「日月炁雙明」，俞謂「炁」字乃古「旡」字之訛，日昱乎晝，月昱乎夜，主無雙明之說。不知月望，正兩相望而明。丹法亦以雙明見妙，猶未免世俗文字之見。「偃月作鼎爐」，疑是「鉛月」音聲之訛，對下文「汞日」而言。豈知悟真篇「偃月爐中玉蕋生」一詩，實是此節註脚。「金氣亦相須」，承「兩孔穴法」而言，有無限妙處，俞本作「有無亦相胥」，則與上文無別，毫無意味；「其三遂不入，火二與之俱」，正以指明二分輕清、藥物匀平之妙，俞本作「其土遂不入，二者與之俱」，則下文「三物相含受」，舍土不入，安得三物乎；「首尾武，中間文」，言首尾煉己温養皆是陰火、武火也，中間一符得藥，真鉛之氣，乃爲陽火、文火也，俞以晦朔爲首尾，月望爲中間，無着落處，蓋俞以玉液言，當云「首尾文，中間武」也。

十五 是書辭協古韻，典雅多風，但義理深奧，淺學讀之，妄意更改，舛誤頗多。昔紫陽朱子，鳴絕學於淳熙、慶元之間，未嘗詭隨於異說，獨愛參同一書，精研熟究，不忍釋手，嘗曰：「邵子得於希夷，希夷源流自參同契。」與蔡西山先生訂正於寒泉精舍，有註釋、考異二編行世。儒術談玄，文義固精，但少教外別傳耳。而俞琰釋疑一書，多折衷於朱子，余所定經文，又多折衷於俞琰，有功參同，正自不少。

十六 淮海陸潛虛先生諱西星者，遇呂祖於北海草堂親傳道妙，著述頗富，測疏、口義二註，最爲明晰，但火候次第，展卷尚未了了。余註多參用潛虛語，而於喫緊處，皆細細指出，暢所未言。非敢謂與是類，庶幾附於好古尚論之義，以結緣丹友，實冀哲人之賜教也。

十七 佛門廣大，法海無邊，無論淺學凡夫，茫乎不知涯岸，即累刦修持賢聖，其於如來知見，與眾生以開示悟入之處，亦未易入其室而臻其奧也。腐儒乃以邪說闢之，何異蝦鰍前舞乎？惟智者大師「止觀」之學，定慧雙修，與參同契事或不同，而理頗同。止觀以「空」、「假」、「中」三諦爲義，通萬法者莫妙乎空，立萬法者莫妙乎假，妙萬法者莫妙乎中。「安靜虛無」者，止也；「凝神成軀」者，觀也；「推情合性，隔閡相連」者，從空入假觀也；「委志虛無，無念爲常」者，從假入空觀也；「衆邪闢除，正氣常存」者，中道正觀、圓照三諦也。真空不空，妙假非假，孰謂仙佛二宗竟不相謀哉！增批　三教原本一道，深佛學，周易自然首肯。

十八　近日禪學衰微，真如實相，妙悟者鮮，乃習成口角，借本來面目影子，指東話西，訶佛罵祖，竟似毘盧頂上行，寂滅海中戲者。究竟機辨雖利，說得行不得，於本分事何涉？尤可鄙者，章句庸儒，粗知傳註文義，儼然以道學自任，蓬心管見，毀訾聖賢，是斥鷃鸒鳩之笑圖南也。即如朱陸異同，只是下手得力處，資禀各有所近。如曾子之真積力久，顏氏之聞一知十，殊塗同歸，有何軒輊，而廼等陸子於楊墨耶？又有諂佞之徒，創爲「吾儒本天，異學本心」之說，以附會之，而道學乃益敗壞而不可救。孔子曰：「先正其心。」又曰：「操則有，舍則亡。」孟子曰：「仁義禮智根於心。」又曰：「盡其心者，知其性也。」非盡心，安知性？非知性，安知天。」爲此說者，庸儒之功臣，孔孟之罪人也。儒宗若此，釋教若彼，真堪與祝簁賽願道士鼎足而三教也。奚若參同契，發抒陰符、道德、龍虎上經微旨，可以了生達死，可以盡性至命，津梁後學，實而有據，萬世可循耶！

十九　參同雖詳說先天交會之妙，而後天築基煉己作用，原已包括無遺。彭鶴林翁云：「未說修丹便得仙，且圖形固得延年；那堪或有冲昇分，渺渺白鶴登青天。」旨哉斯言！學道之士，只遵後天作用，進氣採藥，形固延年，真有立竿見影、空谷傳響之應。倘因緣有值，則先天大藥亦近取諸身而易證，俟其時至而已。

二十　藏經三洞羣仙錄云：「唐末書生何諷嘗讀古書，卷中得髮捲，規四寸，如環無端，斷絕處兩頭滴水升餘，燒之，作髮氣。諷嘗言於道者，道者曰：『吁！君固俗骨，遇此不能羽化，命也。據仙經，白魚三食神仙字，則化爲此物，名曰脉望。夜以規當天中星，星使立降，可求還丹。取此水和服，即換骨上升』。諷因復取古書讀之，蠹漏處，多神仙字，乃歎服。」余據此而名脉望。觀余註，則還丹可求而服也。徒興羨魚之情，未遂織網之願，同心之言，人生固若是其芒乎？固若是其無遭乎？抑亦尚有不芒者相遭乎？

皇清康熙庚辰中秋會稽陶素耜伭真存存子識

周易參同契脉望上卷

會稽陶素耜存存子述　古漢初玉溪子增批

一

乾坤者，易之門户，衆卦之父母。坎離匡廓，運轂正軸。

此首言易道以准丹道也。

首句從易傳「乾坤其易之門」來。闔户謂坤，闢户謂乾，一陽一陰，一闔一闢，變化不窮，故爲門户；自八卦以至六十四卦，皆從乾坤生出，故爲父母。**增批**　本孔子易傳「乾坤其易之門邪。乾，陽物也；坤，陰物也」。

坎離二卦，代乾坤而定南北之位，後天之乾坤也，丹法之藥物也。乾體破而爲離，坤乃實而成坎，陰陽之精，互藏於坎離之内，是即乾坤之真精也。離日以陽包陰，坎月以陰包陽，俱有輪廓，如匡廓然。**增批**　乾交坤則中虚成離，坤交乾則腹實爲坎，故後天八卦坎離代乾坤而定位南北也。

運轂者，六十卦之火候也。乾坤坎離，不在運轂之内。轂猶身，軸猶心也。運轂之妙，必先正其軸。修丹之士，欲運日月於乾坤鼎器之中，未有不自正心始者。若心不正，則有作有爲，悉歸邪妄矣。朱子曰：「乾坤位乎上下，而坎離升降於其間，所謂易也。」下節「覆冒」以下，言人心能統陰陽、運轂軸以成丹也。

牝牡四卦，以爲橐籥，覆冒陰陽之道。猶御者之執銜轡，有準繩，正規矩，隨軌轍，處中以制外。

牝，陰也；牡，陽也；四卦，乾坤坎離也；橐籥，即鞴囊氣管，乃通氣往來之虛器，喻陰陽之門户也。

丹法以乾坤爲鼎器，烏兔爲藥物，皆指人身而言。乾坤之配合，坎離之往來，如冶人之鼓橐籥者然。道德經云：「天地之間，其猶橐籥乎。」蓋陰陽消息，真氣流通，藥火妙用，升降往來，直與天地之氣相通，故以四卦爲橐籥，而覆冒乎陰陽之道也。

然乾坤何以配合？乾乃陽鼎，坤乃陰器，天地間之道，無兩不化，凡内外丹道之真鉛真汞皆然，故必乾陽坤陰兩相配合，乃成真鉛。猶天上太陰，得太陽一點陰火精光，而於初三之夜，現一痕陽光于庚方也。坎離何以往來？離乃先天之乾，屬陽；坎乃先天之坤，屬陰。契曰：「陽往則陰來。」陽必有以先往，陰乃有以大來，惟少陽先射一點陰火精光於少陰之内，少陰乃成一爻陽鉛之氣復還少陽之中也。

「猶御者」四句，喻言火候隨心應節之意。「銜轡」、「準繩」、「規矩」、「軌轍」，皆有不易之度，正如列子所謂泰豆氏之御也。列子云：「正度乎胸臆之中，執節乎掌握之間，内得於中心，外合於馬志，故能進退履繩墨，旋曲中規矩。」臨馭丹爐，亦猶是矣。

處中者，養性于中，身心不動也；制外者，按期採藥，隔礙潛通也。真陽方動，處中之人運己汞以迎之，外因中激而有靈，中因外觸而有象，有六轡在手，如組如舞之妙。「中」「外」二字，分明指出「丹從中結，藥自外來」之意。

朱子云：「銜轡，謂所以使陰陽者；準繩、規矩，謂火候；軌轍，指其升降之所由。」

數在律歷紀，月節有五六，經緯奉日使。 增批　月節者，一月兩節也；五六者，五日一候也，六候爲一月也。

作丹之法，雖有微妙重玄，却有時候可定。鼎上火符，不過陰陽消息而已。合之十二管以爲律，十二月以爲歷，皆足紀藥火之數也。故作丹之火候升降進退，無不與天合度。一月三十日，五日爲一候，六候爲一月，而丹法藥火自然之運用，奉之以爲準。六候之爲金爲水，一定而不易，所謂經也；朝暮之用屯用蒙，進退而隨時，所謂緯也。日使者，奇門遁甲之法，每日俱有使者值符，一經一緯皆奉日之交會乎月以爲運用也。

兼并爲六十，剛柔有表裏；朔旦屯直事，至暮蒙當受。晝夜各一卦，用之依次序；既未至昧爽，終則復更始。

「奉日使」之義，於何見之？以六十卦兼并於一月之中，爲温養澆培之火候。朝則剛者爲裏，進陽火以施生育之德也；暮則柔者爲表，退陰符以行調和之功也。「表」「裏」，猶下文言「内」「外」，陰符包裹陽氣之意。

朔旦朝屯暮蒙，取卦畫反對；一逆一順，以象藥火之升降。朝則自下而上，暮則自上而下，每日兩卦，一剛一柔，一表一裏，依次而用。自初二需訟，以至三十日既未，各有兩卦直事。至次月之昧爽，即次月之朔，終而復始也。**增批** 朝屯暮蒙與周易之屯蒙有別。此不過一日兩卦，象藥火之升降耳。

此節借一月設卦，以明温養火候，非真須逐日分卦，按時分爻，但舉屯蒙二卦，可以該其餘矣。故悟真云：「此中得意休求象，若究羣爻謾役情。」

日辰爲期度，動靜有早晚。春夏據内體，從子到辰巳；秋冬當外用，自午

訖戌亥。

朱子曰：「春夏謂朝，秋冬謂暮，内體謂前卦，外用謂後卦，此六十卦之凡例也。」又以「奉日使」之義，凖養丹火候於一日之中，以爲期度，則兩卦之動靜，亦有早晚。動者，陽炁發生之候；靜者，陰符起緒之初。從子至巳，宜進而動，用前一卦以應春夏，内體也；從午至亥，宜退而靜，用後一卦以應秋冬，外用也。易曰「寒暑相推而歲成」，可證也。鶴林翁亦云：「自子至巳震兑乾，自午至亥巽艮坤。」意相發明，悟者自知。

賞罰應春秋，昏明順寒暑；爻辭有仁義，隨時發喜怒。如是應四時，五行得其理。

此節又取天道、易道以明丹道之進火退符，咸相脗合。賞罰者，文武加減之火，應天之春秋；昏明者，陰陽升降之則，順時之寒暑。仁義即甲庚。爻值而仁，是生庚也，隨之以喜；爻值而義，是生甲也，隨之以怒。四時之氣備於一日之中而吾能應其機，五行之理全於進退之内而吾能得其序，則煉丹之能事畢矣。鶴林翁云「一爻剛兮一爻柔，一候文兮一候武」，正以指明煉己養丹火候相同也。

增批 春主生而秋殺，故易有「錫命」「三褫」之語；寒爲陰而暑爲陽，故易有「遏惡揚善」之事。喜者，同人親之也；怒者，睽而外之。

總之，一月之火候與一年無異，一日之火候與一月無異。其言剛柔表裏、屯蒙既未、動靜早晚、内外子午、春秋寒暑、仁義喜怒，不過象火候消息之用而已，皆喻言也，慎毋執文泥象。

右第一段 總敘作丹大旨。前二節言藥物，然採取之時，藥在外，火在中，以火而致藥，藥中有火焉；後四節言火候，然温養之日，藥在外，歸於中，得藥而行火，火中有藥焉。

二

天地設位，而易行乎其中矣。天地者，乾坤之象也；設位者，列陰陽配合之位也；易謂坎離，坎離者，乾坤二用。二用無爻位，周流行六虚；往來既不定，上下亦無常。

魏公引易傳之文，而復逐字自解。

天地一陰陽而已，乾鼎坤器，正所以象陰陽也。乾設位乎上，坤設位乎下，一定配合，不可移易。人身一小天地，乾鼎坤器之不可移易，亦如天地設位一般。

易者何？合日月而成字也。日月爲天地之水火，行於天地之間，是天道之易；坎離爲乾坤之水火，行乎乾坤之內，是人道之易。故乾坤大用，全在坎離。先天卦位，乾南坤北，後天卦位，退居不用，代之以離坎，則後天之用行矣。乾坤其先天之體也，坎離其後天之用也，故曰「二用」。

行者何？天地日月，運於太虛，原無爻位，故二用亦無爻位。朱子云：「六虛者，即乾坤之六爻虛位也。言二用雖無爻位，而常周流乎乾坤六爻之間，猶人之精炁，上下周流乎一身而無定所也。」知幾子云：「六爻進退，皆此二用之周流往來上下耳，丹法準此以行火候。往來者，剛柔相交，小往大來也；上下者，否泰互用，上升下降也。採藥與行火，俱視坎宮之氣動，而離不能以專主，所謂不定而無常也。」

幽潛淪匿，變化於中；包裹萬物，爲道紀綱。以無制有，器用者空；故推消息，坎離没亡。 **增批** 原批云：藥乃道之綱，火乃道紀，猶上章言「經緯」也。

其「中」者，天地之中土是也，戊土司坎之門，己土司離之户。蓋以坎離二用，是藥是火，恍惚杳冥，互藏於陰陽之宅，不可以視視，不可以聽聽，難擒難伏，所謂「幽潛淪匿」也。及時至炁化，在上半月三候則變爲陽，在下半月三候則化爲陰矣。坎離爲造化之匡廓，自能包裹萬物，代乾坤爲二用，實乃大道紀綱。

制者，制造也。丹法雖以二用中和之炁交結而成，坎離之中却本來並無此物，神仙以法追攝，各從虛無靜定中，劈空造作出來，就有證有驗，確然可指之爲有，故曰「以無制有」。道德經云「天下之物生於有，有生於無」，即此義也。舊解有無分屬離坎，言擒鉛制汞，俱此離無中一點真土，亦通。但下文自解，緊接「器用者空」，則余解較切。

器用者空，言器之所以爲器，中實則不能容受，中空方能容物，故乾鼎坤器皆以空而生妙用，亦用老子之說以喻「以無制有」之義，即「當其無，有器之用」意也。然空之與氣，本不相離。關尹子云：「衣搖空得風，氣噓物得水。」搖空得風，則鼓物可以生氣；噓物得水，則積炁可以化精。可見法身無相，終不離於色身之中矣。

消息者，進火退符之候也。推其消息，以准火候。朔旦至望，則震兑乾爲陽火；望後至晦，則巽艮坤爲陰符。一日兩卦，始自屯蒙，終則既未，皆六十卦爻之妙用，並無坎離可見，是「坎離沒亡」也，即「無爻位」之證。

言不苟造，論不虛生；引驗見效，校度神明。推類結字，原理爲徵；坎戊月精，離己日光。日月爲易，剛柔相當；土王四季，羅絡始終。青赤白黑，

各居一方，皆禀中宮，戊己之功。 **增批** 日月爲易，易即陰陽。孔子曰：「一陰一陽之謂道。」原批云：意即土也，四象非土不成，丹非意不就。

魏公作契，豈肯造言虛論？誠有見於天地設位，日月交光，足以包裹萬物，爲道紀綱。效驗神明，莫大於此。而又推古人結字之義，原其理以爲徵驗，如疊「日」「月」而成「易」，合「日」「月」而成「丹」，皆不外日月交光之義。

坎納六戊，月之精也；離納六己，日之光也。古人合日月爲易，有相當之義焉。當者，不輕不重，不多不少，俱要相稱。一剛一柔，本不相入，全賴戊己二土，調和媒合，陰陽相濟，彼此之情戀矣。二用之妙，其功全在乎土也。且土之爲德，分王四季，造化五行，羅絡一歲之終始，木火金水咸賴焉。

青赤白黑，即木火金水，各居一方。然木火又居離，金水又居坎也。四季皆禀辰戌之戊土、丑未之己土，以成歲功。其在丹道，和合四象，擒制二土，舍中宮之真土無由矣。然真土更是何物？黄婆是也，吾人之真意也。

右第二段 論乾坤二用全在坎離，以申明上章「匡廓」之義，而推極於「以無制有」之妙也。末節功歸真土，以盡二用之蘊。首句是綱，「乾坤」解「天地」，「陰陽配合」解「設位」，「坎離」解「易」，「二用」四句解「行」，下二節解「其中」、「戊己」亦是「中宮」所攝。

三

易者，象也。懸象著明，莫大乎日月。窮神以知化，陽往則陰來；輻輳而輪轉，出入更卷舒。

增批 孔子曰：「變通莫大乎四時，懸象著明莫大乎日月。」仙翁重以明之。

易謂坎離者，乃藥火之象也。日月爲天地間水火之象，坎離爲男女中水火之象，故曰「懸象著明，莫大乎日月」。

易曰：「陰陽不測之謂神。」張子曰：「合一不測爲神，推行有漸爲化。」是神者，乃陰陽之主宰；而化者，即陰陽之迭運也。則欲窮其神，知其化，其惟陽往則陰來乎。

太陰純黑無光，若不受太陽精光，則太陰何由而有陽光之炁，自出庚而弦望，自望弦而晦朔耶？而人間之少陰可知矣。亦必先受少陽一點陰火精光，乃成一爻陽鉛之炁，可以復還乾陽之中，故陽小往則陰乃大來也。丹經所謂返還歸復者，義盡於此。

自朔而晦，自晦而朔，如輻之輳轂，輪轉不停者，此陰陽之來往也；日月行於黃道之上，一出一入，迭爲盈虧，互爲卷舒，各有次序者，亦此陰陽之來往也。日月之神化如此，則吾身之日月日用不知者，可默識矣。故學道之士，知晦朔弦望之妙，於往來輻輳，知採藥之符，是窮神也；知動靜早晚之期，於出入卷舒，識運火之候，是知化也。在學人反身而求之耳。

右第三段　此指陳身中之陰陽，故引易傳之文以假象寓意。

四

易有三百八十四爻，據爻摘符，符謂六十四卦。晦至朔旦，震來受符，當斯之時：天地媾其精，日月相撢持：，雄陽播玄施，雌陰統黃化：，渾沌相交接，權輿樹根基：，經營養鄞鄂，凝神以成軀：，眾夫蹈以出，蝡動莫不出。

增批　晦爲純陰，其卦为坤。朔旦則一陽生矣。正子時一陽初生，其卦爲復之象。復之下卦爲震，故曰「震來受符」也。自旦至上弦八日，與「七日來復」同義。蝡，音「輭」。

此節專論震符，以示大藥之初候，而統論火符以發其端。

全易一部，計三百八十四爻；大藥一觔，計三百八十四銖。此丹道、易道之相同，作契之本旨也。

爻者，六爻之位；符者，爻符與卦合體。六十四卦，除乾坤爲鼎器，坎離爲藥物，餘六十卦皆火候。一時當一爻，一月當三百六十爻。據爻者，依時而合其藥；摘符者，乘機而取其事。比喻鼎器、藥物、火候，謂一卦有六爻，一爻有三符，陰陽相交，不用一時之久，不盡一爻之用，故一時分三符，摘用一符也。符謂六十四卦者，與卦相符合也。

晦至朔旦者，子位之初，冬至之用，陽炁漸生，至三日之夕，而震先來受符，非朔旦即震符也。人身中只此一日一符爲先天藥生之候，正謂一陽生於二陰之下。三日出爲爽，以象復卦也。復之下卦爲震，一陽來復，可以求鉛。當此之時，乾坤相遇，合體而媾精；烏兔合璧，交結而撣持。**增批**　原批云：復震二卦，一象冬至，一象出庚，相爲表裏，志趣不悖。

雄陽之虎，播其玄施，玄乃天之色，施則天施之意也；雌陰之龍，統其黄化，黄乃地之色，化則地生之意也。一施一化，丹法以之爲權輿，而樹立根基。權輿者，始初之義。古人作衡自權始，造車自輿始，詩云「不承權輿」，此其證也。花之蒂曰鄞鄂，以喻金胎神室也。丹法經營以養鄞鄂，非有他道，丹結於中，用火符包裹於外，餘時凝聚元神養育於內，自然十月功圓，脱胎神化，而聖軀成就矣。

此一陰一陽之道，乃生生化化之源，生人生物，莫不由之。蠉動者，動物也。鄞，音「銀」；　鄂，音「諤」。

於是仲尼讚乾坤，鴻濛德洞虛，稽古當元皇，關雎建始初，冠婚炁相紐，元年乃芽滋。

承上文朔旦震符之意，歸重始初，而借聖人定六經之義以證之。

讚乾坤者，「大哉乾元」、「至哉坤元」等語也；　鴻濛，始初之氣也；　洞虛，能容之量也。　此乾坤之德也。**增批**　乾坤二元，大哉至哉，生天生地，生人生物，何世人鴻正視之也。

易首「乾」「坤」，兩儀爲萬物之始；　書稱「稽古」，堯典爲治道之始；　詩詠「關雎」，夫婦人倫之始；　禮重「冠婚」，男女成立之始；　春秋書「元年」，人君正位之始。　聖人作經，皆有所託始，煉丹而不知其始，可乎？

故易統天心，復卦建始初；　長子繼父體，因母立兆基。

易，日月也；　天心，天地生物之心也。易曰：「復其見天地之心乎。」復卦當子位之中，先天一氣始萌，萬物之數皆從此起，乃天心建立之始初。　其在丹道，他家活子時，朔旦後之震符是也。

純陰之卦，一陽下動，變而成震。　震爲長子，從坤母而生，此卦體之「因母立兆基」也。　以丹法言，震爲龍，龍即長子，悟真所言「家臣」也。　繼者，代也。　長子代父之體，乘其活子時至，投入母懷，氣精交感，先天真鉛之兆基於此而立，即「太陽移在月明中」意也。此二句將先天藥祖，和盤托出，而註家徒以「子炁」、「母炁」等語，敷演掩飾，不幾埋没魏公一片婆心耶！

聖人不虛生，上觀顯天符。天符有進退，詘信以應時；消息應鐘律，升降據斗樞。

聖人者，知震之受符者也；符，合也；月行於天，一月一度，與日交合，謂之天符。自初一以後，其光漸進，乃魂長魄消之時，火用兑震乾者，以陽信陰詘，應一日自子至巳之進也；十六以後，其光漸退，乃魄長魂消之時，符用巽艮坤者，以陰信陽詘，應一日自午至亥之退也。且鐘律每月換一管，一歲换盡十二管，火候之消息應之；斗樞每時移一位，一日移徧十二辰，火候之升降據之。可見年中用月，月中用日，日中用時，各有層次也。聖人觀天道，執天行，辨藥物於月之盈虧，而採取知時；知火候於日之早晚，而火符應候。聖人豈虛生哉！**增批**　就一月而言，曰火符；就藥生而言，曰震符。震符即在火符之内。

右第四段　專論震符，示人以因母立基，金丹之第一義也。末節專言火候。

五

日含五行精，月受六律紀；五六三十度，度竟復更始。原始要終，存亡之緒。此條舊本在御政節「各典所部」之下，文義不屬，方壺外史移置於此，爲「三日出庚」之發端。

日乃太陽元精，中含五采，五行之精所化，萬物得之而成五色，以丹道言，則火也；月乃太陰，體白無光，受五行精於日，晦朔弦望，皆以去日之遠近爲準，月晦之日，與日合璧，一年之中，與日會者十二度，聖人以六律六呂紀之，以丹道言，則藥也。五六相乘，恰合三十度之數。太陰一日行十二度有奇，太陽一日行一度，行至三十度，又與太陰合璧，復轉而成朔，終則復始。原其始，則月朔生庚，兑丁滿甲，存之緒也；要其終，則巽辛受統，艮丙喪朋，亡之緒也。丹士所宜亟講者在此。月到晦盡朔來陽炁初萌之際，盜此與日初媾之五行精而已。

三日出爲爽，震庚受西方；八日兑受丁，上弦平如繩；十五乾體就，盛滿甲東方。蟾蜍與兔魄，日月炁雙明；蟾蜍視卦節，兔者吐生光。七八

道已訖，屈折低下降。 **增批** 此借月之盈虧，以明藥生之象。月三日生明於庚方，猶真鉛得數三而麗乎土也。月至十五，蟾光盛滿，丹道亦然。過此陰生，故曰「七八道已訖」也。

此篇與中卷晦朔之間一章，同借夕月，統論藥生之象，即大藥之六門也。先天真鉛，含受日精，名曰陽火，生在偃月爐中，煉時謂之藥，養時謂之火，不過白虎初弦之炁而已。原非二事，起緒於晦朔之間，而生明於三日之候。

且夫三日出庚，月哉生明，一符陽光，昏見西方庚位，象震卦之納庚，鉛生癸內，陽產鉛中，藥材新嫩，正一陽初動，宜進火煉藥之時也。爽者，昧爽之炁，陽之復也。三日，昏見之期，作爲朔旦昧爽之炁，過此則皆後天之用，而非先天新嫩之藥矣。愚者不達「爲爽」之意，求真水以三日爲期，豈知生庚之水，即非晦朔之符；二分真水，別有單符單訣也。**增批** 三日出庚，又易象曰：「雷在天上，大壯也。」於此而立表測候，始得真的。易乃逆數，休猜成順生之道去矣。

月至八日而上弦，其光半明，昏在南方丁位，象兌卦之納丁，在人爲陰中陽半，藥味平平之時也；月至十五，與日相望，魂盛光盈，昏在東方甲位，象乾卦之納甲，在人則爲三陽盛滿，金精壯盛之時也。**原批** 月凡三變，自西而南而來，上下半月皆然。

蟾蜍，月之精；兔魄，月之體。月光本借於日，日生於卯，故月中兔魄，是日之精，而日月之炁，必至望始明。妙在一「雙」字，惟雙對乃明也。然而蟾蜍之生明，陽生有漸，每視乎六卦之節。震兌乾之陽漸長，則受日之光，而蟾蜍之精漸生，然後兔者吐蟾蜍之精以生光。**增批** 火光以漸而長，人身陽火亦以漸而生，先天後天各有所取。魏公單發明先天大藥，當於「爲爽」一節着眼，此正藥材老嫩之分也。

七八，少陽少陰也，合成十五，三五德就，而陽道訖矣。陽火已極，陰符將起之時，不容不屈曲低降也。

此前三門，屬金也，所謂陽火也。

十六轉受統，巽辛見平明；艮直於丙南，下弦二十三；坤乙三十日，東方喪其朋。節盡相禪與，繼體復生龍；壬癸配甲乙，乾坤括始終。 **增批** 仙乃純陽，猶月至十六一陰初生不可用矣。至三十日陽盡陰純，晨在東艮箕水之鄉，象人身癸滿經行，喪損其炁，故曰「喪其朋」也。

月至十六日，哉生魄，晨現西方辛位，明乍虧，象巽卦之納辛，以人身火候言之，則陰符繼統之始也；月至二十三日，爲下弦，晨現南方丙位，明半虧，象艮卦之納丙，以人身火候言之，則陽中陰半，藥味平平之時也；陰以陽爲朋，月至三十日，陽消已盡，晨在東方乙位，故曰「喪朋」，象坤卦之納乙，以人身火候言之，則歸根復命之時也。此後三門，屬水也，所謂陰符也。**原批** 月與日合璧，不受陽光，曰「喪朋」。終則有始，喪而不喪。

卦節既盡，日月合朔之後，復生庚月，震來受符，重陰之下，一陽來復，非復生龍乎？乾納甲壬，坤納乙癸，十干始甲乙而終壬癸，故乾坤括納甲之始終也。此藥物火符進退之序，太陰少陰同一理也。

右第五段 此統論藥符，取象於月。每月前三候，比月中之金，所謂陽火也；後三候，比月中之水，所謂陰符也。而配卦位納甲以該其義。

六

七八數十五，九六亦相當；四者合三十，易象索滅藏。

七八、九六，二少二老之數，乃四象也。二少二老，數各十五，合之共得三十，應一月三十日之數。三十數終，則日月合璧，易象索然而滅藏，是以一月數足，遂成晦而炁虛也。

象彼仲冬節，草木皆摧傷；佐陽詰商旅，人君深自藏。象時順節令，閉口不用談；天道甚浩廣，太玄無形容。虛寂不可覩，匡廓以消亡；謬誤失事緒，言還自敗傷。別敘斯四象，以曉後生盲。此條舊本在後序中，林屋山人移置於此。

以一歲言之，象彼仲冬節，草木摧傷之候，陰極陽生，於卦爲復，丹法每以晦朔冬至爲喻。先王至日閉關，商旅不行，后不省方，安靜以養微陽，正以順節令也。閉口不談，即「希言順鴻濛」之意。然而天道甚浩廣，真機在於頃刻之間；太玄無形容，妙處在於窈冥之內。窈冥真精，來自虛無，難以察睹，乘其日月合璧，匡廓消亡之際，慎密以守之，靜默以求之，庶可臨馭丹爐而行一符二候之功。倘忘其緘默，三寶泄通，其不敗乃事者鮮矣。**增批** 日月合璧，二土合一之時也，故原批云「此日月合璧，非晦朔弦望，另有天機存焉，知教者自悟」。

四象，即七八九六也。四者合成一月，皆比喻之詞。魏公恐後之學者，不得其旨，妄認朔弦望晦俱爲煉丹之火候，以盲引盲，非作者之意矣，故又別序斯四象，單舉冬至，示後生以臨爐採藥之訣也。

右第六段 密示採藥之要。

七

八卦布列曜，運移不失中；　元精眇難覩，推度效符徵。

八卦布於八方，二十八宿環列於十二辰之內。四正之辰，各俱三宿，餘皆二宿，先後天進炁採藥、卦火周天皆用之以定正時。然天道運移，不離中極。人身亦有中極，所謂「玄關」也。但此玄關，不屬有無，不落方體，聖人只書一箇「中」字示人。然中非四維上下之中。儒曰「喜怒哀樂之未發」，此「中」也；道曰「念頭不動處爲玄牝」，此「中」也；釋曰「不思善，不思惡，正恁麽時，那箇是本來面目」，此「中」也。寂然不動者，中之體；感而遂通者，中之用。苟能於舉心動念處着功夫，虛極靜篤之時，自然見玄關一竅，其大無外，其小無內。既見玄關，則藥物火候之運移，俱由乎中而不失矣。

元精者，先天真一之炁，窈冥中所生之真精，道德經云「其精甚真，其中有信」者是也。無聲無臭，雖眇而難覩，却有效驗符徵，可以推度。效驗者，「先天炁，後天氣，得之者，渾似醉」是也，藥之已成也；符徵者，「天應星，地應潮，窮戊己，定庚甲」是也，藥之初生也。非洞曉天地之陰陽，深達人身之造化，豈能推度哉？

居則觀其象，準擬其形容；　立表以爲範，占候定吉凶。　發號順時令，勿失爻動時。

夫是元精產於西南坤位 **增批** 西南坤位，非未申之中，乃先天申位，即坎宮也，一年止有一月，一月止有一日，一日止有一時，一時分爲三符，止用一符，所謂爻動之時，悟真篇云「若到一陽纔起處，便宜進火莫遲延」是也。是以作丹之時，觀象以擬其形容，如辨藥材之老嫩者是；　立表以候其吉凶，如審火候之早晚者是。非真欲仰明天象，外立表漏，以占候時辰也。所以如此慎密者，欲得其爻動之時耳。爻動則炁機已動，玄竅生藥，便須陽爐發火以應之，勿敢差失也。還源篇云「萬籟風初起，千山月乍圓；急須行政令，便可運周天」，其「發號順時令」之謂與。**增批** 居觀其象，即易「雷在天上」也；立表占候，立來復之表，占先後之庚也；節令，即先後之庚；爻動時，即含宏光大之時。

上察天河文，下序地形流，中稽於人情，參考合三才。動則依卦變，靜則循象辭；　乾坤用施行，天下然後治。**增批** 上察天文，「雷在天上，大壯」也；下序地流，「羝羊觸藩，無喪於易」也；　中稽人情，「革言三就」也。

魏公上察天文，下序地理，中稽人情，參考皆合三才之道。丹士欲知爻動之時，當觀天之應星，地之應潮，發號應之，以得金情之歸性，則三才皆備於丹道矣。

動者，虛極靜篤，吾以觀其復也。復卦一陽初動，從純坤之卦變來，實胚胎於至靜之中，萌蘖於陰極之會，坤之彖辭不曰「至哉坤元，萬物資生」乎？靜極而動，方可乘時採藥。是丹法之動靜，一準於易，法其自然而已。

乾坤以坎離爲二用，二用施行，則坎離交媾，丹道圓成，吾身之天地已治。猶之人君，剛柔互用，而天下治矣。

右第七段 此篇「中」字、「時」字，乃要緊眼目。運移不失中，內藥也；發號不失時，外藥也。推度符徵，參考三才，何患天下不治？ **增批** 內藥外藥，即戊己二土。

八

可不慎乎？御政之首，鼎新革故；管括微密，闓舒布寶。 **增批** 易曰「后以財成天地之道」，又曰「王三錫命以懷萬邦」，即「闓舒布寶」之謂。

要道魁柄，統化綱紐；爻象內動，吉凶外起。五緯錯順，應時感動；四七乖戾，誃離仰俯。文昌統錄，詰責台輔；百官有司，各典所部。 誃，音「侈」，離別也。

「可不慎」句，直冒通章。

煉丹入室之初，乃有爲之事，猶人君御政之首也。鼎新，一陽初動，藥苗正新也；革故，陽火忽萌，改革重陰也。

管括微密者，「耳目口三寶，固濟勿發通，凝神以固氣」也。闓，懽悦也；舒，暢遂也；布寶，不吝財也。從其所好，懽悦暢遂，乃得情來歸性也。二句實乃臨馭丹爐之要道。而要中之要，又在乎斗魁之柄。斗之所指，則氣動，進火退符，必用斗建之子午，斡運一身之陰陽，統攝一身之萬化，猶網之有綱，衣之有紐也。

爻象內動，乃爻動之時，此時下手，吉凶悔吝，起於毫髮之間，可不慎乎？

五緯，五行也。丹道金來伐木，舉水尅火，死歸厚土，皆盜機逆用之事，是「五緯錯順」也。感動，作用也；應時，臨期也。

四七者，金火之數。煉丹之時，龍西虎東，柔上剛下，是四七乖戾，誃離於仰俯之度也。

文昌爲太微主星。天官書云：「斗魁戴筐六星，號南極統星，爲三台之領袖。」台輔，即尊帝二星，左輔右弼是也。文昌喻丹士，我皆統之也；台輔喻道侶，輔佐賴之也。天有眾星分野，丹有六百火符，准則刻漏，挨排火候，皆有侶伴扶持，是「百官有司，各典所部」也。李晦卿註「百官有司」，有內有外，各有專司，尤爲精細。

或君驕溢，亢滿違道；或臣邪佞，行不順軌。弦望盈縮，乖變凶咎；執法刺譏，詰過貽主。

乾爲君，坤爲臣。君，心也，神也；臣，身也，氣也。神爲君主，必須動靜合宜，方不違其道，倘驕盈自滿，未能國富民安，妄想不除，必致精耗炁散，是煉己無功也；氣爲大藥，必須調和馴習，乃行順其軌，倘情性乖張，難以鼓琴敲竹，甲庚失度，安能招鳳喚龜，是情不歸性也，自然火候失調，臨陣輕敵，而多殆辱之咎。**增批** 若固執一身，陽生不遇，不能交媾成丹耳，有何凶咎？

執法者，諫諍之官，名有執法。

借君臣之喻而立言，總因持心不定，動不以時，不能管括微密，闓舒布寶，致此咎徵，貽君主之過也。學人可不正心誠意，慎以求丹乎？

辰極處正，優游任下；明堂布政，國無害道。

辰極者，吾之元神，丹道之君主也。心正則不驕不亢，不違乎道，只凝神聚氣，心息相依，惺惺寂寂，優之游之，任其自然，然後金來歸性，而臣下亦無邪佞之患矣。君臣合德，布政於明堂之上，則大小無傷兩國全，尚何害道之有？

右第八段　示人以入室之要，全在正君而國治。

九

內以養己，安靜虛無；原本隱明，內照形軀。閉塞其兌，築固靈株；三光陸沉，溫養子珠。視之不見，近而易求。黃中漸通理，潤澤達肌膚；初正則終修，幹立末可持。一者以掩蔽，世人莫知之。

增批　上陽子曰：「苦行其事曰煉，熟行其事曰煉。」苦行忍辱，庶得六根大定。

己者，己性，即己土也。煉丹莫先於煉己，而煉己與養己，亦自有辨。上陽云「寶精裕氣，養己也；對境忘情，煉己也」，自有動靜之分。而煉己又莫先於養己。**原批**　註論養己甚備。養己乃可煉己，煉己乃可採藥。養己，其入室之先務乎。第法性雖一，教有頓漸。六祖壇經云「若起正真般若觀照，一刹那間，妄念俱滅，若識自性，一悟即至佛地」，頓法也；此之所論，乃漸法耳。

虛靖天師云：「要得心中神不出，莫向靈臺留一物。」蓋遣欲澄心，只有正念現前，内境不出，不染一切，外境不入，如此安靜，漸入大定，氣質之性，無所依傍，一物不着，心如太虛，則真空實相本體，自然發現，此安靜則虛無之義，而元神爲丹君之説也，然非頑空也。壇經云「若百物不思，常令念絶，即是法縛，即名邊見」，誠於原本生身受炁之處，玄關一竅，收視返觀，於六塵中，無染無着，回光而内照之，久久純熟，自然萬慮皆空，元神獨覺，圓覺經之「奢摩他」，正是如此，乃漸法也。**增批** 上陽子曰：「從自己生身處求之，則知真精真炁爲我身之本原。」

形軀，即凝神成軀之謂；　兑爲口；　靈株，謂根株，即形軀也。閉口勿談，氣不上洩，神凝氣和，精從内守，氣從外生，自然煉精化炁，濯注三宮，氣滿根植，下亦不漏，而靈株築固矣。

三光，耳目口也；　陸沉，返照於内，神不外馳也；　子珠，内藥也，契云「流珠水之子」，人身所有，皆後天子炁，故曰「子珠」。

夫此靈株子珠，視之不見，然近在己身，易於尋求，苟得真鉛陽火烹煉，築基堅固，補氣填精，然後可以得後天中先天之藥，制伏陰精，化爲真汞，皆由黄芽入我中宫而漸通理，自然潤澤達於肌膚，而煉己功純矣，是所謂「初正幹立」也。然後煉藥求鉛，以己迎之；　收火入鼎，以己送之；　烹煉沐浴，以己守之；　温養脱胎，以己成之：則又終修而末可持。故得一之事，在煉己純熟、六根泰定之後也。

何謂「一」？先天真一之氣，雪山之醍醐，偃月之玉蕊，坎中金液，先天之乾金也。丹士得此真一而用之，則體化純陽，形骸永固，故知金煉玉煉，乃性命雙修，而形神俱妙者矣。金丹大道，只此「一」足以掩蔽無餘。而無如世莫之知，拘執獨修陽裏陰精可以成道，豈不哀哉？**原批**　知此「一」，則一切丹經，千名萬號，皆從此出，可盡廢矣。

右第九段　備言養己築基之事，以立還丹之基。內以養己，無爲之道也；一者掩蔽，有爲之術也。自無爲而有爲，有爲而復返無爲，性命之學盡矣。

十

上德無爲，不以察求；下德爲之，其用不休。上閉則稱有，下閉則稱無；無者以奉上，上有神德居。此兩孔穴法，金氣亦相須。 **增批**　童身無漏，是爲上德，不須築基；有漏之體，是爲下德，必須築基，補完缺欠。

「上德無爲」「下德爲之」二語，本道德經。上德者，全真之士，本體無漏，得遇明師，授以無爲修攝之道，只行無爲之功，便可超凡入聖，不必察察以求有爲之術；下德則乾體已破，必須假有爲之術，以行返還歸復之道，如琴劍、鼎爐、虎龍、六候之類，所謂「察求」也。用之不休者，即三關三候步步向前之意。悟真篇云：「始於有作無人見，乃至無爲眾始知。」

察求之旨，聖人不得已而用之佳兵也。而有爲之道如何？「上閉」「下閉」是也。此「上」「下」二字，猶云「上門」「下門」，與「上德」「下德」不同。上指在上者而言，陽也，坎中未擾之鉛也；下指在下者而言，陰也，離中積久之汞也；閉者，隱閉勿發，有門未開之意。上閉雖隱而未見，然杳冥有精，其中有信，故稱「有」，即老子所云「觀徼」也；下閉則管括微密，太虛之中，元神獨運，故稱「無」，即老子所云「觀妙」也。存無守有，正求鉛之法。**增批** 觀徼，即易所謂「觀盥」也；觀妙，即易所謂「觀光尚賓」也。「上門」「下門」，即乾坤二門。坤門靜翕，內有真土，故曰「有」；乾門靜專，其精內隱，故曰「無」。

奉者，小心慎密之意。以上閉稱有之中，有先天真一之炁，自虛無中來，乃神明之德所居，故恭己以奉之，不敢一毫謬誤，庶得金情歸性，以畢吾有爲之事也。

此兩孔穴，即「上閉」「下閉」，異名同出，少有人知，藥物藏於其中，所謂「玄牝之門」也。玄牝之門，乃出入往來之所，陰陽交會之地，金丹化生之處。行修人，於一穴兩分中，知追攝之法，則兩穴皆開；不知追攝之法，則兩穴皆閉。金丹所最重者，金氣耳。而金氣亦相須，此追攝之法以成造化矣。

知白守黑，神明自來；白者金精，黑者水基。水者道樞，其數名一；陰陽之始，玄含黃芽；五金之主，北方河車。故鉛外黑，内懷金華；被褐懷玉，外爲狂夫。金爲水母，母隱子胎；水爲金子，子藏母胞。真人至妙，若有若無；髣髴太淵，乍沉乍浮；進退分布，各守境隅。

「知白守黑」，本道德經。白者，金之色，太陰稟太陽之氣而生明也；黑者，水之色，太陰之本體也。悟真篇云：「黑中有白爲丹母。」知此金精所以白之故，而守其水黑之基，待得時至機動，晦盡朔來，先天真一之白氣，自現一痕蛾眉於昴畢之上，所謂神明自來也。神明，即上文所言「神德」。**增批** 知白者，知其金之清純，白而不污也；守黑者，守其水之發生，辨别清濁也。

夫水何以能生金乎？陰陽始交，天一生水，爲五行之首，是道之樞，而陰陽之始也。水一加以土五，得水之成數。一數玄，五數黃，其玄含黃芽之象乎。水中產鉛，乾金初發之頃，名曰「黃芽」，可煉大丹。乾金是五金之主，坎水能載金上行，隨天河輪轉，運送入我中宫，故名「北方河車」。譬之外丹，黑鉛屬水，其體外黑，取出白金，制成戊土，即美金華也；譬之於人，又如被褐懷玉，而外爲狂夫者。四語皆引喻「黑中有白」，以贊水之爲德也。

金爲水母，先天乾金隱於坎位，爲母隱子胎；水爲金子，後天兑金能生真水，爲子藏母胞。學者知金水配位於北爲乾金，寄體於西爲兑金，則知產藥之川源矣。

真人，即神明之德，乃坎中妙有，豈不至妙？但雖自坎中而來，原非坎中自有，故曰「若有若無」。太淵，幽深不測之所。金本重而沉，乍沉乍浮，形容其爻動之機也。採取之法，務激其浮而取之，則水源至清矣。藥既歸鼎，進火退符，各有境隅，守而不失可也。

採之類白，造之則朱；煉爲表衛，白裏真居。方圓徑寸，混而相扶；先天地生，巍巍尊高。旁有垣闕，狀似蓬壺；環匝關閉，四通踟躕。守禦固密，閼絕奸邪；曲閣相連，以戒不虞。可以無思，難以愁勞；神氣滿室，莫之能留。守之者昌，失之者亡；動靜休息，常與人俱。 閼，音「遏」，止也。

煉丹，採白金以制朱汞；造藥，則借朱火以煉白金；方得二物扭結，以成金丹。煉者，火也。金丹既成，真火周遭於外，以爲表衛。金丹之藉白金而成者，方得安處於金胎神室之裏。

是神室也，方圓寸二，所謂「玄關一竅」也。增批　神室即玄關，在易名曰「丘園」。丹處於中，類如雞子，黑白相扶。此竅居天地之中，先天地生，其空如谷，爲藏修之密室。鼎内有丹，永斷生死，至尊至貴，所以巍巍尊高也。「垣闕四通，曲閣相連」，喻身中八門九竅；關閉守禦，即管括微密，使奸邪不入；而「白裏真居」者，永無虞失也。

丹道始終以無念爲常，無事憂愁勞苦，心靜則氣和，氣和則寶結，真積力久，金丹太和神氣充溢金胎神室之中，子母相抱，非神火環匝之力，莫之能留。然守之則昌，失之則亡，必專心致志，夜以繼日，動靜休息，常守定真人，居於神室，須臾不離，自然丹熟脱胎也。

勤而行之，夙夜不休；伏食三載，輕舉遠遊。跨火不焦，入水不濡；能存能亡，長樂無憂。道成德就，潛伏俟時；太乙乃召，移居中洲；功滿上昇，膺籙受圖。此段在後節之末，意義不屬，方壺外史移置於此。

晝夜勤行，不少間斷，一年温養之後，更須三年伏食，方能長大成人，長樂上昇也。

右第十段　發明微妙重玄，直指兩竅之體，闡揚金水之德，并及神室温養，動靜休息，常守不離，以勉勵後生也。

十一

是非歷藏法，内視有所思；　履斗步罡宿，六甲次日辰。　陰道厭九一，濁亂弄元胞；　食氣鳴腸胃，吐正吸外邪。　晝夜不卧寐，晦朔未嘗休；　身體日疲倦，恍惚狀若痴。　百脉鼎沸馳，不得清澄居；　累土立壇宇，朝暮敬祭祀。　鬼物見形象，夢寐感慨之；　心懽而意悅，自謂必延期。　遽以天命死，腐露其形骸；　舉措輒有違，悖道失樞機。　諸術甚衆多，千條有萬餘；　前却違黄老，曲折戾九都。　明者省厥旨，曠然知所由。

是金丹之道，非種種旁門也。歷藏法，以五藏爲五行，想五藏之氣，漸入中黄也；　内視有所思，「存思氣升降，運心想夾脊」之類也；　履斗步罡宿，受籙行法，符咒祭煉也；　六甲次日辰，選時日以行子午也；　陰道厭九一，御女之術，分上中下三峯，採人精氣，托號「泥水金丹」也；　濁亂弄元胞，吸取姙娠胞中元氣，稱作「混元太極」，以及紅鉛梅子、懸胎鼎、嬰臍丹、乳便粉之類，濁穢非淨也；　「食氣」二句，嚥津納氣、導引按摩、採日月之華、服七曜之氣、聽靈响、視泓池等類也；　「不卧」二句，枯坐頑空，晝夜無眠也；「疲倦」二句，「偃仰屈伸千萬狀，啼哭叫喚如兒嬉」也；「百脉」二句，肘後飛金精、守頂爲泥丸、運氣爲先天、嚥液爲靈泉等類也；「累土立壇宇」四句，瞻星禮斗、祈禱攝召、奏名授職等類也。魏公畧舉數條，見學人一見旁門小術，心懽意悦，謂必可以延壽命而却死期，而反夭折天年，與草木同腐者，何也？此等小術，違悖正道，不可勝紀。前却者，進退也。其進其退，背黃帝陰符之文，失老君道德之旨，皆獲罪戾於九幽，唯在明者因言得意，曠然知修煉金丹之由也。

右第十一段　指斥旁門外道。

十二

偃月作鼎爐，白虎爲熬樞；汞日爲流珠，青龍與之俱；舉東以合西，魂魄自相拘。上弦兌數八，下弦艮亦八；兩弦合其精，乾坤體乃成；二八應一斤，易道正不傾。 **增批**　魂魄自相拘，金木不間隔也；兌艮數各八，流戊以就己也。

悟真篇云：「偃月爐中玉蕋生。」翁註云：「偃月爐，陰爐也，中有玉蕋之陽氣，即白虎初弦之氣也。」丹法以偃月爲爐，取其偃仰似月初生之象。熬者，即虎鉛，名爲陽火也。爐中白虎初弦之炁，實爲真汞之樞紐，故曰「熬樞」。

汞日爲流珠，即契所云「太陽流珠，常欲去人」者是也。木火同宮，實爲青龍之弦氣。東西即坎離，魂魄即日月。丹法至簡至易，但舉東方青龍之魂，以合西方白虎之魄，則東西既無間隔，自然魂魄相拘。鼎内龍虎之氣，兩相鈐制而成金液，而鉛汞同爐，大丹立就矣。

二八兩弦，只作「前弦後」「後弦前」解，取兩弦之時藥味平平之意，與六候中兩弦不同。上弦兑數八，少女也；下弦艮亦八，少男也。男女媾精，配合相當，而成乾坤之體。**增批** 二八兩弦，即「弦前弦後採金花」之兩弦也，故與六候中之兩弦不同。二八一斤，分銖三百八十有四；易卦六十四，分爻三百八十有四。丹道、易道，相合如此。不傾者，服兩弦之精，乃易道之正，不虞其傾覆也。

右第十二段 上六句指陳藥物，下六句准則銖兩。非真有銖兩也，不過二分之水，配以二候之火，陰陽兩齊，配合相當之意耳。

十三

金入於猛火，色不奪精光。自開闢以來，日月不虧明；金不失其重，日月形如常。金本從日生，朔旦受日符；金返歸其母，月晦日相包。隱藏其

匡廓，沉淪於洞虛；金復其故性，威光鼎乃熺。

魏公借月受日光，以明丹道金火含受之義。

金火，即鉛汞也。金經火煉而愈堅，不奪其光，不失其重，不相尅而反有益者，何哉？金即月，火即日，猶之月借日光之義也。自開闢以來，日月有常形，不虧其明者，何也？月光乃金氣也，金本從日生故也。太陰體本純黑，有質無光，因受日符而生光，故每以去日之遠近，爲月象之盈虧。朔旦之後，禀受日符，自三日生明，兩弦望晦，皆自日生。

歸母者，歸於坤也，以坤土能生金也。坎中陽爻，原是乾金；上下偶爻，仍是坤體。坤乙三十日，東方喪其朋，月晦則日月合璧，日包月上，隱藏不見匡廓。匡廓，即坎離匡廓。

日中精光，沉淪於坤陰之內，謂之沉淪於洞虛。洞虛，即坤母也。迨晦盡朔來，三日生庚，而金復其故性矣。

何謂故性？此金本是乾金，因交於坤而成坎，今取此生明之金，復還離宮，故曰「復性」。威光鼎，離也。復性，則奉神明之德，居於鼎中，填離成乾，而威光鼎乃熾盛矣。

雖然，此金更是何物，學道之人，鮮有知者，請畧陳之。在太極未判之先，原屬於乾，謂之乾金。混沌既分之後，坤爲土母，寄居坤位，曰坤中金。積陰之下，一陽忽動，坤體中實而成坎，坎居北方癸水之地，金藏其中，謂之水中金，此先天之坤地也，故產藥川源屬之坤位。坤乃老陰，不能自行，兑爲少女，乃坤同類，代坤行道，故又以西方兑爲主，乃金之正位也。煉金丹者，不求于乾，不求于坤，不求于坎，專求于兑可也。**增批** 煉金丹者，除此兑金，餘皆旁门。黄帝、老子，從古聖仙，皆用此金，方能了道。但工夫雖是一般，而法度則有次第。關竅既開，方可築基；築基既畢，方可得藥；內藥既凝，乃可煉己；煉己既純，乃可還丹。煉己以前，皆後天中先天之藥；還丹一節，乃先天中先天之炁。炁一入舍，則如痴如醉，全仗侶伴黄婆助我行符運火。入藥鏡云：「先天氣，後天氣，得之者，常如醉。」茫茫宇宙，誰可與語乎？**增批** 癸中壬，後天中先天之藥也；鉛中陽，先天中先天之炁也。

右第十三段 發明金火含受之妙，示人以復性之功也。

十四

子午數合三，戊己數居五；三五既和諧，八石正綱紀。土游於四季，守

界定規矩：，呼吸相含育，佇息爲夫婦。黃土金之父，流珠水之子；水以土爲鬼，土填水不起。朱雀爲火精，執平調勝負：，水盛火消滅，俱死歸厚土。三性既會合，本性共宗祖。「土游」二句，錯簡後章，依方壺外史改入。

子，坎水也，其數一；午，離火也，其數二；合兩者而成三。坎戊離己，皆土也，爲鉛情汞性，其數五。一三一五，合之得八，故云「八石」，亦借用之詞。**增批** 上陽子曰：「八石爲坤。乾坤爲眾卦之父母，非坤則不能得兑之綱紀。」此註以八石爲借之詞，其理稍欠。丹道五金八石之類，皆非綱紀之正，惟賴戊己二土爲水火之媒，調和配合，使水火之兩相尅制者反兩相和諧結爲夫婦也。三五和合，入於元宮，則綱舉目張，而藥材真正。土之妙用如此，而非直此也。

土之爲德，四季賴之，守木則木榮，守火則火斂，守金則金生，守水則水節，皆禀中宮戊己之功也。今以之守於坤而採藥，守於乾而運火，各有界限，定其規矩。

呼吸者，吾人之息。今夫陽升陰降，天地之呼吸也。天地有橐籥以爲運用，是以長久。人能以真息爲火之橐籥，呼吸於內，神依息而凝，息戀神而住，臨爐之際，呼吸調和，收取外來真一之氣，入吾戊己之宮，與我久積陰精，兩相含育，則真息自定，凝結於中宮，以成夫婦。**原批** 丹道自始至終不離內呼吸。

丹藥圓成，皆土之德也。黃土是坎中之戊，而戊土乃先天乾金，是金之父，金穀歌云「乾黃坤體白」，故云「黃土」。但此乾金，仍是離火所化。流珠是離中之汞，鉛水能生木汞，是水之子。西南坤位，庚金建祿，壬水長生，所以月月生水，因受乾金之氣，化成戊土，則水爲土所制，不能載金上升，故曰「水以土爲鬼，土填水不起」。試觀人間少陰，一受胎孕，其經即止，是「土填水不起」之證也。必得朱雀之火，執其平衡，調其勝負，猛烹而極煉之，則火蒸水沸，其金自隨水而上騰。**原批** 平者，二八相當；調者，牽龍就虎。及夫水沸已極其盛，入於離宮，離火反爲坎水所滅，制伏拘鉗，不飛不走，水逢土而掩，火得土而藏，鉛汞俱死，同歸厚土，非三性會合於中宮乎？

三性會合，即是三五和諧。始之尅水以求鉛，終則歸土爲究竟。本性之己土，性也是他，命也是他，共一宗祖，故能同類相從也。

右第十四段 贊二土生尅制化之功。仇氏曰：「土爲金父，真土擒真鉛，以生爲制也；流珠水子，真鉛制真汞，以制爲生也。土填水不起，土能蓄水也；執平調勝負，火能運水也。」

十五

巨勝尚延年，還丹可入口。金性不敗朽，故爲萬物寶；術士伏食之，壽

命得長久。

巨勝，草木之物，常服尚可延年，況金液還丹乎？ 金性堅剛，歷萬刦而不壞，誠爲萬物中至寶。 以術延命之士，伏我後天已汞，食彼先天乾金，自然我命不由天，而壽與天齊也！

金砂入五內，霧散若風雨。

金砂，真鉛也；　五內，中宮也。 汞迎鉛入，渡鵲橋之東，由尾閭，導命門，過夾脊，入髓海，注雙目，降金橋，渡銀河，混合於中宮，冥然如烟嵐之罩山，颯然如風雨之暴至，濛濛兮如晝夢之初覺，洋洋乎如澡浴之方起，此乃精神混合氣歸時，一身陰氣除盡之真景象也，並非譬喻。 邵子曰「恍惚陰陽初變化，絪緼天地乍回旋；　中間些子好光景，安得功夫入語言」，真身造而實踐者也。

薰蒸達四肢，顏色悅澤好；　髮白皆變黑，齒落生舊所。 老翁復丁壯，耆嫗成姹女；　改形免世厄，號之曰真人。

得金液還丹之後，晝夜温養，無令間斷，丹氣薰蒸，施於四體，自然神清色潤，髮黑齒生，返老還童，血膏骨弱，長生不死，而位證真人也。

右第十五段 指示金丹之效。次節特以交感内景示人。伏者，伏虛無之氣；食者，吞黍米之丹。若作外丹服食解，誤矣。

十六

胡粉投火中，色壞還爲鉛；冰雪得温湯，解釋成太玄。金以砂爲主，稟和於水銀；變化由其真，終始自相因。欲作服食仙，宜以同類者：植禾當以黍，覆雞用其卵，以類輔自然，物成易陶冶；魚目豈爲珠，蓬蒿不成檟，類同者相從，事乖不成寶；燕雀不生鳳，狐兔不乳馬，水流不炎上，火動不潤下。

此「同類易施功，非類難爲巧」之意。

胡粉，鉛所造，以火燒之，還爲鉛；冰雪，水所凝，以湯沃之，解爲水。同類之物，返本還元，理固如此。丹道本以金爲主，而金非坤家故有之物，乃乾家之火精，故以砂爲主，入坤成坎，而稟和於玉池之水銀，以成戊土。**增批** 悟真篇曰：「金公本是東家子，托與西隣寄母生。」此解本陳註「以砂为離己之朱，必先積養以玉池之水銀」，此理亦通。 此土取入吾身，擒制己汞，立變成丹。所以變化者，由同類真一之氣故也。始而造鉛，繼而制汞，終而成丹，總是一家親骨肉，非始終相因乎？學人欲服氣食丹而爲仙子，宜於真陰真陽二氣交感同類中求之，正謂「人衰以類主」也。

「植禾覆雞」四句，見同類之易成；「魚目」六句，證非類之不成；「水流」二句，明禀性不可移易。無甚深義。

世間多學士，高妙負良才，邂逅不遭遇，耗火亡資財。據按依文說，妄以意爲之；端緒無因緣，度量失操持。擣治羌石膽，雲母及礬磁，硫黄燒豫章，泥汞相煉治，鼓鑄五石銅，以之爲輔樞。雜性不同類，安肯合體居，千舉必萬敗，欲黠增批 黠，音「轄」，慧也**反成痴。僥倖訖不遇，聖人獨知之；稚年至白首，中道生狐疑。背道守迷途，出正入邪蹊；管窺不廣見，難以揆方來。**

雖有良才，不遇真師，猜度丹經，誤認五金八石之藥可以成仙了道，盲燒瞎煉，耗火亡財，由於不知金丹同類也，故仙翁告誡之。此節亦無深義。

右第十六段 上節言金丹必求同類，下節言欲知同類必求真師。

十七

若夫至聖，不過伏羲，始畫八卦，效法天地；文王帝之宗，循而演彖辭；夫子庶聖雄，十翼以輔之。三君天所挺，迭興更御時；優劣有步驟，功德不相殊；制作有所踵，推度審分銖。有形易忖量，無兆難慮謀；作事令可法，爲世定此書。素無前識資，因師覺悟之；皓若褰帷帳，瞋目登高台。火記不虛作，演易以明之；火記六百篇，所趨等不殊。文字鄭重說，世人不熟思；尋度其源流，幽明本共居。竊爲賢者談，曷敢輕爲書；若遂結舌瘖，絕道獲罪誅。寫情著竹帛，又恐洩天符；猶豫增歎息，俛仰輒思慮。陶冶有法度，未敢悉陳敷；畧述其綱紀，枝條見扶疎。「火記不虛」二句，錯簡十二段內，今改入。

羲皇畫卦，法乎天地；文王作易，演爲卦辭；夫子贊易，乃輔羲文。三聖上天挺生，迭興御世，雖有步驟，並無優劣，總以發明易道，而功德無殊。魏公作契，必演易象者，正以踵三聖之後，有所師法，故能審其分銖而不爽也。

事之有形有兆者，可以忖量慮謀。金丹大道，無形無兆，豈可忖量慮謀？欲爲法於後世，乃作參同契之書。然非自己能前識，因稟承師旨，訣破重玄，故心目豁然明亮。褰帷帳，則一室浩然；登高台，則遠近皆見。火記演於易卦。六百篇，十箇月之候，朝屯暮蒙，一月六十卦，十月六百卦，卦卦相同，較以六百篇，篇篇相似。參同文字，千般比喻，何其鄭重？尋其源流，不過陰幽陽明而已。但陰陽同出異名，本一家同居，世人未之熟思耳。參同契爲萬世賢者而作，非輕易著述也。若結舌不語，又恐絕了道脉，獲罪于天；竟將口訣筆之於書，又恐洩了天寶，天地見罪。所以猶豫歎息，俛仰思慮。陶冶細微之法度，尚未敢悉陳敷，只將藥物火候之綱紀，散見三篇之中，有如枝條之見扶疎也。

右第十七段 自敘祖述易經作參同契之意。

十八

以金爲隄防，水入乃優游；金計有十五，水數亦如之。臨爐定銖兩，五分水有餘；二者以爲真，金重如本初。其三遂不入，火二與之俱；三物相

含受，變化狀若神。

此條直指入室臨爐妙用、金火銖兩細微，使學人有所依據。諸家箋註，俱不得其旨，蓋不得師傳，妄猜臆度，認內養者固非，擬地元者尤謬。惟上陽吐露於前，潛虛暢發於後，無能移易一辭矣。今遵師誨，更爲明悉之。

以金爲隄防者，西方兑金，先天未擾之鉛也。欲煉金液大丹，先求兑金爲離汞之隄防，汞受金制，遂不飛走。優游者，舒徐不促之意。有金以爲隄防，則真水之自外而入者，乃漸漬有餘，而不至於潰決也。

金必十五兩重者，金體准月數，取金精壯盛之意。五千四十八日，天真之氣始降也，十五兩之金能生十五分之水，上半月十五日是也，故曰「水數亦如之」。

若金數不足，則真水不生，天不應星，地不應潮，何以臨爐定銖兩乎？五分水有餘者，自朔旦至望，共十五日，以一日半爲一分，三日出庚纔是二分新嫩之藥，到初五即是三分，若至五分，則是初八日之半，已到上弦氣候，大道震庚受符，必有餘矣。**增批** 西方兑金初產之時，已俱二兩之數，至五千四八日，又生十四兩，合重一斤，則水生矣。水數亦必十五兩者，如月到十五，金水始能圓足，否則不可為藥。臨爐之時，以水生二分爲真者，正合天地之數五十有五也。生至三分五分，不合天地之數矣。學者勿因「三日出庚」之言認作後三日去矣。

二者，坎水之真信，金初生水剛到二分時也；　真者，水源至清，有氣無質也。故於初三一痕新月之時，迎其二分之水，以爲真候，急取之方可用，到不得初五三分時候，故其三遂不入。重如本初，生二分水之金，必至十五，精炁始足，正二七之期，真鉛始降也。二分水至，須以二分之火配之，則藥火均平矣。火何以二分？蓋一時分三符六候，止用一符二候之火，龍虎平勻，相吞相啗，所謂「定銖兩」也。如此指示，顯露已極。彼求真水於三十時辰之後者，真不知先天有氣無質之妙者也。

火迎水入，相含相受，混一於戊己之宮，則水火土三物含受，丹成而變化之狀如神矣。

下有太陽氣，伏蒸須臾間；　先液而後凝，號曰黃輿焉。歲月將欲訖，毀性傷壽年。

太陽氣，離宮汞火也；　須臾，一符之頃也。作丹之法，偵靜極而動之時，調和龍虎，運真汞以迎之，則火蒸水沸，其金自隨水上浮。復乘氣機，上升泥丸，乃疎暢融液，降爲甘露，下重樓，由絳宮，入黃庭，歸洞房，凝而爲丹，所謂「先液後凝」也。名之「黃輿」者，兀兀騰騰，如車輿行於黃道之上也。若乃得藥之歲月，止用一符之速，便須罷火守城，久則毀性而傷丹。性者，己性。毀性傷丹，壽年其可保乎？悟真篇云：「未煉還丹須速煉，煉了還須知止足；若也持盈未已心，不免一朝遭殆辱。」

形體爲灰土，狀若明窗塵；擣合并治之，馳入赤色門。

用鉛之法如何？形體灰土，重濁有質，安能上騰？必須用輕清新嫩之氣，狀若射日明窗之塵，如上文「二分之水」是也。**增批** 丹道只用先天，不用凡濁氣。先天炁光温，凡濁皆陰類。若既已融液，則有形質而不可用。二分之水，以二候之火，兩相調和而并合之，馳入赤色之門，則丹結矣。

赤色門，離宮也，即乾宮也。入藥鏡云「產在坤，種在乾，貫尾閭，通泥丸」，可知馳有道，入有門矣。凡言入者，皆自外而入之意。

固塞其際會，務令致完堅；炎火張於下，晝夜聲正勤；始文使可修，終竟武乃陳。候視加謹慎，審察調寒温；周旋十二節，節盡更須親。

用火之訣如何？凡採藥養丹，須要關鍵三寶，固塞完堅，始終如此。**原批** 固塞不獨關鍵三寶，還須内境不出，外境不入，則精神聚而炎火乃張。「炎火」二句，即太陽之氣伏蒸於下，晝夜宜勤也。文火乃發生之火，求鉛之時用之；武火乃結實之火，結丹之時用之。加謹慎者，得丹之後，温養靈胎，勿少間斷也；調寒温者，朝進陽火，暮退陰符，勿敢違錯也；十二節者，「一日十二辰，度竟終復始」，直至十月功完也。「候視」四句，方言温養火候。

氣索命將絶，體死亡魄魂；色轉更爲紫，赫然成還丹；粉提以一丸，刀圭最爲神。

知幾子曰：「此節言還丹大藥有神妙不測之功也。」

金液凝結之際，百脉歸源，呼吸俱泯，日魂月魄，一時停輪，如命之將絶者。絶而復甦，則紫清翁所謂「這回大死今方活」也。温養事畢，羣陰剥盡，體化純陽，色轉爲紫，成九轉金液大還丹。丹成藥就，其體至輕至微，其用至神至妙。

粉提、刀圭，皆喻其少。

右第十八段　指示藥火真訣、始終奥妙，盡情吐露契中之大關鍵也。首二節，見藥貴知時；「形體」節，用鉛之法；「固塞」節，用火之法；末節出「還丹」二字，示人返本還原之意。

十九

推演五行數，較約而不繁。舉水以激火，奄然滅光明；日月相薄蝕，常在晦朔間。水盛坎侵陽，火衰離晝昏；陰陽相飲食，交感道自然。名者以定情，字者緣性言；金來歸性初，乃得稱還丹。

天地五行之數，只一二三四五生數而已。成數皆中五之土所生也，合北一則成六，合南二則成七，合東三則成八，合西四則成九，數至九而止，本無所謂十也。其土之成數十者，乃聚北一南二東三西四合而成十，是五行皆藉土以成，而土又四象之所成，所謂「四象五行全藉土」也，故約而不繁。**增批** 五行藉土而成又何说哉？

天一生水，地二生火，水火乃天地之始氣，丹法用之，日月即水火也。舉水激火，火滅其光，譬諸日月，亦有薄蝕之理。而月之掩日，陽光當晝而昏者，常在晦朔之間。此水盛火衰，如舉水激火，光明奄滅者然。正陰陽交感造化自然之理，無足異者，煉丹之士可不求所謂晦朔之間而法造化交感之妙乎？**增批** 易曰：「小人用壯，君子用罔。」晦朔，壯也。羝羊已出，故曰日薄蝕常在此時也。

水中有金，鉛也，情也；火中有木，汞也，性也。悟真篇云：「異名同出少人知，兩者玄玄是要機。」故以金爲名則以木爲字，以金爲情則以木爲性，雖非二物，未可稱還丹也。及夫時至氣化，一盞醍醐，傾入東陽造化之爐，歸家與青蛾相見，金情來歸木性，乃得稱還丹也。「金來歸性初」一語，乃作丹之髓，不可不知。

右第十九段 論金來歸性乃陰陽交感自然之道。而五行之大用，惟水火最先，舉水滅火，以法自然之運，則還丹之理得矣。

二十

吾不敢虛說，倣傚古人文。古記題龍虎，黃帝美金華；淮南煉秋石，王陽嘉黃芽。賢者能持行，不肖毋與俱；古今道由一，對談吐所謀。學者加勉力，留念深思維；至要言甚露，昭昭不我欺。

龍虎、金華、秋石、黃芽，皆古聖垂訓之書，魏公作契，豈敢虛說？乃舉已效之事，倣古人之文，以垂教萬世也。惟賢者能企慕而持行之，可傳吾道，不肖者當慎所與也。況今古並無二道，只有金液還丹之道，已盡吐所謀於參同契中矣。學者當勉力深思，始知要言顯露，昭昭不欺也。

右第二十段 自敘倣傚古人作書垂訓之意。

周易參同契脈望中卷

會稽陶素耜存存子述　古漢初玉溪子增批

一

乾剛坤柔，配合相包；　陽禀陰受，雄雌相須。偕以造化，精氣乃舒；坎離冠首，光耀垂敷。玄冥難測，不可畫圖；　聖人揆度，參序元基。四者混沌，徑入虛無；　六十卦用，張布爲輿。龍馬就駕，明君御時；　和則隨從，路平不邪；　邪道險阻，傾危國家。

此言乾坤爲鼎器，坎離爲藥物，六十卦爲火候，見丹與易合，大畧與上卷首章同。

乾，天也，君也，父也，其氣主剛；　坤，地也，臣也，母也，其體主柔。乾坤兩相配合，陽氣先至，陰精後至，則柔包剛而成男；　陰精先至，陽氣後至，則剛包柔而成女。乾陽之德，主乎禀與；　坤陰之德，主乎翕受。孤陽不生，孤陰不育，雄雌二者之相須可知。

偕者，交媾之義。惟交媾以成造化，陽精陰氣乃能舒布。在天地，則陰陽交媾而生物，在丹法，則陰陽交媾而生藥，同此造化之機也。人身造化之妙，以時而至，苟能旋曲視聽，勿失其機，則造化在吾掌握中矣。

有鼎器，則有藥物，故坎離繼乾坤而冠陰陽之首，得剛柔之中，是精氣互藏之室宅也。坎離之象，配諸日月。丹法有內日月，有外日月，欲令內日月交光於內，必先使外日月交光於外，「光耀垂敷」而「偕以造化」者，在是矣。**原批**　外日月誰人知道？

玄冥者，坎宮先天之真水，難以意測，豈可畫圖？惟聖人能揆其產藥之川源，度其清濁之時刻，假象托文，廣引曲喻，以參序丹道之元基。元基，即根基也。悟真篇云：「須憑玄牝立根基。」蓋伏鉛制汞，全在玄牝，玄牝既立，則修煉在此，還丹在此，火候在此也。

四者，即乾坤坎離。元基既固，則陰陽精氣，混沌交媾，徑入我虛無之谷矣。藥物交，則有火候。餘六十卦張布鼎外，一日兩卦，以爲周天火候。輿輻有三十，月亦三十日，故曰「爲輿」。

龍者，汞也；　馬者，火也；　汞火已與真鉛交媾，調養馴服，是就駕也；　明君，我之元神，爲主也。御周天之火候，各得其時，正是神爲車，氣爲馬，終日御之不倦也。如是則陰陽相和，君不驕溢，臣不邪佞，事皆隨心而應，如大路之坦坦無邪也。

舍此和氣之外，皆係邪道險阻，未有不傾危國家者矣。國家，指身言。**原批** 凡煉金丹，以和爲先，和則事皆隨心而應。

右第一段 鼎器、藥物、火候，雖分三段看，藥火本不相雜。言藥而不言火者，半刻之功，火在其中矣；言火而不言藥者，十月之事，藥在其中矣。

二

君子居其室，出其言善，則千里之外應之。謂萬乘之主，處九重之室；發號施令，順陰陽節；藏器待時，勿違卦日。屯以子申，蒙用寅戌；六十卦用，各自有日。聊陳兩象，未能究悉；在義設刑，當仁施德。按曆法令，至誠專密；謹候日辰，審察消息。 一本「施德」下有「逆之者凶，順之者吉」八字。

此易傳釋「鶴鳴子和」之詞，引之以明入室火候，亦有母氣先倡子氣後和之意。

增批 易曰：「同聲相應。」又曰：「鶴鳴在陰，其子和之。」契言本此。

居室者，入室也。入室煉丹，乃吾人大事因緣。尊主人爲萬乘，喻丹室以九重，比火符爲號令，慎重謹密之至也。入室採藥，雖忌輕言，然此感彼應，非藉言語，何以得大藥之真？顧只在言之善耳。言善則千里之外應之，況居室中乎？

起火煉藥，順天地陰陽之節，春夏秋冬，不敢違背，以發號施令，必先煉己純熟，藏器於身，待得月現震生，依爻動時採取，而勿違乎卦日。蓋以煉丹之法，先當知時，尤當待時。時之未至，塞兑垂簾，默默窺虛以待之，不敢爲之先也；時辰若至，妙理自彰，大用現前，定以應物，不敢爲之後也。**增批**　子爲冬至午夏至。順陰陽節，即順子午之時，藏器以待之也。

至於逐月澆培，朝用水雷屯卦，初爻庚子，四爻戊申，進火之候；暮用山水蒙卦，初爻戊寅，四爻丙戌，退火之候。蓋舉初一直事之卦以例其餘，謂火候分至之啟閉當如是耳。有以子申爲水局，寅戌爲火局者，移之初二，需以子申，訟用寅午，尚同一理。移之初三，師以寅丑，比用未申，就説不去，奚可穿鑿？一月每日兩卦，始屯蒙，終既未，有六十卦之用。雖各自有日，然聊陳屯蒙兩卦反對之體，以見一順一逆，各自有合，未能究悉也。**增批**　一日兩卦，取兩卦合綜一順一逆，以象朝進陽火、暮退陰符之事。

自子至巳，六時當仁，則進陽火以施德。自午至亥，六時在義，則退陰符以設刑；三年煉己，一年養丹，遵之則順而吉，反之則逆而凶。然而按曆數以排火候，法時令以運抽添，下手修習之要，全在至誠專密，以謹候其日辰，審察其消息而已。學人當清淨無爲，不以一毫外物累心，行坐寢食，一刻不離，方爲專心致志。若雜務營

心，朝行暮輟，日月至焉，終無一成也。原批　危懼則平安；　惕易則傾覆；　致诚專密，謹候審慎之至也。此之謂大易之道。

日辰者，天地有晝夜晨昏、晦朔弦望、二至二分，人身亦與天地同其消息。所以丹法以天爲鼎，以地爲爐，採藥按月之盈虧，行火視日之出没，攢簇周天，一日一時之中止用一符。而其中消息之要，必先審察兑金所生之水，以合就丹頭，非謂八月十五日子時入室下功盜天地之金精以修煉金丹也。

纖芥不正，悔吝爲賊。二至改度，乖錯委曲；　隆冬大暑，盛夏霰雪。二分縱横，不應刻漏；　水旱相伐，風雨不節。蝗虫湧沸，山崩地裂；　天見其怪，羣異旁出。

苟或不能至誠專密，以候其日辰，察其消息，則持心不定，煉己不熟，調鼎無功，爽日辰而差消息，種種悔吝，在所不免，皆火候失調，君驕臣佞之意，無甚深旨。

孝子用心，感動皇極；　近出己口，遠流殊域。或以招禍，或以致福，或興太平，或造兵革。增批　興太平者，即易「需郊」「需沙」「拔茅」「習坎」之謂；　造兵革者，即易「乘墉攻取」

「晉角伐邑」之事。　**四者之來，由乎胸臆；　靜動有常，奉其繩墨。四時順宜，與氣相得；　剛柔斷矣，不相涉入。五行守界，不妄盈縮；　易行周流，屈伸往覆。**

孝子者，吾人之元性也，何以用心？　至誠專密而已。皇極，乾坤也，誠能動物，自可感格；　言出於口，心之聲也，性情相感，言之善不善不同，應違亦異。招禍、致福、太平、兵革四者，皆言行火之妙用。有藥而行火，則金被火逼，奔騰至於離宮，化而爲水，反以尅火，故火無炎上之患。若無藥而行火，則虛陽上攻，適以自焚其軀，此招禍、致福之所自分也。真鉛生於坎宮，濁而不起，欲其擒制離宮之真汞，當用武火猛烹極煉，然後飛騰而上，及其與真汞交結之後，則宜守城沐浴，不可加以武火，此太平、兵革之不同也。四者之來，豈有他哉？　皆由乎持心耳。可不至誠專密乎？

陰中之陽，以動爲主，故取坎之期，惟偵其動；　陽中之陰，以靜爲主，故填離之後，致養於靜。宜動宜靜，自有常法，如工匠之奉繩墨焉。

寒暑溫涼之四時，各順其宜，然後金水陰陽之二氣各得其用。時當進火，陽剛用事，則一意於震兑乾，不涉入於陰也；　時當退符，陰柔用事，則一意於巽艮坤，不涉入於陽也。是以五行各有界限，不可妄意盈縮者也。

何謂界？　如金水戊土，其界在坎；　木火己土，其界在離。水不可濫，亦不可乾；火不可寒，亦不可燥，不妄盈縮，便是守界也。易，即日月也。日月行於黄道，晝夜屈信，周流不息。人法日月之屈信以行火候，則長生久視之道在是矣。

右第二段 備論入室火候，全在至誠專密、謹候日辰、審察消息，則致太平之福，不招兵革之禍。

三

晦朔之間，合符行中。混沌鴻濛，牝牡相從；滋液潤澤，施化流通。天地神明，不可度量；利用安身，隱形而藏。

此章以夕月乾爻，雙明藥火。首節其總冒也。

晦朔弦望，一年十二度，天上太陰與太陽合璧，常在晦朔之間。人間少陰，亦有十二度，其在先天鼎器，則真一之氣，五千四十八日歸黄道，末後兩日正當晦朔之間，乃天地陰陽之交會。**增批** 若認末後兩日爲八日末後兩日，則誤矣。以一月言，三十日半夜是也，在年則冬至之候，在日則亥子之交，在人則動而未形之際。同此造化之機，雖有殊名，總此一候。是時日月合璧，行於天中，雖有朕兆，尚未顯露。神仙審察消息，待月出庚方，迎其符至之機作丹，則内真外應矣。

混沌鴻濛者，二儀未判之炁，龍虎始媾之精，指二候和合丹頭時言也。此時機動籟鳴，陰陽乍會，鉛汞始交，得非牝牡相從乎？

滋液潤澤，乃陽丹初入土釜交感之真景象也。天地絪緼，男女媾精，精神四達，蟠天際地，如烟如霧，如露如電，不可名狀，雄陽播施，雌陰統化，而一氣流通矣。

神明，即上卷「神明之德」。人身活子時，不可測度，利在安靜虛無，養己以俟時至，而又管括微密，隱光而內照其形軀，潛伏煉養，庶可以得其神明之自來也。若使落於存想度量，則神明不可得，而還丹不成矣。**增批** 謂到安靜虛無，所以爲妙。若從動作中來，却於靜定時得。

始於東北，箕斗之鄉；旋而右轉，嘔輪吐萌。潛潭見象，發散精光；昴畢之上，震出爲徵。陽氣造端，初九潛龍；陽以三立，陰以八通。三日震動，八日兌行；九二見龍，和平有明。三五德就，乾體乃成；九三夕惕，虧折神符。盛衰漸革，終還其初；巽繼其統，固濟操持；九四或躍，進退道危。艮主進止，不得踰時；二十三日，典守弦期；九五飛龍，天位加喜。六五坤承，結括終始；韞養衆子，世爲類母；上九亢龍，戰德於野。

此以先天圓圖，除起坎離二卦爲藥。始於東北，訖於正北，配乾六爻，以象月之晦朔弦望，喻養丹之火符也。八乃艮之位，即準連山作契意也。少陰陽氣之消長，象太陰金氣之圓缺。朔晦之間，日月合璧於東北。箕斗，東方交會之鄉。

方其陽氣造端，月升在日，無可徵驗。至三日之夕，則旋而右轉，將所含太陽精光，嘔輪吐萌於昴畢之上，謂全月水輪中微萌一線金光也。正應三日出庚，一陽生於二陰之下，於卦爲震，應乾之初九，喻人身陽緒之初，藥則可用，而火宜微調者也。陽以三立，三日出庚也；陰以八通，八日上弦也。三爲陽，八爲陰，至此東北和通矣。

原批 月節以五日爲一候，去晦朔三日則震出爲徵，正應庚月之象。不要將晦朔出庚混淪看過。

月至丁方，於卦爲兑，應乾之九二，喻陽火用功之半，採則已老也。和平有明，言火力勻調之意。

三五，十五之夕，月至甲，與日相望，其象如乾，應乾之九三。此時陽升已極，屈折當降，喻陽火圓滿，當慎以持盈也。

如上以後，則盛極必衰，以漸而革，終當返晦，故曰「還初」。曉月至辛，轉受陰統，其象如巽，應乾之九四，喻陰符繼統之始，鼎内有丹，法當固濟操持，徐用陰符包裏陽氣也。

月至二十三，其光半虧，下弦直事，平明没丙，其象爲艮，應乾之九五，喻陰符用功之半也。艮主進止者，艮司東北之位，天漢起於箕尾之間，没於星張之分，艮丙所直之方也。不得踰時，火不可過，要典守防範也。飛龍則位乎天位，丹藥懷胎結嬰，故曰「加喜」。

六五者，三十日也。喪朋於乙，純陰用事，其象爲坤，應乾之上九，喻火功已罷，神氣歸根，寂然不動之時也。積陰之下，一陽復生，又爲下月起緒之端，震兑諸卦，不生於陽而生於陰，故坤爲同類衆子之母，能結括丹道之終始也。

如上火符，乃陰陽升降自然之理，喻以月魄，象以易卦，配以乾爻，咸相脗合，不過使修丹之士細心玩味，知藥火之分數耳。苟得師傳要領，則「不刻時中分子午，無爻卦裏别乾坤」，始爲精於用易也。

用九翩翩，爲道規矩；陽數已訖，訖則復起。推情合性，轉而相與；循環璇璣，升降上下。周流六爻，難以察覩；故無常位，爲易宗祖。

此總結上文六候之消息。

用九者，乾元用九也。六龍翩翩上下，足爲丹道規矩。一爻纔過，一爻又來，故六陽數訖，訖則復起。

情者金情，性則木性。凝結成丹者此情，澆培十月者亦此情，皆推情以合性，轉轉相與，陽火陰符，如璇璣玉衡，循環不息，上升下降，周流於六爻之間。六爻，即乾卦之六爻。身中之乾，無爻畫可觀，無象數可見，安有方體可以察覩？故坎離二用，原無常位。魏公借乾元用九，指陳刻中火候之秘訣，其間有抽添進退之妙，沐浴交結之奧，皆可準此以得之，此所以爲易之宗祖也。

右第三段 朱子曰：「此以納甲言一月之火候也，又納乾之六爻，以明陽氣之消息。」深爲得旨。

四

朔旦爲復，陽氣始通；出入無疾，立表爲剛。黃鍾建子，兆乃滋彰；播施柔煖，烝黎得常。

朔旦爲復者，非月朔之謂，乃人身陽火起緒之初，斗柄建子之月，於卦爲復。陽氣始通，喻坤家積陰之下，初受乾宮一點精光。陽炁初萌，未可下手追攝，但調停真息，不急不散，不冷不燥，自然出入於坎離之間，無有隔礙，何疾之有？此時藥苗新茁，無質無形，止有微剛之氣。丹家認此微剛之氣，立爲表則，故曰「立表微剛」。**增批** 陽氣初萌，天庭生光，當立表測，以明七日來復之時，出入始能無疾也。故上陽子以爲初關第一之候。

是月也，律應黃鍾。鍾者，踵也。陽氣相踵而生，朕兆可見，但當播施柔暖微剛之火，則一身精氣安和，得其常度，故曰「烝黎得常」。

臨爐施條，開路生光；光耀漸進，日以益長；丑之大呂，結正低昂。

臨者，二陽之卦，斗柄建丑之月，陽氣漸進，喻身中陽火漸漸條暢，黃道漸漸開明，可以進火煉藥。故臨馭丹爐，施條接意。意者，己土也。開路生光，言施條之後，陽氣既通，陽光發耀，漸進而增，日就長益之意。**增批** 「施條」二字妙，可意悟，難以言傳。

是月也，律應大呂。大者，陽也；呂者，侶也。陰陽得類，二氣感應，是爲真侶。**增批** 以大呂五月，象「晉，康侯用錫馬」之時，上陽子以爲中關第二候也。而「結正低昂」四字，實乃臨爐之要訣。潛虛曰「結者，關鍵三寶，管括微密之謂；正者，辰極處正，至誠專密之謂；低昂者，子南午北，柔上剛下之謂」，可謂明晰矣。

仰以成泰，剛柔並隆；陰陽交接，小往大來；輻輳於寅，運而趨時。

仰以成泰，顛倒陰陽，乾下坤上也。三陰三陽，剛柔相當，爲斗杓建寅之月。陰陽之氣，兩相交接，小往，則前行須短，二候求藥也；大來，則後行正長，四候合丹也。正二八相當，汞迎鉛入之意。

是月也，律應太簇。**增批** 以太簇寅月，象「晉，如鼫鼠」合丹之辰，上陽子以爲末關第三候也。簇者，輳也。萬物當此，輻輳而生。在丹法亦如輻之輳轂，而與時偕行，河車不敢暫留停，運入崑崙峯頂矣。此崑崙頂，指玄門言，以其自下元氣海湧出，故象崑崙，非天上之崑山也。

仇註云：「二候臨爐，運火求鉛也；四候合丹，調和己汞也。就四候之中，還有分別。吳思萊云：『運轉河車，運歸土釜，此中二候作法；閉塞三寶，凝神定息，內守神室，此末二候作法。』」可謂精細。

漸歷大壯，俠列卯門；榆莢墮落，還歸本根；刑德相負，晝夜始分。

大壯，四陽之卦，斗杓建卯之月，律應夾鍾。夾者，俠也。俠列卯門，陽中有陰，生中有殺，二月榆落，還歸本根，陰陽之氣，至此兩平，加火則有偏勝之患，故刑德臨門，丹家稱爲卯酉沐浴。卯分乎晝，酉分乎夜。**增批** 上陽子曰：「此言丹之兆落在黃庭，以防以養，宜慎宜專也。」

然沐浴有二說，大旨皆言養丹，余於「剛柔迭興」節註之詳矣。而結丹時之沐浴，先聖皆秘而不言，惟我師還丹火候歌，將行火竅妙，闡發明白。愚今披露丹衷，發洩於此，使萬古迷蒙，盡爲訣破。

火候歌云：「憶我仙翁道法，總是吾家那着；原無子午抽添，豈有兔雞刑德。問吾子在何時？答曰藥生時節。問吾午在何候？不過藥朝金闕。卯時的在何時？紅孩火雲洞列。若無救苦觀音，大藥必然迸裂。此即沐浴時辰，過此黃河舟楫。再問何爲酉門？即是任同督合。此時若沒黃裳，藥物如何元吉？過此即爲庫戌。請向庫中消息？此是一貫心傳，至道不須他覓。」蓋藥物臨玄門，丹經所謂九重鐵鼓、三足金蟾、任督下合之鄉、子母分胎之路，皆是此處。故以紅孩相火，比之救苦觀音者，靜攝嚴密，則甘露垂珠也。愚嘗問師云：「入靜乃庫戌之事，此時何以云然？」師云：「此靜不是大靜，乃觀音之靜。若那靜，則如來之靜矣。」鶴林真人云「卯酉乃其出入門」，可見刑德臨門，不過臨玄之門、臨牝之門也，在識其竅妙而已。張三丰鉛火秘訣一篇，即是此意。四百字云：「火候不用時，冬至豈在子；及其沐浴法，卯酉亦虛比。」微乎！微乎！

夬陰以退，陽升而前；洗濯羽翮，振索宿塵。增批 上陽子曰：「夬之爲卦，陰決別陽，炁既回，金丹懷孕。」

夬卦，五陽一陰，斗杓建辰之月，律應姑洗。洗者，洗濯也；振者，辰也。丹經沐浴，一陰宿垢，振索立盡，喻身中陽火既盛，大鵬將徙天池，勢當奮發也。

乾健盛明，廣被四隣；陽終於巳，中而相干。增批 乾健陽盛，終於巳月，陽將干陰，當防亢龍之悔也。

乾乃六陽之卦，斗杓建巳之月。陽火盛明，升熬於甑山之上，圓滿周匝，故曰「光被四隣」。六陽已全，鑛盡金純，律應仲呂。仲者，中也。日中則必昃，陽極則陰生。中而相干者，言陰將干陽也。修丹至此，可不慎以持盈乎？

姤始紀緒，履霜最先；井底寒泉，午爲蕤賓，賓服於陰，陰爲主人。增批 陽極生陰，陰爲主人，乃順豫生陰之象。

姤之爲卦，盛陽之下，一陰始生，爲斗杓建午之月，時值夏至，陰伏於下。「坤」之

「初六」不云「履霜堅冰至」乎？冰始於霜，寒生於井，律應蕤賓。陽雖極盛，而陰符起緒之始，以陰爲主人，陽反退而賓服於陰也。其在丹道，則藥朝金闕之時，必須退火合度，方無危險。

遯世去位，收斂其精；懷德俟時，栖遲昧冥。 增批 此即「謙遯」「遯道」之事。

遯乃二陰之卦，斗杓建未之月。此時陰氣漸長，喻身中陰符，離去午位，收斂而降，懷德俟時，栖遲昧冥，皆取退火之意。栖者，林也，律應林鍾也；昧者，未也，六月建也。

否塞不通，萌者不生；陰信陽詘，毀傷姓名。

否卦三陰，斗杓建申之月。申者，陰之信也。陰信則陽詘，律應夷則。夷，傷也，陽將毀傷也。以喻身中陰符，愈降愈下，陽火退去一半矣。退符皆主陽退而言，潛虛測疏論得最妙。

觀其權量，察仲秋情；任蓄微稚，老枯復榮；薺麥芽蘖，因冒以生。 增

批　八月建酉，兑金得生，枯故復榮。

觀乃四陰之卦，斗杓建酉之月。觀其權量，以察仲秋之情，陰陽各半，氣至此而又平。律應南吕，南有「任」之義。萬物斂華就實，有任蓄微稚之象，老枯者當得復榮。正字通云：「陽氣尚有，任生薺麥。」所謂陰中有陽，刑中有德也。以丹法言，則陰符降下過半，藥降金橋，將歸寶藏。又有「臨門」一節，規中指南配合坤卦四爻，括囊無咎。我師火候歌中「任同督合」，皆指此也。「任蓄」二字，分明指出自督入任，蓄養還丹之意。可以知沐浴之法，實關生死之岸。黄庭經不可不讀矣。

剥爛肢體，消滅其形；化氣既竭，亡失至神。

剥乃五陰之卦，律應亡射，爲斗杓建戌之月。陽氣受剥，枝頭之果，熟爛而墮，形體消滅，造化之氣於此竭窮，故曰「亡失至神」。以丹法言，則歸根復命，賞陽春於舊家庭院，火歸戌庫，愈謹止静之功，仍還無天無地無我無人境界時也。至神，即神火；亡失，亡射也，即歸庫之意。**原批**　歸復之期，即亡失之候。功到止静，又何勤哉？**增批**　火歸戌庫，乃无妄、大畜之時。

道窮則反，歸乎坤元；　恒順地理，承天布宣。玄幽遠渺，隔閡相連；應度育種，陰陽之原。寥廓恍惚，莫知其端；　先迷失軌，後爲主君。

坤乃六陰之卦，斗杓建亥之月。純陰用事，陽氣潛藏，萬物至此，歸根復命。陽道既窮，則反本而歸乎坤元，以喻丹道歸靜之極也。靜乃丹道之常。恒，常也。常順地理，寂然不動，以俟天之施化。迨夫亥子之界，一陽來復，乃承天而布宣之也。布宣，即用火之意。夫陰陽精炁，隱於坎離匡廓之内，生於杳冥恍惚之中，初無形象可見，是玄幽遠渺也。然到機動籟鳴時候，則隔閡潛通，如磁石引鐵，雖隔閡而實相連。律應應鍾。鍾者，種也，有應度育種之義焉；　度，即鉛汞之度。用鉛則種鉛，用汞則種汞，皆藉坤元之養育，是陰陽之原也。二氣之始，寥廓恍惚，莫知端倪。其先，少陰少陽，兩情眷戀，一點陰火之氣，陷溺於坎宮，迷失軌轍，丹士則昏昏默默，深入乎窈冥以待之；　俄頃，臨御丹爐，則恍恍惚惚，感而遂通，陽道復興，而主君又將用事也。

增批　杳冥者，陰陽未判之時；　恍惚者，陰陽將判之時：　乃真景象也。

無平不陂，道之自然；　變易更盛，消息相因。終坤始復，如循連環；帝王乘御，千載常存。

此節及上節「坤元」，皆總結一章之意。急提「自然」二字，以見無往不復。陰陽之盛衰消息，月卦之終坤始復，如循連環。天道丹道，皆純順乎自然，不待勉强安排也。作丹法其自然之運，與時偕行，則如帝王之乘龍御天，歷千秋而統祀常存矣。

右第四段　此以易之十二月卦，天之十二辰，樂之十二律，配丹道一年之火符，比喻一時半刻之功也。與上篇一月火符，互相發明，同一旨趣。温養火候，亦準諸此。

五

將欲養性，延命却期；審思後末，當慮其先。人所禀軀，體本一無；元精流布，因氣託初。

人無聖愚，性來入命則生，性去離形則死。欲養性以住世，非延命之術不可。人將欲養性延命，以却死期，審思既有身之後可以有延命之術，當慮未有身之先吾身從何而來，性命何由而立，則可得其緒矣。

夫有生之先，以父母之氣，交結而成軀。骨肉之體，會有涯盡，惟本天地陰陽真一之炁以生此體，本於一無，無有涯盡者也。

元精流布，即後天陰陽精氣爲物。二五之精，在人爲命者也。因氣託初，即先天太乙含真之炁。無極之真，在人爲性者也。二者妙合，而人始生。此兩句，正申明「體本一無」之意。神仙之修丹，以無涯之元炁，補我有限之形軀，陰陽相感，精氣交結，於無中生有，與男女胎孕之理無二，但有順逆之不同耳。**增批**　「形不足者補之以氣」，此一語，金丹之祖。易曰「西南得朋」，已示補氣之方；孔傳曰「同氣相求」，又指補炁之類；道德經曰「是爲天地根」，又明補氣之門。註中之意本此。

陰陽爲度，魂魄所居。陽神曰魂，陰神曰魄；魂之與魄，互爲室宅。

是性命二者，合而生人，不過以陰陽爲度，乃日魂月魄所居也。陰陽以魂魄爲體，魂魄就陰陽爲舍。離爲日魂，坎爲月魄。日月本是乾坤精，故曰「陽神」「陰神」，非天壤有形有象之日魂月魄，乃人身無形無象之日魂月魄也。**原批**　日魂月魄，直接陰陽二界。

互爲室宅者，坎中之一陽乃東方之卯兔，離中之一陰乃西方酉禽，故金丹四百字云「日魂玉兔脂，月魄金烏髓」也。然而東家烏髓能招西江之月魄，西方兔脂能制我家之日魂，又見魂魄相拘，自有呑啗之妙，不獨互藏其精，實交相爲用矣。**原批**　如此顛倒互用，未易通曉。

性主處内，立置鄞鄂；情主營外，築完城郭。城郭完全，人物乃安；於斯之時，情合乾坤。

此條性情，就初關言，與「推情合性」、上文「養性」及下文「情合乾坤」之旨不同，即上卷内以養己章「築固靈株」之義。

性主靜，立鄞鄂者，養性存神，憑玄牝以立根基也；情主動，築城郭者，寶精裕氣，借藥物而固邦本也。「城郭完全，人物乃安」者，築基須進氣採藥，煉己則烹汞成砂，國富民安，身心寂不動也。煉己之要，歸重「情主營外」一邊。**增批** 離了煉己，安能配合乾坤？ 一剛一柔，三年無間，骨炁俱是金精，肌膚皆成玉質。斯時内藥堅凝，然後可以配合乾坤，得金情而行還丹之功，即悟真篇「民安國富方求戰」之旨也。

乾動而直，氣布精流；坤靜而翕，爲道舍廬。剛施而退，柔化以滋；九還七返，八歸六居。

承上文「情合乾坤」，故申言乾坤之德。「乾坤」四句，指父母造命而言。原夫乾父之德，動直而主乎暢達，故氣布而精流；坤母之德，靜翕而主乎歛藏，故爲道之廬舍。世間常道，其理如此。若夫丹家逆法，則兑爲少女，代坤行事，抱陽成坎，女反變而爲剛。剛施者，雄陽播玄施之後，退而不用也。損乾成離，男反化而爲柔。柔化者，雌陰統黄化之時，滋液潤澤也。

九七八六者，金火木水之成數。剛施柔化，則虎躍龍騰，五行四象之炁，一時會合，凝結成丹，而九者還，七者返，八者歸，六者居矣。

男白女赤，金火相拘，則水定火。五行之初，上善若水，清而無瑕。道無形象，真一難圖；變而分布，各自獨居。

承上文四象約而言之，則九還七返，金火二者盡之矣。男白者，坎中之金；女赤者，離中之火。陰陽交感，精炁流布，相鈐相制，丹自凝結。而和合丹頭之初，必準則水之銖兩，以定火之分數。二分爲真，火二與居也。

原批 洛書「九紫居南，金居火位；七赤在西，火入金鄉」，金火本是相拘。

修丹必以水爲則者，以天一生水，爲五行之最初。修命之學，非鉛無以制汞，非水無以激火，故魏公不憚其辭之煩，而反覆叮嚀也。道德經云：「上善若水。」夫水曰上善，以水源至清無瑕，全無撓動，其用甚大；若稍有渣質，則度於後天，而不可用。是水也，乃先天真一之氣，互藏於坎宫，而寄體於兑金者也。是真一之氣，先天地生，名之曰道。至道之精，生於窈冥之端，無形無象，安可圖畫？變而分布者，即道德經「兩者同出異名」之意。真一之氣，變而爲汞，是爲「無名，天地之始」，分布東方，獨居卯位；變而爲鉛，是爲「有名，萬物之母」，分布西方，獨居酉位。丹士於此，合天地之機，識結丹之處，辨水源之清，知下手之訣，則恍惚之中尋有物，窈冥之內吸真精，方知大道於無中生有，全在真一之妙也。

類如雞子，黑白相扶。縱廣一寸，以爲始初；四肢五臟，筋骨乃俱。彌歷十月，脱出其胞；骨弱可卷，肉滑若飴。

金丹既成，其法象可得而形容也。

類如雞子，混混沌沌；黑白相扶者，二氣混合之象。一寸者，丹之神室；始初者，「權輿樹根基，經營養鄞鄂」之義。四象五行和合於此，故肢臟筋骨，無不完具。温養事畢，十月胎圓，嬰兒顯相，脱離苦海，移神内院，身外有身，此乃法身無相，故「骨弱可卷，肉滑若飴」也。養性延命之事畢矣。

右第五段 論養性延命之學，而推原生身受氣之初，以示人煉己堅固，方可還丹。「則水定火」，成丹要訣。以懷胎產嬰結之，使人知仙道可以修爲證也。

六

陽燧以取火，非日不生光；方諸非星月，安能得水漿？二氣至懸遠，感化尚相通；何況近存身，切在於心胸。陰陽配日月，水火爲效徵。

日中有火，取以陽燧；月中有水，取以方諸。日月在天，去地懸遠，而陽燧見日則得火，方諸見月則得水。無情之物，氣化感通，無中生有，尚神速如此，何況身中之氣，心内之精，真陰真陽，配合日月，更比取火取水近而易求，有不隨感而應者哉？但方諸、陽燧乃空器，其中本無水火，必對日月，則水火乃至，以況坤鼎中本無陽火，亦是空器，一受乾宮火精，即是陽光發耀，可煉大丹。謂之鼎器者，乃借之以作招攝先天之器耳，豈真有一陽之氣在少陰身中乎？

右第六段　言陰陽二氣感化之理。「身」「心」二字着眼。

七

耳目口三寶，閉塞勿發通；真人潛深淵，浮游守規中。旋曲以視聽，開闔皆合同；爲己之樞轄，動靜不竭窮。離氣内營衛，坎乃不用聰；兑

合不以談，希言順鴻濛。三者既關鍵，緩體處空房；委志歸虛無，無念以爲常。

此言煉丹入室也。

陰符經云：「九竅之邪，在乎三要。」三要，耳目口是也，今以爲三寶者，以其爲精氣神發竅之處。含眼光以守神，凝耳韻以守精，緘舌氣以守氣，內想不出則勿發，外物不入則勿通，乃入室之要訣也。

真人者，真一之氣；深淵，即太淵也。蓋以真一之氣，潛匿於若有若無之淵，然乍沉乍浮，必有爻動之機，所謂「浮游」也。規中，乃吾身造化之窟，真炁所產之處。吾惟閉塞三寶，六根大定，靜守規中以俟之，而常靜之中却有常應之妙。**增批** 丹法始終，只一「定」字，採藥、還丹、脱胎都離他不得。

旋曲，委婉也。微偵而俟候，潛聽之而見真人氣機之動，一開一闔，皆自然而然，與己之真精相爲合同，相親相戀而爲己之樞轄矣。己者己土，真人乃戊土，己土得戊土以爲樞轄，則猖狂馴伏，動可以得藥，靜可以養丹，而火候之動靜消息，綽有餘地，不致極窮矣。

吾之所以內照內聽，希言調息者，凡以順鴻濛真一之氣，俟其施化也。鴻濛既順，則藥化丹成，方可紆徐容與、安處空房也。空房，即規中，所謂虛無之谷也。委志虛無者，正是緩處空房；情境兩忘，人法雙遣，一念不生，萬緣頓息，「無念以爲常」也。丹法始終以無念爲常，而有念者乃一時半刻之事，不可不知。上陽云：「『無念』二字最爲受用。真人潛深淵，無念以應之；浮游守規中，無念以候也；呼吸相含育，無念以致之；三性既會合，無念以入之。其功最多，故曰爲常。」妙矣哉！**原批** 無念爲常，尚不止此，學道者其知之？

證驗自推移，心專不縱橫；寢寐神相抱，覺悟候存亡。顏色浸以潤，骨節亦堅强；排却衆陰邪，然後立正陽。修之不輟休，庶氣雲雨行；淫淫若春澤，液液象解冰；從頭流達足，究竟復上升；往來洞無極，怫怫被容中。反者道之驗，弱者德之柄；耘鋤宿污穢，細微得調暢。濁者清之路，昏久則昭明。 **原批** 怫，音「費」。

證驗者，丹之證驗。功夫進一步，則證驗亦推移一步。然無念爲常者，非寂滅之謂，乃心專之謂。只有正念現前，並無別念縱橫也。丁靈陽心性訣云：「靜中抑按功深，一切境界見於目前，不得起心生於愛憎。」蓋修行人，靜中境界多般，皆自己識神所化，因靜而現，引誘心君。惟心主專一不動，見如不見，體同虛空，無處捉摸，自然消散，寢寐而神相抱，覺悟而候其氣之存亡，則功夫純熟，晝夜不休，心專之至矣。**原批**　三教聖人教人進修者，惟此。　證驗見於外，則顏色浸潤，骨節堅强可知也。**原批**　煉己功到，自色潤而骨强。

正陽者，先天真一之氣，其端甚微，必須煉去己私，陰邪消散，然後正陽可立也。立正陽者，得藥歸鼎之謂。證驗見於內，則得藥之後，丹降黃房，修之不輟，二氣絪緼，法輪常轉，如雲行雨施，又淫淫如春澤之下降，液液象解冰之氣升。自上而下，下而復上，升降往來，極天際地，充盛於容體之中。和氣從容之景象如此。

何謂反者道之驗？反者，復也，道德經云「萬物並作，吾以觀其復」。蓋修丹效驗，天地冥合，萬里陰沉，忽然一陽來復，可以下手，此丹道之驗也。何謂弱者德之柄？道德經云「知其榮，守其辱；知其雄，守其雌」，又「曰慈，曰儉，曰不敢爲天下先」，皆濡弱不爭之事。進德之士，大用現前，以弱爲柄也。

污穢耘鋤者，我命從污穢中來，今又從污穢中續命，必須耘盡宿穢，萬緣不染，自然藥火細微，皆得調暢矣。

濁者，世間法；清者，出世間法。我從世間法中，做出出世間法，非「濁者清之路」乎？昏者，昏昏默默，終日如愚也。一切積久功夫，俱自昏默而得，非「昏久則昭明」乎？蓋得丹之後，百脉歸源，如癡如醉，有似乎昏濁者然。濁而徐清，昏而復明，如大死方活也。

右第七段　上節入室之訣，下節形容證驗景象。

八

世人好小術，不審道淺深；棄正從邪徑，欲速閼不通。猶盲不任杖，聾者聽宮商；没水捕雉兔，登山索魚龍；植麥欲穫黍，運規以求方；竭力勞精神，終年不見功。欲知伏食法，事約而不繁。

世人見小欲速，多被盲師引入邪徑，仙翁力言無益，以見金丹大道，性命雙修，二氣感應之速。伏者，食天地之母氣，伏吾身之子氣也，即「長生須伏氣」之義。母氣，即真鉛，老聖所云「食母」也。

右第八段

九

太陽流珠，常欲去人；卒得金華，轉而相因；化爲白液，凝而至堅。金華先倡，有頃之間；解化爲水，馬齒闌干；陽乃往和，情性自然。迫促時陰，拘畜禁門；慈母養育，孝子報恩。嚴父施令，教勅子孫。

離己日光，真汞爲太陽，易於飛走，常欲去人，故曰「流珠」；金華，真鉛也。汞得真鉛之氣，則轉而相因，化爲白液，而凝成堅固不壞之寶。流珠去人，所以有生有死，凝而堅，則不去人矣。

彼金華者，如何而先液後凝？蓋以先天真鉛，露鉛華於爻動之頃。其先倡者，一氣而已。及有頃之間，得藥歸鼎，與乾交合，渡鵲橋，上崑山，化成白液，乃有「雪山醍醐」、「甘露灌頂」之號；下鵲橋，歸黃房，夫婦團結，凝而成丹，喻如外丹「馬齒闌干」之象。闌干，即琅玕。

先倡者坎，離爲乾男，故稱陽乃往和，他主而我賓也。一倡一和，木性愛金，金情戀木，道之自然。

時陰者，陰極之時，一陽將動；　迫促者，迎其動機而進火也。蓋冶人鑄金，鼓以橐籥，則火發金熔；　若吹以汗漫之風，火氣散而金不化。故以真息爲火之橐籥，綿綿不絕，元神依息而互融，即火之得乎風也；　真氣得神而自化，即金之熔於火也。迫促之義如此。及夫靈丹入鼎，百脉歸源，則環匝關閉，守禦固密，拘畜於禁密之門，自然煅成至寶也。

慈母者，坤也。坎中一畫乾金，孕於坤母之腹，猶慈母之養育也。乾金返歸乾舍，與離宮真汞凝結而成丹，此即慈烏反哺、孝子之報恩也。報恩非報慈母之恩，謂報乾父之恩，與居室章「孝子用心」，各取一義。

「銜燕」「相吞」二句，兩相和合而成丹頭之意，龍頭虎門之作用也。嚴父者，太陽真火，乾父是也。其初，非炎火爲之猛烹極煉，則真鉛不能飛起；　其繼，非神火爲之周遭温養，則丹藥不能改化。故曰：「教勅子孫。」**增批**　談象稱名，皆是借喻，慎勿執着。

右第九段　指示真鉛制汞，情性自然之理。

十

五行錯王，相據以生；　火性銷金，金伐木榮。三五與一，天地至精；

可以口訣，難以書傳。

丹道五行，妙用全在逆尅。五行各旺一方。據，依據也。

相對則相尅，南火北水、東木西金是也；相依則相生，兑金生坎水，坎水生震木，震木生離火，離火生坤土是也。此五行順行之理也。

其在丹道，以火煉鉛，是火性銷金，不知金中含水，火被水制，反化爲土，而金愈旺，不止不能傷金已也；以鉛制汞，是金伐木榮，不知木中含火，金受火制，反化爲水，而木愈榮，不但不能尅木已也。此逆尅相成之妙也。

木火爲侶，金水合處，戊己數五，謂之「三五」。**增批** 火二數，木三數，東三南二同成五；水一數，金四數，北一西方四共之，亦成爲五；合中宫戊己數五，是爲「三五」。合三五爲一者，金丹也，即真一之氣，先天地之母也。以先天地之母氣，伏後天地之子氣，會合成丹，天地之至精孕育於此矣。此道口口相傳，難以筆記。

子當右轉，午乃東旋；卯酉界隔，主客二名。龍呼於虎，虎吸龍精；兩相飲食，俱相貪併。熒惑守西，太白經天；殺氣所臨，何有不傾？貍犬守鼠，鳥雀畏鸇；各得其性，何敢有聲？

此申明「三五」之義，示採藥之訣，以河圖生數言之也。子右轉至酉，水一金四成五，是金公寄體於西隣，虎向水中生也； 午東旋至卯，火二木三成五，是離火藏烽於卯木，龍從火裏出也； 卯酉界隔於東西，聯戊己於中爲一五。

金花先倡，則西者是主； 陽乃往和，則東者是客。以火煉鉛，龍呼於虎； 鉛呑汞氣，虎吸乎龍。一呼一吸，二氣交感，如飲食呑併。

金情躍躍欲動，乘其動機，採歸土釜，與我久積陰精，混合成丹。擬之天象，火入金鄉以產真鉛，則熒惑守西也； 金來伐木以制真汞，則太白經天也。殺氣者，兌金之氣。殺氣一臨，真汞自伏，而害裏却生恩矣。擬之物類，以汞求鉛，如貍犬之守鼠； 真鉛制汞，如鳥雀之畏鸇。性情相制，一見自伏，何敢有聲乎？

不得其理，難以妄言； 竭殫家產，妻子饑貧。自古及今，好者億人； 訖不偕遇，希能有成。廣求名藥，與道乖殊； 如審遭逢，覩其端緒。以類相況，揆物終始。

學人不究明五行正理，不遇真師傳授，枉耗家產，行諸旁門，或求非類之藥，俱與丹道乖殊，必無成理。故煉金丹者，須遭逢真師，指授端緒，洞曉陰陽，深達造化，知同類之易於爲功，揆度藥物之終始，火候在其中，而丹道可得而成也。學人先究明參同契之理，然後訪道尋師，可一問而覩其端緒，自不流入邪徑矣。

右第十段 首論五行逆尅，次論龍虎貪併，而口訣在乎「呼吸」二句。非遭逢聖師，何由覩其端緒耶？

十一

五行相尅，更爲父母；母含滋液，父主稟與。凝精流形，金石不朽；審專不泄，得成正道。 **原批** 先天五行以順，河圖數也；後天五行以逆，洛書數也。丹道反還歸復，以後天而反先天，焉得不用逆尅？

上條言五行逆尅而迭爲主客，此言五行逆尅而遞爲父母。丹法以火銷金，以金伐木，舉水以滅火，土填水不起，皆逆尅也，而又迭相更易而爲父母。蓋陰陽之道，母主含受，父主稟與，丹法先以乾父精光透入坤中，被坤中壬水一尅一合，化爲戊土，則與者木火，而受者金水，是父乾而母坤矣；迨夫乾坤交媾，將此戊土取送中宮，汞中癸水被其一尅一合，汞乾而化成丹，則又與者金水，而受者木火，是又父坤而母乾矣。更相接制，迭爲父母，乃伏虎降龍妙法也。

靈父聖母，二五之精，妙合而凝，凝之既久，流露真形，萬刼不壞，亦如金石之不朽矣。從此再加十月火符，其要在乎「審專」「至誠專一」「審察消息」也，在乎「不泄」「管括微密」「守其命寶」也。如是，則功夫純粹，藥物不至消耗，火力不至失調，金丹成熟，得成正道，而效驗可得而見也。故下文言效驗。

立竿見影，呼谷傳响；豈不靈哉，天地至象。

立竿、呼谷，見形聲之感召，實而有徵，其靈如此。丹道無中生有，天魂地魄交結成丹，乃天地間法象之至極。人盜天地之機，感召之靈，亦復如是。

若以野葛一寸，巴豆一兩，入喉輒僵，不得俯仰。當此之時，周文揲蓍，孔子占象，扁鵲操鍼，巫咸扣鼓，安能令蘇，復起馳走。

毒藥入口，雖聖人哲士不能令生，人所知也。靈丹吞入腹，我命不由天，而人不加信，何與？

右第十一段 首節言父施母受，更迭變易而成丹；二節喻感應之實；三節喻伏食之靈。

十二

河上姹女，靈而最神，得火則飛，不見埃塵；鬼隱龍匿，莫知所存，將欲制之，黄芽爲根。物無陰陽，違天背元；牝雞自卵，其雛不全。夫何故乎，配合未連；三五不交，剛柔離分。施化之道，天地自然；火動炎上，水流潤下。非有師導，使其然者；資始統正，不可復改。觀夫雌雄，交媾之時，剛柔相結，而不可解。得其節符，非有工巧，以制御之。男生而伏，女偃其軀；稟乎胞胎，受炁元初。非徒生時，著而見之；及其死也，亦復效之。此非父母，教令其然；本在交媾，定制始先。

首八句，即「太陽流珠」四句之意。姹女者，離女之真汞；午之分野爲三河，故稱「河上」。汞在人身，心君一動，飛走無蹤，猶如鬼隱龍匿，莫知其鄉，只有黄芽可以擒制。

黄者，中黄之氣；芽者，爻動之萌，即真鉛也。真鉛制汞，乃陰陽配合自然之道。使物無陰陽，則藥不正而違天，火不合而背元，譬之牝雞自生之卵，不能成雛。

何以故？ 孤陰不生，寡陽不成，配合未連也。 無配合，則三五不交，而剛柔離分矣，何以成丹乎？

夫陽施陰化，乃天地自然配合之道，不假人力使然。 猶之火動必炎上，水流必潤下，非關師導使然，乃天地間自然之性也。 故乾坤二用，資始統正之道，天造地設，賦形有定，不可改易者也。

聖人知施化之自然，因而配合陰陽，運行日月，雄雌二氣交結成丹於一時二候之中，固結而不可解，不過得其節符之自然而已，非有工巧制御之法也。 節謂水火之節候，符謂藥生之符驗。 得其節符，乃丹道之肯綮。

男伏女偃，偃當作仰。 蓋受氣之初，闔氣爲男，闢氣爲女，一先一後，已定陰陽，故生死一般，非關教令。 以證丹道萬古不變、不可復改之意。

右第十二段 論陽施陰化配合自然之道。

十三

坎男爲月，離女爲日；日以施德，月以舒光。日改月化，體不虧傷；陽失其契，陰侵其明。晦朔薄蝕，奄冒相傾；陽消其形，陰凌災生。

此條發明日月含吐之妙。

坎爲乾之中男，陰中有陽，於象爲月；　離爲坤之中女，陽中有陰，於象爲日。日乃太陽之神，天地之元氣也，其體全瑩；　月乃太陰之神，天地之至精也，其體全黑，然而映日則明。月體本無圓缺，惟視受日光之多少。故日主施德，夫道也；　月主舒光，婦道也。坎男而反爲婦，離女而反爲夫，正陰陽顛倒之妙。**增批**　坎月之明，借光於日，故取坎中陽氣還歸離位，謂之還丹。總是以日月喻丹。不知丹，可見日月而悟也。

自朔而生明，而上弦，而月望。「日改月化，體不虧傷」者，由於得太陽之契合也。若十六以後，漸與日離，陽失其契合之符，於巽則陰侵其明矣。晦朔薄蝕，則月爲日掩而相傾矣；　陽消陰凌，則喪朋於坤矣。

學人尋身中之日月以修丹，必於庚方月現，以契其陽，慎勿後時失事，金逢望遠，致使陽失其契也。

男女相須，含吐以滋；　雌雄錯雜，以類相求。

丹法不過日月交光、陰陽得類而已。驗之於人，男女相須，陽施陰受，而造化自生，猶日月之含吐而滋生萬物也。含吐者，月含日之精而吐其光也，正「兔者吐生光」

之義。驗之物類，雌雄匹配，萬有不齊，然各以類相求，含吐之道，無勿同也。

金化爲水，水性周章；火化爲土，水不得行。男動外施，女靜内藏；溢度過節，爲女所拘；魄以鈐魂，不得淫奢。不寒不暑，進退合時；各得其和，俱吐證符。

含吐以滋之義如何？約而言之，金火二者盡之矣。金生於坎，坎象猶月，月本無光，未化爲水也，因太陽真火精光，透入月明之内，乃鉛化爲水。周章，周流也。水性周章，沛然莫禦，即「金華先倡，解化爲水」之義。所賴離宮汞火，化成己土，尅水求丹，水受土制，乃不得妄行。金丹四百字云「真土擒真鉛」，意正如此。

坎男主動而外施，離女主靜而内藏。坎水周章，則溢度過節，所賴離女己土，則水定火以制之，則水不妄行，爲女所拘也。爲女所拘，即是魂以鈐魄，然而魄實所以鈐魂。淫奢者，汞好飛揚之意；鈐者，真鉛制汞，真水滅火，既滅而凝，則不得淫奢也。

魂魄既合，交結成丹，然後進火以抽鉛，退符以添汞，勿違卦日，一文一武，不冷不燥，寒温合時，二氣各得其和，而證符俱吐矣。

藥生曰符，藥成曰證，皆從和氣中來。魏公法象日月，平調水火，而以「和」字結之，見「和則隨從」，丹道之密旨也。

右第十三段 論日月含吐之妙，以準丹法在勿失陽之契而已。末節正發明「含吐以滋」之義。陰陽相制，歸於中和，「和」之義大矣哉！

十四

丹砂木精，得金乃併；金水合處，木火爲侶。四者混沌，列爲龍虎；龍陽數奇，虎陰數偶。肝青爲父，肺白爲母，心赤爲女，脾黃爲祖，腎黑爲子，子五行始。三物一家，都歸戊己。

丹砂，離中之木火，最難降伏，惟投入鉛爐，制以金華黃芽，方能相合。即河上姹女、太陽流珠二節之義。

兑金之正候曰真水，虛無之真炁即真金，是「金水合處」也；心中之靈液曰木，煉時之運用曰火，是「木火爲侶」也。合處者，合一而不分；爲侶者，彼此交相輔。

金水木火，四者聚而爲一，則混混沌沌，如太極之未分。列而爲二，則龍出於離變爲赤龍，虎生在坎變作黑虎。四象不離乎二體，龍屬東三木，出於乾陽，其數奇；

虎屬西四金，出於坤陰，其數偶。先天之象數如此。以後天五行而論，肝青，木也；肺白，金也；心赤，火也；腎黑，水也；脾黃，土也。木生火而與金母合，故爲父；火爲中女，故爲女。金生水而與木父配，故爲母；水爲中男，故爲子。木生火女，陽中之陰，是曰己土；金生水子，陰中之陽，是曰戊土；金木二者，俱從土生，故爲祖。若先天五行之序，天一生水，而子又爲五行之始。

金水也，木火也，戊己土也，三物同歸戊己之宮，是曰「一家」。俱死歸厚土，而還丹始就也。

右第十四段　上半節見四象不離二體，下半節言五行全入中央。

十五

剛柔迭興，更歷分部；龍西虎東，建緯卯酉。刑德並會，相見歡喜；刑主殺伏，德主生起。二月榆落，魁臨於卯；八月麥生，天罡據酉。子南午北，互爲綱紀；一九之數，終而復始。含元虛危，播精於子。

乾剛坤柔，理之常也。丹道取互藏之精，陰中用陽，陽中用陰，故曰「迭興」。分部者，剛柔各有定位。丹法斗柄逆旋，天地反覆，二物互爲主客，如下文「龍西虎東」「子南午北」之類，故曰「更歷」。龍本東而往西，虎本西而居東，以東西爲天地之緯，虎當建緯於卯，龍當建緯於酉也。

卯酉刑德臨門，時當沐浴。沐浴即「告休沐」之意，非竟置政事於不用也。蓋以卯應春分，丙火沐浴之時，庚金受胎之處，火勝則尅金，故停其進火；酉應秋分，壬水沐浴之時，甲木受胎之處，金旺則傷木，故停其退符。此刑德臨門，乃陰陽各半，龍虎並會之時，相見歡喜也。丹道何以宜沐浴乎？夫刑主殺伏，德主生起，氣機之常。二月榆落，德中防刑，蓋二月建卯，而月將爲河魁，取卯與戌合，戌有辛金，殺氣猶存也；八月麥生，刑中有德，蓋八月建酉，而月將爲天罡，取酉與辰合，辰藏乙木，生氣猶存也。

南北者，天地之經。子本北而午本南，入室之頃，柔上而剛下，小往而大來，則天地顛倒，子南午北，綱紀皆反復而互爲矣。凡此，皆所謂「迭興」「更歷」也。

一者，水之生數；九者，金之成數。金水乃先天真一之氣。一則數始，九則數終，循環卦節，莫非金水之妙用，故終而復始。

至於金丹交會之際，則含元於虛危，而播精於子。蓋虛危二宿，正當子位之中，日月合璧之地。子者，子時一陽初動處，非子時太陽正在北方、人身氣到尾閭之謂。含元，屬先天，寂然不動、窈窈冥冥、太極未判之時，「日月合璧虛危度」是也；播精，屬後天，感而遂通、恍恍惚惚、太極已判之時，「雪山一味好醍醐」是也。先天惟一氣，後天始化爲真精，而雄陽播施，乃在於子。二語實指丹母，宜細味之。

右第十五段　備言丹法顛倒互換之妙。

十六

關關雎鳩，在河之洲；窈窕淑女，君子好逑。雄不獨處，雌不孤居；玄武龜蛇，蟠糾相扶。以明牝牡，竟當相須。假使二女共室，顏色甚姝，蘇秦通言，張儀合媒，發辨利舌，奮舒美辭，推心調諧，合爲夫妻，敝髮腐齒，終不相知。若藥物非種，名類不同；分劑參差，失其綱紀。雖黃帝臨爐，太乙執火，八公擣煉，淮南調合，立宇崇壇，玉爲階陛，麟脯鳳腊，把籍長跪，禱祝神祇，請哀諸鬼，沐浴齋戒，妄有所冀。亦猶和膠補釜，以硇塗瘡，去冷加冰，除熱用湯，飛龜舞蛇，愈見乖張。

引「關雎」之始，直指鼎器、藥物所在，以明金丹大道一陰一陽同類相從之意，上卷「胡粉投火」節，與此同旨；　牝牡相須，雌雄共室，即是日月交光、陰陽交媾之道，雖從外得，與採陰補陽、離形感氣、濁亂元胞、紅鉛梅子等法，全然各別；　「二女」一段，以人道之不得類作證；　「藥物」一段，以外丹之不得類作證。反覆曉譬，愈見警切。

右第十六段　發明一陰一陽之道。

周易參同契脉望下卷

會稽陶素耜存存子述　古漢初玉溪子增批

一

惟昔聖賢，懷玄抱真；伏煉九鼎，化迹隱淪。含精養神，通德三元；精益腠理，筋骨緻堅。眾邪辟除，正氣常存；積累長久，變形而仙。

自古上真，皆以金丹成道，懷其玄德，抱其真常，如廣成子之「抱神以靜」，黃帝之「三月內觀」，老子之「專氣致柔」也。伏煉九鼎者，外資真一之氣，得藥歸鼎之後，韜光斂跡，隱遁塵寰，以待功成也。

含精者，含太陽之元精，先天之藥祖也；養神者，養靜定之元神，嘗抱沖和之氣也。此之金丹，專論人元，而曰「通德三元」者，三元之道同條共貫也。

含養之久，自然精溢腠理，筋骨緻堅，體化純陽，羣陰除盡，而金丹之正氣常存。蓋腦爲髓海，腦髓既塡，則純陽流溢，諸髓皆滿，始而易炁，次而易血易脉，次而易肉易髓，次而易筋易骨，次而易髮易形，然後陰盡陽純，而長生不死也。翠虛篇云「透體金光骨體香，金筋玉骨盡純陽，煉教赤血流爲白，陰氣消磨身自康」，此其證也。

長生久視之道，由乎銖積寸累，功夫無息，所以能化形而仙。黄庭經云「積精累氣以成真」，呂祖云「三千日裏積功夫」，劉祖云「九轉功成千日候」，翠虛祖云「片餉功夫修便見，老成須要過三年」，陳朝元云「含養胞胎須十月，焚燒丹藥在三年」，未有不積累長久而可平地登仙者矣。

憂憫後生，好道之倫；隨旁風采，指畫古文。著爲圖籍，開示後昆；露見枝條，隱藏本根。託號諸名，覆謬衆文；學者得之，韞匵終身。子繼父業，孫踵祖先；傳世迷惑，竟無見聞。遂使宦者不仕，農夫失耘，商人棄貨，志士家貧。吾甚傷之，定録此文；字約易思，事省不繁。披列其條，核實可觀；分兩有數，因而相循。故爲亂辭，孔竅其門；智者審思，用意參焉。

聖賢道成之後，垂憫後世有好道之士，不得其旨，於是隨傍先聖之風采，著作龍虎、陰符、道德等圖籍開示後昆。然辭古義奥，雖露見枝條，而隱藏本根，往往託諸龍虎鉛汞、有無徼妙，多其名色，覆其文辭，欲使學者審思而尋真訣也。乃學者得之，不得其旨趣，徒爾韞匵終身，子孫相仍，傳世迷惑，遂使四民失業。魏公傷之，爲作此書，反復曉譬，不過陰陽交媾之理，可謂字約而易思，事省而不煩。且披覽其枝條，則根本亦核實而可觀矣。藥物之分兩有數，如「二者以爲真」「火二與之俱」等語，直陳顯示，可以因之而相循。然三篇之中，不敢成片漏洩，故於下卷卒章，作亂辭告誡，孔竅其門者，欲使有識之士，詳味參究其意旨，貫通於卦爻象數之外也。

右第一段　自敘承先啟後之意。

二

法象莫大乎天地兮，玄溝數萬里。

此先言内養爲採藥之基。

玄溝，天河也。法象莫大乎天地，莫顯於玄溝，自尾箕之間，至柳星之分，南北斜横，不知其幾萬里。人身亦有之，任督二脉是也。人能法天象地，通此二脉，則真氣升降，百脉流通矣。

河鼓臨星紀兮，人民皆驚駭。

此言採藥之候。

河鼓三星，居天河之邊，在織女、牽牛之間；　星紀者，丑宮也。以喻丹道時值丑位，臨爐施條，進火煉藥，河鼓翼翼，牛女會合於時，虎躍龍騰，風狂浪湧，身中人民無不驚駭矣。

晷景妄前却兮，九年被凶咎。

此言六候火符。

晷景，所以測日；　前却者，進退也。丹法之火候，取象於日。得藥歸鼎，養以火符，進退有常，若妄謬其進退，則晷景失度，而水旱相伐，山崩地裂，如被九年洪水之災矣。

皇上覽視之兮，王者退自後。

此言用火之事。

皇上，天君也，喻元神；　王者，真人也，喻元氣；　覽視之者，其初有「旋曲視聽」之義，其後有「環匝周遭」之意。坎中真陽，因神火逼逐，飛騰而起，點化真陰，又賴絳宮神火，周匝温養，而真人乃安處於密室也，即上篇「煉爲表衛，白裏真居」之意。

關鍵有低昂兮，周天遂奔走；江河無枯竭兮，水流注於海。

此言得藥歸鼎也。

「周天」兩字，舊本作「周炁」，朱子疑「周炁」無義理，改爲「害炁」，其實非是。**原批**　是「周天」，非「周炁」，陶君改得是。

關鍵者，坎離之門户也。進火之時，回天關而轉地軸，柔在上而剛在下，確有低昂。時至藥歸，則疾駕河車，周天運轉，奔走於玄溝而不停矣。

江河，坎水也，以真一之氣而言；海，元海也，以土釜神室而言。金化爲水，水性周章，則無枯竭之患。採藥歸來，先液後凝，流注元海，則百脉歸源，亦猶百川之朝宗也。

天地之雌雄兮，徘徊子與午；寅申陰陽祖兮，出入終復始；循斗而招摇兮，執衡定元紀。

此言陽火陰符之事。

陽生於子，陰生於午。天地之雌雄者，陽火陰符，一進一退，徘徊於子午之交也。

卯酉刑德，爲金丹出入之門户。二月，德中有刑，始於寅之上元，「兔於上元時便止」也；八月，刑中有德，始於申之中元，「雞逢七月半爲終」也。以寅申乃春秋之始，是陰陽之祖，故一出一入，終始於寅申之界也。

以一年而言，斗杓一月一轉；以一日而言，斗杓一時一移。元紀者，元辰之十二紀，隨斗杓所指也；衡者，斗之第五星，斗杓之首執衡以定十二辰也。其在吾人，以心運火，不用天上之子午，而用斗建之子午，則元紀無差，猶天之以斗建辰也。

升熬於甑山兮，炎火張於下；白虎唱前導兮，蒼龍和於後。朱雀翱翔戲兮，飛揚色五彩；遭遇羅網施兮，壓止不得舉。嗷嗷聲甚悲兮，嬰兒之慕母；顛倒就湯鑊兮，摧折傷毛羽。刻漏未過半兮，龍鱗甲鬣起；五色象炫耀兮，變化無常主；潏潏鼎沸馳兮，暴湧不休止。接連重疊累兮，犬牙相錯拒；形如仲冬冰兮，闌干吐鍾乳。崔嵬以雜厠兮，交積相支拄；陰陽得其配兮，淡泊自相守。

此言丹藥入鼎，丹成變化之象。

甑山，崑崙山也；　熬，即白虎也。採藥歸壺，升虎熬於甑山之上者，以炎火張於下也；　鉛經火煅，溶而爲液，降下中宮，嬰兒領入重幃，有夫唱婦隨之義，是白虎導於前而蒼龍和於後矣。以其性情言之，類朱雀之翔戲，而五彩耀目也；　以其制伏言之，喻羅網之施張，而壓止不飛也。始則風雲滿鼎，子戀母氣，如嗷嗷之聲悲；　繼乃顛倒烹煉，混沌難分，如毛羽之摧折。以其丹成之景象而形容之，龍鱗奮起於一符半刻之頃，五色變現，炫耀不常也。而且虎鬪龍爭，三宮氣滿，如甑底熱湯，暴沸湧溢於鼎中也。迨夫接連重疊，抽添十月，火足藥靈，丹肇形象，或如犬牙冰裂，或如鍾乳闌干，漸凝漸結，交積支拄矣。是乃二八相當，陰陽得其同類之配也。而溫養之法，無過於淡泊。淡泊者，虛心凝神，純一不雜，順其自然以守之而已。

青龍處房六兮，春華震東卯；　白虎在昴七兮，秋芒兑西酉；　朱雀在張二兮，正陽離南午；　三者俱來朝兮，家屬爲親侶。本之但二物兮，末乃爲三五；　三五併爲一兮，都集歸一所。治之如上科兮，日數亦取甫。

此言合丹之法。

金丹之道，不過「三家相見結姻親」而已。以其分屬而言，青龍屬春，乃震東之卯木，處房六度，六者水數，木得水而滋也；　白虎屬秋，乃兑西之酉金，在昴七度，七者火數，金得火而光也；　朱雀乃離南之正陽，在張月二度，月屬金水，得金水之制化，而火化爲己土矣。鉛、汞、土三者來朝於北方危一之位，則南張北危，月也；　東房西昴，日也。危一合房六爲水之生成數，張二合昴七爲火之生成數，一日一月，猶家屬之相親也。

本之但二物，謂水火也。房六在東，張二在南，木火爲侶，合日月而成八；　昴七在西，危一在北，金水合處，亦合日月而成八。二八一斤，本此二物。末爲三五者，東三南二、北一西四，末後會合，乃成戊己，其數皆五也。

危一乃真鉛之本鄉，金丹妙用，只在求鉛。三五并危一，正是得先天坎水以凝結金丹之意；　集歸一所者，三家相見於乾家交感之宮以成丹也。治之如上科，總頂上文，治之如上科條而行，而火候之數亦取甫。甫者，始初之義，其字從「用」，言妙用始於虚危也。

先白而後黄兮，赤色通表裏；　名曰第一鼎兮，食如大黍米。自然之所爲兮，非有邪僞道。

以色相而言，先白者，「採之類白」，金液之色也；後黄者，「凝而至堅」「號曰黄輿」，黄芽漸長也；赤色通表裏，「造之則朱」，火包内外也。第一鼎，火候一轉之名；大黍米，丹頭初結之象。

金丹大道，至簡至易，進退有法，煉養有訣，皆順乎道之自然，非有邪僞之道待於勉强安排也。然所謂自然者，非付之自然毫無作用也。祖師云「順自然，非聽其自然」，其「自然所爲」之妙諦乎？原批 有爲如無爲，方是自然，豈容邪僞？

若山澤氣蒸兮，興雲而爲雨；泥竭遂成塵兮，火滅化爲土。若檗染爲黄兮，似藍成緑組；皮革煮成膠兮，麯蘖化爲酒。同類易施功兮，非種難爲巧。

「山澤氣蒸」八句，皆喻丹道自然之所爲，以啟「同類易施功」之意。興雲爲雨由於山澤氣蒸，泥竭則成塵，火滅則化土，檗染則成黄，藍色加成緑，煮革爲膠，化麯作酒，見天地間之事，皆得類而成，施功甚易。可見金丹只是陰陽同類二氣感應，自然而然，非别種物件，可以用巧。

唯斯之妙術兮，審諦不誑語；傳於億世後兮，昭然而可考。煥若星經漢兮，昺如水宗海；思之務令熟兮，反覆視上下。千周燦彬彬兮，萬遍將可覩；神明或告人兮，心靈忽自悟。探端索其緒兮，必得其門户；天道無適莫兮，常傳與賢者。

終篇反復叮嚀，見此書實藏真諦。流傳後世，昭然可考；經緯有章，如星經漢；源流合一，如水宗海。學者審視熟思，心專志一，千周萬遍，或感神明指授，或竟心靈自悟，必得其端緒，入其門户也。門户者，乾坤闢闔之門户，真鉛真汞所由生，成仙作聖從此出。天道無私，道傳賢者，吾人敢不勉修至德，以凝至道哉！**增批** 人可不尋仙，仙自尋人，人亦積德以待仙之自尋也。

右第二段 此賦一篇，總括全旨，所謂小參同契也。其於金丹法象，形容殆盡。

三、鼎器歌

圓三五，寸一分；口四八，兩寸唇。長尺二，厚薄勻；腹齊三，坐垂温。陰在上，陽下奔。

此篇以鼎器歌爲題，則尺寸短長，皆指鼎器而言。認爲爐火，文義不通；求之一身，支離不合。金液大丹，以乾坤爲鼎器，魏公此歌，隱藏妙諦，有言外之意。若執文泥象，較短論長，則乾坤法象，殊未可以丈尺比量也。

三五者，金計十有五也；圓者，月圓之期，八月十五金精壯盛也。寸一分者，藥物有一寸之真，火候止一分之用也。四與八，又加兩，共一十四，十四者，天上月之初圓，十五兩之金其實止有十四，以應二七之期；口與脣者，喻金氣相胥之門户也。長尺二，象一年十二月卦之候；厚薄匀，應藥物二八相當之平。腹者，丹鼎之內室；齊者，臍也；三者，三分匀停，以定其處也；坐者，待也；垂者，至也；温者，陽氣動也。**原批**　其訣已在箇中，可以意會，不待言傳。

天上太陰，每月初三之晡，生一符陽光於庚申之上，以象震卦；人間少陰，亦於初三之夕，現一爻陽氣於壬癸之鄉，以象復卦。大修行人，既遇初三之夕，必坐待其陽氣之至，以煉大丹也。陰乃器中之水，陽乃鼎中之火，採藥之時，水火既濟，地天交泰，他爲主而我爲賓，下蒸上沸，而陰中之陽下奔也。

首尾武，中間文；始七十，終三旬；二百六，善調匀。陰火白，黃芽

鉛；兩七聚，輔翼人。

文武，作「陰陽」二字解，與「始文使可修」二句不同。首尾煉己温養，皆用武火，武火者，後天藥符，陰火也；中間一符得藥，乃用文火，文火者，先天丹母，陽火也，真鉛之炁故也。始七十，七分之日煉己；終三旬，三分之日温養也。如以一年温養，先要三年煉己，作用一般。惟中間煉丹之陽火，止要半箇時辰，不在「七十」「三旬」之列。七十、三旬，合二百六，乃當期之數，一年温養，在善調勻也。

陰火白者，白雪也，汞之氣；黄芽鉛者，金華也，鉛之精。二物皆混元杳冥之中所產真一之炁。

兩七，即水火也。地二生火，天七成砂，是爲一七；天一生水，地六成鉛，又合一七。以此兩七，聚於鼎器之中，是鉛汞同爐，其功輔翼於人而成丹也。**增批** 兩七講得有着落。

贍理腦，定升玄；子處中，得安存。來去遊，不出門；漸成大，情性純。却歸一，還本元；善愛敬，如君臣。至一周，甚辛勤；密防護，莫迷昏。途路遠，極幽玄；若達此，會乾坤。

此九載抱元守一之事。

腦爲上田，乃元神所居。丹熟之後，移神上院，贍養調理，升於元宮，則上田實而諸髓皆實。脱胎出殼，不外於此。靜中吟云「我修崑崙得真訣，每日修之無斷絕；一朝功滿人不知，四面皆成夜光窟」，此之謂矣。

子者，嬰兒也。金丹既成，得以安處泥丸之中，但嬰兒微弱，當勤勤照顧，來去遊行，不可放其出門，刻刻在是，則漸凝漸大，嬰兒顯相，而性情純矣。

歸一還元者，三年九載煉神還虚之事；愛敬如君臣，尊之至矣；辛勤復防護，密之至矣。

一周，一年也。防護至一年，則嬰兒長大矣。不可一蹴而至，路何其遠？不可常情而測，理何其玄？人能達此，則造化在手，而會得乾坤之理矣。

刀圭霑，靜魄魂；得長生，居仙邨。樂道者，尋其根；審五行，定銖分。諦思之，不須論；深藏守，莫傳文。御白鶴，駕龍鱗；遊太虚，謁仙君；受圖籙，號真人。

刀圭，丹頭也。還丹霑足，則陰氣皆消，長生安樂矣。樂道之士，欲尋大道之根源，審五行之順逆，定藥物之銖分，則此書已盡。諦思而可得，不必細論其詞；深藏以自守，不得輕傳其文也。功成道備，位證真人，總不外此。

右第三段　歌詠鼎器細微妙用。全部參同，盡此二篇，所謂「礫硌可觀」也。

四

參同契者，敷陳梗槩；不能純一，泛濫而說。纖微未備，闊畧髣髴；今更撰錄，補塞遺脫。潤色幽深，鉤援相逮；旨意等齊，所趨不悖。故復作此，命三相類，則大易之情性盡矣。

此篇俞琰本云是參同賦、鼎器歌之序，皆淳于叔通所作；王九靈謂，此云「不能純一」「纖微未備」，後云「殆有其真，礫硌可觀」，語氣自相矛盾，非一人手筆。余謂不然，魏公自謂作參同契者，乃敷陳大概，不能演成一片，又或旁引曲喻，泛濫說去，細微未能備悉，如此闊畧髣髴，恐未足盡大道之蘊，故撰作歌賦以補塞辭義之遺脫，潤色道理之幽深，使三篇所言，鉤援相逮而上下連貫，旨意等齊而義理歸一，庶使後昆得其徑路，不悖所趨。又作此後序，以明大易情性、內養、服食三者相類，事理貫通，無有餘蘊，故後云「礫硌可觀」「辭寡道大」。語歸一串，並無矛盾，何得摘出數語，而不融貫全文，輒欲改易「經」「傳」耶？

大易情性，各如其度；黃老用究，較而可御；爐火之事，真有所據；三道由一，俱出徑路。枝莖華葉，果實垂布；正在根株，不失其素。誠心所言，審而不誤。

此節乃約畧後序中意，正揭出「三相類」也。

鄶國鄙夫，幽谷朽生；挾懷樸素，不樂權榮。棲遲僻陋，忽畧利名；執守恬澹，希時安平。宴然閒居，乃撰斯文。

魏公諱伯陽，號雲牙子，會稽上虞人也。鄶國，借映會稽也；鄙夫、朽生，皆自謙語。魏公生東漢華胄，潛神恬淡，不樂膴榮，修真成道之後，憫後世無所宗主，乃約周易撰參同契三篇，闡明道要，發露天機，以授青州徐從事云。

歌敘大易，三聖遺言；察其旨趣，一統共倫。務在順理，宣耀精神；

施化流通，四海和平。表以爲厯，萬世可循；序以御政，行之不繁。引内養性，黄老自然；含德之厚，歸根返元。近在我心，不離己身；抱一無舍，可以常存。配以服食，雌雄設陳；挺除武都，八石棄捐；審用成物，世俗所珍。羅列三條，枝莖相連；同出異名，皆由一門。

此節正「三相類」，言大易金丹之道與内養、服食三者相類也。參同一書，所言皆人元還返之學，未嘗言及養性、服食，此序言之，正以「補塞遺脱」也。

蓋歌序大易之道，乃作契之本原，效法三聖之遺言也。聖人作易，順性命之理，冒天下之道，察其意旨，與修丹之法，同條共貫。務在順自然之理而行，則奮迅其精神，陽播玄施，陰統黄化，一氣流通，而吾身之四海和平矣。

表以作厯，春秋寒暑，萬世可循其卦節；序以御政，鼎新革故，易簡行之而不繁。此大易之情性也。

引而内養其性，黄帝、老子，大道之祖，無非道之自然。陰符、道德，闡發造化自然之妙，故其含德之厚，而教人清淨修持，以神馭氣，歸根返元，近在身心，陰陽交媾，抱一毋離，化形而仙。此黄老内養之道也。

服食之法，諶母之符券，旌陽之石函，不過雌雄相配而已。二黄八石，皆所除捐。

武都者，產二黃之地，故云「武都」。審其作用所成之物，九年而成白雪，十二年而成神符，白日飛昇，枯骨生肉，爲希世之珍。此爐火服食之道也。

大易也，內養也，服食也，雖羅列三條，而枝莖相連。猶木之共根株，發而爲枝幹，內養之事也；榮而爲花葉，服食之功也；至於結爲果實，則人元之道，金液還丹，養成聖體也。所以同出異名，皆由一門，而三相類之所由作與。

非徒累句，諧偶斯文；殆有其真，礫硌可觀；使予敷僞，却被贅愆。命參同契，微覽其端；辭寡道大，後嗣宜遵。

魏公作契，豈徒累章疊句，諧其音，偶其語，作文章以爲觀美哉？殆有至真之理，存於三篇之中，明白顯露，礫硌可觀也。魏公恐後學信心不篤，故爲之誓曰：「使予而敷演僞妄之說，以誑惑後人，天鑒昭昭，我當被多言之愆矣。」其命此爲參同契者，所以微覽金丹大道之端緒，辭雖寡而道實大，後之嗣道者，所宜遵守也。

委時去害，依託丘山；循遊寥廓，與鬼爲隣。化形而仙，淪寂無聲；百世一下，遨遊人間。敷陳羽翮，東西南傾；湯遭厄際，水旱隔并。柯葉萎

黃，失其華榮；各相乘負，安穩長生。增批 「委」與「鬼」隣，乃「魏」字也；「百」、「一」之下乃「白」字，遊於「人」間，則成「伯」也；「陳」去「東」而加去「水」之「湯」，則爲「陽」字也。

此「魏伯陽歌」四字隱語也。上三字，俞琰解之詳矣。後四句，「柯失華榮」，去木成「可」；乘者加也，兩可相乘爲「哥」；負者欠也，「哥」傍加「欠」爲「歌」，有韻之文曰歌，所謂「歌敘大易」也。留傳隱語，垂示後昆，古仙往往有之。

鄶國之皐，句曲山岑；嗇夫守默，盈缶存真。三才一貫，妙絕色傾。執鋤秉耒，同類相親；夙穢耘盡，求侶無人。奇爻一點，先天地萌。屈信順逆，顛倒相循。後天還返，直道而行。八卦環列，推度符徵；易曰成性，道義之門。嬰兒解語，留與知音；功成身退，撇却丁壬。

右第四段 發明三相類，以推廣參同契之道也。末節隱名垂後。

參同契金丹圖說末卷

河圖作丹圖說

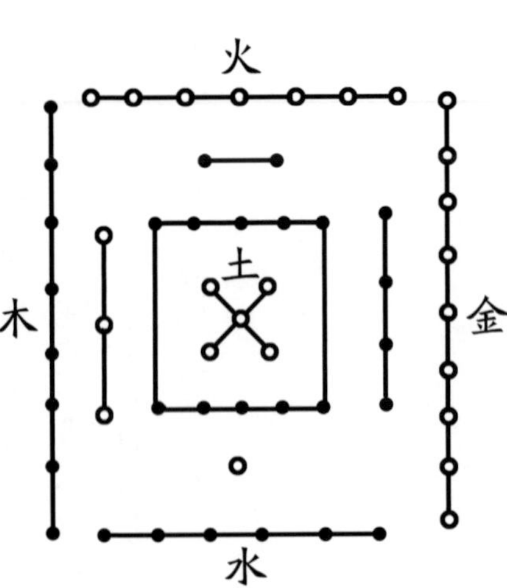

圖以五生數統五成數，其氣順行而主生。自北而東，水生木，木生火，火生土，土生金，金復生水。五、十居中，太極也；金木水火分布四方，四象也。天道運乎東南，故木火爲侶；地道盛於西北，故金水合處；四象會而成丹，則五行全而還太極也。

然其序相生，而對待則相尅，丹道用之以逆施造化。北方之一，非南方之二不成，故火上水下以生大藥也；東方之三，非西方之四不立，故男女媾精而產金丹也。

此河圖配合秘妙之旨，學人所當究心者也。

洛書作丹圖說

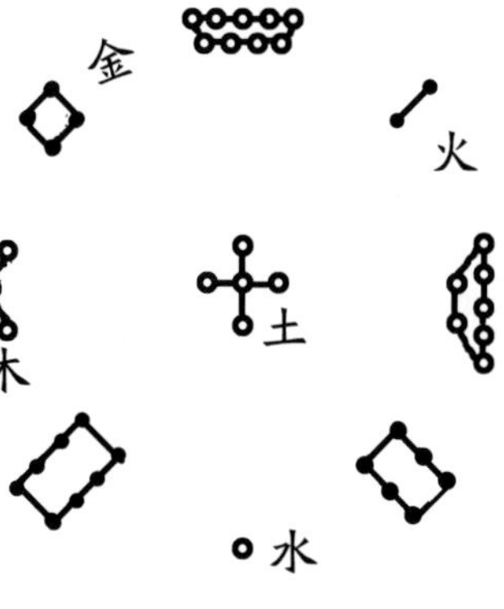

書以五奇數統四偶數，其氣逆行而主尅。自北而西，水尅火，火尅金，金尅木，木尅土，土復尅水。五居中，亦太極也；生成類從，分布四方，亦四象也。水仍居北，木仍居東，惟金火五易其位。熒惑守西，方能交結而產陽鉛；金居火位，方能變化而制陰汞。正作丹之妙也。然序雖相尅，而對待則相生。北一南九，合中五而成十五，金水合

處而成土也；東三西七，合中五而成十五，木火爲侶而成土也；東南四，西北六，合中五而成十五，巳中生庚金，亥中生甲木，金伐木榮而成土也；東北八，西南二，合中五而成十五，寅中生丙火，申中生壬水，水火既濟而生土也。故契曰「三性既會合，俱死歸厚土」，非直此也。東南之四屬陰居巳，正北之一屬陽居子，金生於巳而死於子，故母隱子胎，知白而守黑也；西北之六屬陰居亥，正南之九屬陽居午，木生於亥而死於午，故雄裹懷雌，執平調勝負也；西南之二屬陰居申，正東之三屬陽居卯，水生於申而死於卯，故以己汞投鉛，則真土擒真鉛也；東北之八屬陰居寅，正西之七屬陽居酉，火生於寅而死於酉，故以金爲隄防，而水盛火消滅也。此又洛書契干支按生尅作丹之理也。然土固四象之所成，而四象又非土不成。一連中五則成水，二連中五則成火，三連中五則成木，四連中五則成金，水火木金皆土之所成也。故契曰：「青赤白黑，各居一方；皆禀中宮，戊己之功。」

先天八卦圖説

乾南坤北，丹道以上下定天地之位，故契取南北爲經，以爲鼎器； 離東坎西，丹法以日月分出入之門，故契取東西爲緯，以爲藥物； 山澤通氣，以男下女，是陰陽之交感也；雷風相薄，月窟天根，是復姤之火候也。 八卦之中，除起坎離是藥，六候之消長，亦準諸此圖。 出庚於震，上弦於兌，滿甲於乾，繼統於巽，艮直於丙，喪朋於坤，藥火妙用，已盡於此。

後天八卦圖說

離 坤 兌 乾 坎 艮 震 巽

後天之卦，以乾交坤。乾金入坤體，而乾虛成離，坤實成坎。離南屬火，坎北屬水，居先天乾坤之位，離即乾而坎即坤，代乾坤爲運用，故曰「坎離二用」。

丹法之五行以逆，而仍以坎離爲主，故西方白虎之金反從坎位而生，東方青龍之木反從離宮而出。金水合處於北，白虎變作黑虎；木火爲侶於南，青龍化作赤龍。《契》云「子當右轉，午乃東旋」，正「虎向水中生」「龍從火裏出」之義也。

震爲長子，替父之志；兑爲少女，代母之位。震兑相含，坎離交媾，復成乾體，是後天而返先天也。

嘔輪吐萌圖說

「始於東北，箕斗之鄉」，東北乃藥火發生之地也；「昴畢之上，震出爲徵」，震亦藥火造端之卦也。修丹火候，全視月之消長。月不自明，受日符而生明。自朔至望，月以昏見爲據，月三日，哉生明，旋而右轉，含日之光而吐萌於昴畢之上，應「乾」之「初九」，此陽火起緒之初也，象之「出庚」，自後與日漸遠；月至八日而上弦，應「乾」之「九二」，象之「兑丁」；十五滿甲，月與日相望，應「乾」之「九三」，陽火至此而盛極矣，象之「乾甲」；

自望後至晦，月以晨見爲據，十六望罷，哉生魄，應「乾」之「九四」，此陰符繼統之始也，象之「巽辛」，自後與日漸近；　月至廿三而下弦，應「乾」之「九五」，象之「艮丙」；　月至三十日與日合璧，應「乾」之「上九」，陰符至此而結括矣，象之「坤乙」。　一月之中，有此六候，藥火皆然，原非有二，在學人會通而得之耳。

含元播精圖說

三五并危一

乾坤者，天地之象也；　坎離者，日月之象也。　人身一小天地，男女亦乾坤也。　天地以日月爲水火，人身以坎離爲水火，總不外乎陰陽者近是。　水火爲陰陽之質，日月爲陰陽之精，男女爲陰陽之形，乾坤爲陰陽之體，坎離爲陰陽之用。　但孤陰不生，寡陽不育，必以男下女，二氣感應，乃產金丹。《契》云「雄不獨處，雌不孤居」，又云「陽往則陰來」，《易》曰「日往則月來，月往則日來」，此其證也。青龍在房六，朱雀在張二，木三火二爲一五；白虎在昴七，玄武居危一，金四水一爲一五；四象居日月之度，是日月之精華，六與二合成八，七與一合成八，二八一斤，合戊己爲一五。夫北方危一之地，於辰爲子，於五行爲水。水乃天地之始氣，天地氤氳在於此處，故曰「含元虛危」；男女媾精亦在此時，故曰「播精於子」。此丹道之至妙至真者也。

十二卦律圖說

朔旦爲復一章，魏公以易之十二卦，樂之十二律，配天之十二辰，鋪敘言之，皆是比喻，總以發明交媾之火候，而温養之火候亦可準此而得。蓋輻轃即太簇，俠列即夾鍾，洗濯即姑洗，中即仲呂，栖即林鍾，毀傷即夷則，任即南呂，亡失即亡射，應度育種即應鍾，振即辰，昧即未，信即申，蓄即酉，滅即戌，隔閡即亥，大抵皆是假借，不必泥象執文也。

六十卦用圖說

初一日
朝屯　子戌申辰寅子
暮蒙　寅辰午戌子寅

三十日
朝既濟　子戌申亥丑卯
暮未濟　寅辰午酉未巳

舉首尾四卦爲例餘可類推

契曰「六十卦用，張布爲輿」，「輿輪三十輻共一轂」，取以喻一月三十日也。乾坤坎離，牝牡四卦，不在運轂之內，故用六十卦。契云「屯以子申，蒙用寅戌」，蓋舉初一日朝暮兩卦爲例，三十日既未，則既以卯申，未用寅酉，總只取雜卦傳中卦畫，一上一下反對，以明陽火用金、陰符用水之義，非真有六十卦之時辰爻畫可用而定息記數也，故又曰「聊陳大槩，未能究悉」。夫以六十卦分配三十日，以象一月火候，皆是借喻，非真謂三十日也。若板定三十日，則月值小盡，便少兩卦矣，如何補足？故以寅申爲火生水生者，於義差遠。

藥火萬殊一本圖說

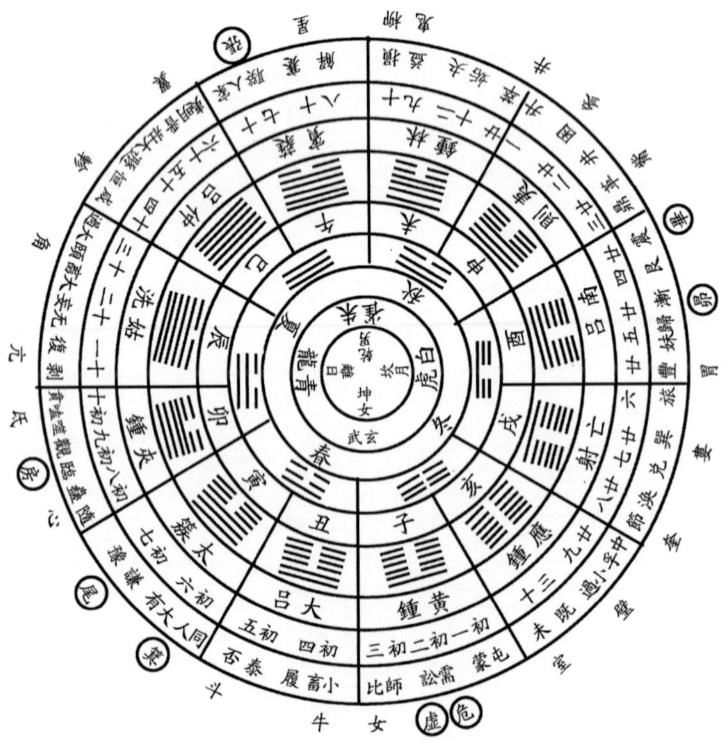

乾坤坎離，鼎器、藥物也；元武、朱雀、龍、虎，四象也。六卦者，月節之六候，即大藥之六門，契中「三日出爲爽」「始於東北」二章是也；十二卦律，匹配四時，契云「春夏據內體，從子到辰巳；秋冬當外用，自午訖戌亥」並「朔旦爲復」一章是也；一月三十日，分配六十卦，與十二卦律同其運用，契云「朔旦屯直事，至暮蒙當受；既未至昧爽，終則復更始」是也。契云「青龍處房六」「白虎在昴七」「朱雀在張二」「三五并危一」，成丹之要也。況大藥始於箕斗，出於昴畢，含元於虛危，而播精於子，則列曜布於八方，定六候之消息，亦不可不講也。

斗建子午將指圖說

外一層乃天地子午之正位中一層乃舉正月太陽過宮以寅加戌建之圖爲例内一層乃每每月月將之圖圖說仍陸潛虛之舊

仙道之晨昏，乃取斗建之子午，非世間太陽出沒之晨昏也。契曰「升降據斗樞」，悟真篇曰「晨昏火候合天樞」。

按：斗杓所建之極曰「天樞」，一晝夜一周天而一月一移，如十一月則初昏戌時，斗柄建子，便以子加於戌，十二月以丑，正月以寅，皆加戌上。然必視太陽已未過宮，未過宮則加亥。以此順數，便知斗建之子午矣。進火退符必用者，以斗之所指，則氣動故也。

如正月建寅，太陽未過宮，則以寅加亥，至酉建子，正月斗建之子時乃天地之酉時也，酉爲子，則卯爲午矣；　已過宮，則以寅加戌，至申建子，寅建午。推之他月，亦是此例。

靜照圖說

泥丸名上崑崙
上鵲橋
玄關即太倉穴長胎住息之所主經十五絡咸會此
玉枕關日大牛車
風府下日瘂門繫舌本
夾脊關日鹿車
下丹田積氣藏精之所
七節之中有小心即命門穴
九重鐵鼓即下崑崙名玄門又名下鵲橋
衝任督三脉皆起會陰蹻
尾閭骨尖孔兩旁孔日羊車
陰蹻脉在尾閭前膀胱後中有二竅乃天地逐日生氣根產鉛之地也

人身有奇經八脉，先天大道之根，一炁之祖也。首衝脉，次任督，一原而三岐，皆起於胞中。督止於上齦交，任止於下齦交，衝脉出於瘂門穴，三脉總爲經脉造化之原。八脉經云：「人有八脉，俱屬陰神，閉而不開，惟神仙以陽炁冲開，故能得道。」而採藥惟在陰蹻爲先，上通泥丸，下透湧泉，和炁上朝，則陽長陰消，水中火起，此內修復命關也。而金丹所最關係者，則此脉，婦人受孕繫胞在此，順之則人，逆之則仙，從此受氣，穿過玄門，旋繞尾閭，方有變化。關竅已悉於圖，玩之自得。

張平叔真人　手著
陶通微道人　删訂
玉溪子　增批

悟真篇約註

悟真篇約註目錄　原目

悟真篇原序

稍節

嘗觀周易，言「窮理盡性以至於命」，此聖人極臻乎性命之奧也。然其言之常畧而不詳者，何也？蓋欲序正人倫，施仁義禮樂之教，故於無爲之道未嘗顯言，但以命術寄諸易象耳。迨漢魏伯陽引易道交媾之體作參同契，以明大丹之作用，其於聖道能混一而同歸矣。

今人以道門尚於修命，而不知修命之法，理出兩端：有易遇而難成者，有難遇而易成者。

如煉五芽之氣，服七曜之光，注想按摩，納清吐濁，念經持咒，噀水叱符，叩齒集神，休妻絕粒，存神閉息運眉間之思，補腦還精習房中之術，以至服煉金石草木之類，皆易遇而難成。其中惟閉息一法，能忘機絕慮，即與二乘坐禪頗同，若勤而行之，可以入定出神。奈何精神屬陰，宅舍難固，未得金汞還返之道，豈能回陽換骨，白日而昇天哉？

夫煉金液還丹者，則難遇而易成。要須洞曉陰陽，深達造化，方能追二氣於黃道，會三性於玄宮，攢簇五行，和合四象，龍吟虎嘯，夫倡婦隨，玉鼎湯煎，金爐火熾，始得玄珠有象，太乙歸真。都來片晌功夫，永保無窮逸樂。至若防危慮險慎於運用抽添，養正持盈要在守雌抱一，自然復陽生之氣，剥陰殺之形。節氣既交，脱胎神化，名題仙籍，位號真人，此乃大丈夫功成名遂之時也。

今之學者，有取鉛汞爲二氣，指臟腑爲五行，分心腎爲坎離，以肝肺爲龍虎，用神炁爲子母，執津液爲鉛汞，不識浮沉，寧分主客，何異認他財爲己物，呼别姓爲親兒？又豈知金木相尅之幽微，陰陽互用之奥妙？是皆日月失道，鉛汞異爐，欲結還丹，不亦難乎？

僕幼親善道，涉獵三教經書，惟金丹一法，閱盡羣經，及諸家歌詩論契，皆云日魂月魄、庚虎甲龍、水銀硃砂、白金黑錫、坎男離女能成金液還丹，終不言真鉛真汞是何物色，不説火候法度、温養指歸。加以後世迷途，恣其臆説，將先聖教典，妄行箋註，不惟紊亂仙經，抑亦惑誤後學。

僕以至人未遇，口訣難逢，雖詢求徧於海嶽，請益盡於賢愚，皆莫能通曉真宗，開照心腑。後至熙寧己酉歲，隨龍圖陸公入成都，以夙志不回，初誠愈恪，遂感真人授金丹藥物火候之訣，其言甚簡，其旨不繁，校之仙經，若合符契。因念世之學仙者十有八九，而達真要者未聞一二。僕既遇真詮，安敢隱默？罄書所得，成詩八十一首，續添西江月一十三首，絶句五首，號曰悟真篇。諸如鼎器尊卑、藥物斤兩、火候進退、主客後先、存亡有無、吉凶悔吝，悉備其中矣。尚恐本源真覺之性有所未究，又作爲歌頌樂府及雜言等附之卷末，庶幾達本明性之道，盡於此矣。所期同志者覽之，俾見末而悟本，舍妄以從真耳。

皇宋熙寧乙卯歲旦天台張伯端平叔序

悟真篇翁序

夫子嘗謂余曰，天台仙翁道成，受命於上帝，爲紫玄真人，默相皇家，時嘗隱顯於世，人莫之識也。仙翁少偕我祖，肄業辟雍，惟翁不第。夙挺靈根，因翫佛書，忽生「繁竹」之感，頓悟無生，直超真空清淨性海。晚年遇青城丈人於成都，盡得金丹妙旨，洞曉陰陽顛倒互用之機，天地反覆生成之理。故能修真復命，煉形升入於無形；抱一虛心，性命咸臻於空寂。是以形神俱妙，與道合真，變化無窮，普現法界，即玆妙用，廣度羣迷。向在元豐間，與劉奉真之徒，廣宣佛法，以「無生」留偈而入寂，奉真之徒焚其蜕，獲舍利千百，其大如芡。後七年，奉真之徒到王屋山，復會仙翁如故。此又示其形神俱妙、性命兩全之玄也。

仙翁藴性仁慈，慷慨豁達，窮理盡性，以至於命，三宗一致，妙用無殊。不欲獨善諸身，乃作悟真篇，提誨後人。先以神仙命道，誘其修煉，故以金丹之術首詠是篇；終以真如空性遣其幻妄，故以禪宗畢其卷末。所謂金丹之要者，以二八真陰真陽之物立爲爐鼎，誘先天一氣，歸斯爐鼎之中，變成一粒，大如黍米，號曰「太乙含真氣」。是以首列七言四韻一十六首，以表二八真陰真陽之數也；次詠五言四韻一首，以表太乙之奇，即金丹一粒也；既得一粒，餌歸丹田，然後運火，依約六十四卦而行之，故續以絕句六十四首，以按周易六十四卦也；夫運火之功有十月，并沐浴共十有二月，故又續添西江月一十二首，以應周天之歲律也；十月功備胎圓，而形化爲純陽之氣，故總吟成律詩八十一首，象生純陽九九之數也；形化氣矣，然後抱元九載，煉氣成神，以神合道，故得形神俱妙，升入無形，與道合真，冥而不測，是以形神性命，俱歸於究竟空寂之本源也，故以禪宗性道歌頌詩詞三十六首畢其卷末。已上皆取象金丹大旨次序如此。乃若藥物火候口訣纖微，悉寓意在歌詠之中，覽者自可尋文解悟也。

顧後傳之寖廣，文理次序，頗有不同，又多舛謬。惟龍圖陸公之孫思誠所藏家本爲真，此乃仙翁親授之本也。思誠亦自敘其所得之詳於卷末矣。余因遊洞庭，得斯真本，改而正之，始悟仙翁所作之意，次序篇章，莫不取金丹之法象也。其文雖約，而妙理該著；寓意雖微，而比類親切。誠爲學者之真規，羣經之要覽也。

今之學者，多取旁門非類而證之，或以天庭至寶、玉壺圭丹、混元胎息之類，妄亂穿鑿，終莫際其深根固蒂之要。又有葉文叔者，以太極大衍之數，釋而辨之，復撰爲圖，附於卷末，謂之悟真篇外傳，此乃簾瞻幕影，定馬爲乾，非惟紊亂真經，致使學者愈增惑誤。仙翁有言曰：「靡肯自思己錯，更將錯路教人；誤他永世在迷津，似恁欺心安忍。」其文叔之謂乎？殊不知，金丹一粒，即太極之一氣也。聖人假借二八之物，擒此一氣於一時之中，變成一粒，殊不出一時辰中，餌之立超聖地。故仙翁曰「一時辰内管丹成」，又曰「一粒靈丹吞入腹，始知我命不由天」，豈虚言哉？文叔不達斯理，反以「一時」爲非。若以非止周一時而言之，是非三年必九載矣，豈爲至簡至易？而仙翁何故有「都來片餉工夫，永保無窮逸樂」之語耶？又以「一粒」爲「一日有一日之丹」，妄引真一子「日食一粒」之語爲證，尤不曉真一子之意也。若以「日食一粒」與「一日有一日之丹」而推之，三年九載，必食千有餘粒矣，豈仙翁獨以「一粒」之語而誑人乎？舉此兩端，足知文叔不得金丹之術明矣。是以妄亂箋註，誑謬非一，抑不知太極大衍之數，其實運火之託象，似是而非也。若以託象求金丹之至道，是猶描龍致雨，畫餅充饑，不亦難乎？

余固不敏，幸踵仙翁之遺躅，既承真蔭，寅夕不忘，安忍緘默，坐視紅紫亂朱，而不能廣傳仙翁之意？亂而闢之，以綴得將來，而怯未悟者耶。是以不懼天譴，直洩天機，課解真文，謹依仙翁之秘旨曰。

夫煉金丹大藥，先明天地未判之前混沌無名之始氣立爲丹基，次辨真陰真陽同類有情之物各重八兩立爲爐鼎。假此爐鼎之真氣，設施法象，運動周星，誘此先天之始氣，不越半箇時辰，結成一粒，附在鼎中，大如黍米，此名金丹也。取此金丹一粒，吞歸五内，擒伏一身之精氣，猶猫捕鼠，如鸇搦鳥，不能飛走矣。然後運以陰陽之真氣，謂之陰符陽火，養育精氣，化成金液之質。忽尾閭有物，直衝夾脊雙關，歷歷有聲，通上泥丸，觸上腭，顆顆降入口中，狀如雀卵，馨香甘美，此名金液還丹也。徐徐嚥下丹田，結成聖胎，十月胎圓火足，即脱胎沐浴，化爲純陽之軀，而無飢渴寒暑之患，刀兵虎兕之不能傷，而爲陸地神仙，方始投於静僻之地，兀兀面壁九年，以空其心，謂之抱一。九年行滿，形神自然俱妙，性命雙圓，與道合真，變化不測矣。此名九轉金液大還丹也。

丹雖分三，道實一揆，必自小而中，自中而大，此修丹入道之次序也。余故分爲三卷，上卷以煉金丹爲强兵戰勝之術，中卷以運火符金液還丹爲富國安民之法，下卷以九轉大還丹爲神仙抱一之道，謂之三乘大法，以應陰符經之正義。此乃無上無極上品天仙之甲科，至真之妙道也。五師宗祖，口口相傳，惟此一乘法耳。其要至簡至易，不逾片言，聖人恐洩天機，故以乾坤爐鼎、龍虎鉛汞之類，以至不可勝舉之異名，無過比喻金丹法象而已。余今攢集異名，一一指其至當，罔敢遺漏纖微。又恐學者未明作用之妙，是以覼縷再三，復撰悟真直指詳説三乘秘要論、三乘秘要詩，附於卷末，罄竭精微，可謂大洩天地之真機，全露仙翁之秘旨矣。願貽同志，俾易研精，灼然直際悟真之真，永爲正眼法印，而不惑於邪宗曲派之説也。

旹皇宋乾道癸巳中秋象川無名子翁葆光謹序

悟真篇約註雜義

一　參同契發明二八兩弦之旨，悟真篇宣揚内外二藥之微，並作丹經之祖。參同辭古義奧，讀者難於通曉。悟真祖述參同，詞旨調暢，風韻可人，讀者易於入門。奈邪説紛紜，註文錯亂，每將仙經旁引歧路，若非翁真人力爲排斥，悟真金丹之學幾何不晦於若輩耶。戴同甫取翁註而疏之，妙義頗多。此外陸子野、陳上陽二真人，陸潛虛、李晦卿、甄九映、仇知幾諸先生註，各有發明。悟真之旨，昭若日星矣。上陽金丹大要一書，闡金丹之道尤暢，足以羽翼悟真。彭好古雜講地元，未見純一，余所不取。

二　紫陽張祖，樹幟南宗，杏林而下，派傳六葉，嗣元闡教，並居祖席矣。其別支，則廣益子劉真人，亦親炙天台者，二傳爲翁真人葆光，故註當以翁爲主，而他註次之，緣其爲天台嫡孫，與親承不異也。但合衆註數十萬言，篇章灝瀚，目炫心迷，況又各出一見，觀者無所適從。余於每章下，首列正解一註，可以互相參訂者以次列之，不論世代前後。敷衍聞文，概行删削。篇首冠以潛虛小序，總一章之旨。間以鄙意，請正大方，聊補各註所未及，俾諸說異同，咸歸一貫，後學免望洋之歎矣。

三　翁序聯絡始終，透徹精髓，妙無以加，選之以冠集首，但註與世所傳薛註同，戴同甫辨其非薛，考證最確。按記薛祖事蹟之元王真一，其年爲政和乙未，因斥葉文叔謬註而作也；查文叔註悟真，係紹興辛巳歲，安有四十七年之前薛祖預指名而斥之？況薛祖著復命篇，歲在靖康丙午，自序遇師於宣和庚子，則政和乙未，薛祖尚未遇師，其僞不待辨矣。翁註於釋「月圓」及「投胎奪舍」之義，曾引紫賢數語，亦薛未有註之一證矣。翁公於乾道癸巳作註，序文歷指文叔之誤，確有至理，余故照大全改正之。

四　儒曰存心養性，釋曰明心見性，道曰修心煉性，三教聖人都教人從心性上超生死。今人妄認腔子裏有箇昭昭靈靈之物，便謂真性在是，不知此正生生死死之根，刦刦輪廻之種也。古德云「無量刦來生死本，痴人喚作本來人」，是乃吾身之識神，吾儒所謂氣質之性也。**增批**　真性未嘗不昭靈，但與識神異。真性之昭靈，何思何慮，虛極靜篤；識神之昭靈，物與物交，則引之而已。因此氣質之性，六根門頭，化爲六識，而又有傳送識以爲之運用，如豪奴欺主，主反無權。修道之士，先要認得此識乃家庭之賊，非我元神，則脚跟方得着地。要須定慧雙修，一絲不掛，六根清淨，則八識無依，自然復其澄湛之體，而心空及第矣。**增批** 定即堅志，慧即覺心。能定則志不紛怠，能慧則心知省察矣。此真性元神，本是不生不滅，無去無來，乃採藥行火之際，偏要用此傳送之識。主人欲行則行，欲止則止，非特用之而不爲害，且賴其護持傳送之力也。迨面壁還虛，化識爲智，真性亦空，方是大自在、大了當耳。**增批** 傳送識，即出入無時，莫知其鄉之心也。

五 心印經曰：「上藥三品，神與氣精。」聖人教人修煉，惟此神氣精三寶而已。**增批** 精炁神有内有外，皆上藥也，人何可重内而輕外哉？ 精能生氣，氣能生神，寶精固修行之先務，然學道必先正身心以清其神。神凝則氣聚，氣聚則精生。逆修之道，又是神能生氣，氣能生精也。全真之子，元陽未漏，得遇真傳，修之立登聖域。惟是既漏之身，精氣神皆落於後天，契云「下德爲之，其用不休」，即有真授，僅到陰神超脫地位。但逆水行舟，稍有不勤，易於退失。欲如金丹之一得永得，難矣。自非先天之三寶，何以頓超無漏乎？

原夫先天之精，陽精也，篇中「負陰抱却陽精」是也；先天之炁，陽炁也，篇中「藥逢炁類方成象」是也。俱從虛無中來，生自坎宫，寄居兑户，實煉金丹之至寶，而又合先天靜定之元神，與之配合成丹，則仙階立躋矣。此妙有真空之密旨也。

六　悟真三篇，反反覆覆，闡明内外二藥作用。内藥者，雄裏懷雌，離象也，離中求先天之液，液中行久積之砂，砂中運至真之汞，篇中「點化離宫腹内陰」者是；外藥者，黑中有白，坎象也，坎中求真一之水，水中取未擾之鉛，鉛中採先天之炁，篇中「取將坎位中心實」者是。内藥了性，乃法身上事，無形無質而實有；外藥了命，乃色身上事，有體有用而實無。**增批**　法身、色身，須要認得。丹法顛倒坎離，他主我賓，先求外藥。但外藥雖是先天祖炁，却生在後天，故於後天地已有形質之中，而求先天地未形之氣，一符二候之頃，結就丹基，然後再用陰陽符火以抽添温養之。祖師借易象以發揮丹道，作藥火之儀形，究竟得意忘象，得象忘言，非可執卦象以求丹也。丹熟之後，脱胎神化，抱一還虚，現前獲佛神通，此道家性命雙修之極果，與佛家之虚静湛寂、本覺圓滿，無二無别者也。至於篇中詩歌，皆根據陰符、道德、龍虎、參同、入藥鏡諸書，推勘入妙，亦足爲萬古丹經王也。

七　曹元君云：「元和内運即成真，呼吸外施終未了。」蓋言致虚守静，神炁歸根之後，胎息成而變化出，方是功夫。若徒守呼吸，只後天之炁，無益於事。然非呼吸外施，曷致元和内運。是以初下手時，先閉六門以和四象，下閉二陰以防外洩，神息相依，注意規中，調和外息，維繫乎徑寸之中，來往乎丹田之內。但能入靜半晌，自然離宮真液下降，坎宮陽火上升，中宮氣動，劈劈嘵嘵，跳躍不住，乃小坎離交之真景。玄關現象，外息停而真息動，以法制馭，乃致水中火發，廻旋尾閭，一撞三關。此中妙諦，難以盡陳。規中指南分配「乾」「坤」二卦爻辭，所最宜留意者，在「或躍在淵」「括囊无咎」二節耳。此玉液煉形開關展竅之法，丹道自始至終，不可須臾離者也。若金丹節要上下三元等法，既講存想搬運，兼用按摩，恐非真清真靜，余不敢取；更有方流，工夫次第，毫髮不知，創爲三極玄工之說以欺世，尤屬不經，勿爲所惑。**增批** 此等工夫，大易「乾」「坤」中言之極詳，即玉液了性之秘也。故孔子之言性不可得而聞。

八　學道之士，能以清靜通關，是上乘之法。倘年力就衰，不能即應，則有「吹鐵笛」之法，通關較易。若不開關而築基煉己，乃是隔靴搔癢，無益於事。但工夫次第條列，非可一蹴而至。首開關，次築基，次得藥，次煉己。煉己功純，金筋玉骨，化血爲膏，半斤真汞已全，民安國富，方許入室求丹。若未勤煉己待時之功，孰敢行二候採藥之事？既得丹餌，四候合丹之後，絕而復甦，乃可講金水之候，而行屯蒙既未之火。金液還丹而後，十月數終，六百卦足，自然嬰兒顯相，超凡入聖矣。金丹雖似蓮花，一切不染，奈出於泥淖之中，難免纖微夾帶，必須煉虛合道，屏緣絕慮，面壁九年，方得虛空粉碎，法身圓滿，舍利交光，充遍大千世界也。其間防危慮險，自始至終，大約有七事，金丹大要言之甚詳，余不復述。

九　金丹之有取乎鼎器也，人人能言之，而不盡通其義。夫坤形六段，純陰之象，其體本空，原無陽氣，神仙以法追攝，二七之期，誘奪太陽乾火照曜，坤變成坎，乃曰先天真一之炁，即時陽光發耀，可煉大丹。契曰「陽往則陰來，長子繼父體」者，此也；中卷「金公本是東家子，送在西隣寄體生」者，此也。丹道用鼎器以產鉛，辟之用陽燧以取火。陽燧取火，非日不生；鼎器產鉛，非乾不變。況還丹之理，取象於月，月亦純黑之輪，非感日之陽氣，安能晦復生明乎？三元丹法，總是這箇道理。謂之器者，用之以作受物之器，豈謂空器中本有真陽之炁耶？

十　還丹所最難尋求者，先天妙鼎也；所最難講究者，符來之信也。大藥六門，一月六候，六候之藥火，煉已溫養皆用之。但出庚之信不真，則後此盡皆謬誤。契云「三日出爲爽」，又云「其三遂不入」，則知晦朔合符，月映太陽而生明；西南得朋，光吐庚方而出震。藥物纔新，有氣無質，急宜起火煉藥，點汞入鼎，方是二分水至。謂之候者，候其時之真，候其火之至也。丹家往往泥於五日一候，欲待朔後六十時辰爲期，不幾覿面而失先天之氣乎？夫月節有五六，原以三八爲月節，非以五十爲月節。朔前二日，正晦朔之間，在初候之内，此先師的傳之秘，不輕語人者也。況出庚之後，按雷門列曜排算，每候差早二時，止五十八箇時辰爲一候，自震庚至巽辛，已早六時，分明震兑乾爲夕月，巽艮坤爲曉月，纖毫不錯，幸善會之。**增批** 細玩此節，可知三日出庚之候非是採藥之時。

十一 卯酉沐浴之説，參同、悟真諸丹經皆言之，未嘗分析其義。學者不得真授，遂謂卯酉不行符火，亦嘗究其所以然之故乎？夫丙火長生於寅，沐浴在卯，丙火沐浴，壬水未嘗沐浴也，又庚金受胎於此，故住卯月之火益水以安金，則金不受傷耳；壬水長生於申，沐浴在酉，壬水沐浴，丙火未嘗沐浴也，又甲木受胎於此，故停酉月之水，行火以制金，則木不受尅耳。況沐浴之時，天然神息，未嘗少間，豈懼火冷而丹散乎？考之許祖銅符鐵券沐浴真義、上陽金丹大要沐浴須知，確鑿不爽，乃益信師授之真也。至若未得丹之前，時中卯酉，要知一時六候，二候採藥，四候合丹，以及關渡竅妙。余已述於參同契「仰以成泰」「漸歷大壯」二節下，兹不重陳。

十二　悟真之道，乃出世大事因緣，非慈悲利物、陰德濟人之士，則萬世難遇。但有法患無財，有財患無侶，有侶患無地。石祖囑薛祖云「疾往通都大邑，依有力者共圖之」，以故棄僧伽黎，幅巾縫掖，和光同塵，得張環衛以了大事。他如張祖之得馬處厚、王祖之得馬丹陽、伍達靈之得張程二友、王冲熙之得富韓公、張三丰之得沈萬山、李長源之得筠陽親舊，咸底厥成。可見入室用功，在内必得同心侶伴爲之維持，在外必得有力外護爲之保障，而又有服手黃婆以調劑其間，乃得專心修煉，事事應心也。嗟嗟！知希之貴，老聖早已傷之，非有子期，孰賞高山流水之音與？**增批**　侶、地、財緣三者皆備，方可了此大道，豈靜坐孤修之謂哉？

皇清康熙辛卯歲旦會稽陶素耜存存子識

悟真篇約註卷上

會稽陶素耜存存子集註　古漢初玉溪子增批

七言律詩十六首

一　大道出迷，名利皆虛。

不求大道出迷途，縱負賢才豈丈夫？百歲光陰石火爍，一生身世水泡浮。只貪利禄求榮顯，不管形容暗悴枯，試問堆金等山嶽，無常買得不來無？

增批　暮鼓晨鐘，啓人覺悟。

陸潛虛註　石中爍火，喻流光之倏忽；水上浮泡，比幻身之脆薄。形容之所以枯悴者，由於貪利禄也。貪則火熾水乾，精枯形槁矣。「無常」二字，最宜警省。識得無常，必有真常者在，非道而何？負賢才而不求道，非丈夫也。

二　壽殀難期，早求大藥。

人生雖有百年期，壽夭窮通豈預知？昨日庭前方宴樂，今朝室内已傷悲。

妻財拋下非君有，罪業偕行難自欺；大藥不求爭得遇，遇之不煉是愚痴。三四句易數字。

增批 此與呂祖指玄篇「昨日街前猶走馬」同一儆覺。

翁淵明註 人壽雖曰百年，七十固已稀矣。以有限易摧之身，日逐無涯不測之事，不亦大可哀耶？方宴樂，已悲傷，出息不保入息，雖則榮祿萬鍾，家豐室美，悉皆拋下，非己有也。所與之偕行者，平日罪業而已。

夫人欲免輪廻，莫若金丹大藥。其道至簡至易，雖愚昧小人，得而行之，立躋聖域。奈何上聖秘重，不許輕洩，匪勤求苦志，誠動高穹，未獲聞一二也。苟遇此道而不即肯爲，實愚痴之甚矣。

仇知幾註 求藥有數義：一求傳藥之人，二求置藥之資，三求修藥之地，四求產藥之器，五求採藥之時，六求護藥之侶。而積德立功，尤爲求藥之本。

三　金丹之宗，性情龍虎，四象五行，功全戊己。

學仙須是學天仙，惟有金丹最的端；二物會時情性合，五行全處虎龍蟠。

本因戊己爲媒娉，遂使夫妻鎮合歡；只候功成朝北闕，九霞光裏駕祥鸞。

陸子野註 天仙非金丹不成。金丹是何物？分明原是我家物，寄在坤家坤是人。

二物者，彼我也。**增批** 金丹要訣，首在二物。 彼我會，則情性和而五行備。 龍虎，即情性而已； 會者，有用用中無用，無功功裏施功也。

戊己者，正位之中，乃意土也。 彼我之意相合，則夫妻之情歡悦而得矣。 苟陰之意雖欲求陽，而陽之意未欲求陰，則陰陽抗衡，不相涉入，而物不生矣。 所以戊己爲生物之鄉，生物係於意也。 真土無位，真意無形。 神哉神哉！

陳上陽註 媒娉有內外： 言語不通非眷屬，外也； 戊己爲乾坤之門户，內也。 夫妻亦有內外： 以坎而適離，以震男求兑女，外也； 以氣合神，以有入無，內也。 欲修金丹，必先煉己以待陽生之時。 若無煉己之功，則二物雖會，夫妻雖真，將見鉛至，而汞失應矣。

愚按 天仙之道，惟金丹最的。 金丹者，金液還丹也。 先天乾金，走入坤舍而成坎，今者取此先天真陽之金，點化離中之虛，復還乾體之健，是曰「還丹」。 二物者，彼坎此離也，曰「情性」，曰「龍虎」，曰「戊己」，曰「夫妻」，只此二物。 火中有木，水裏藏金，一含戊土，一含己土，故五行全。 攝情歸性，牽虎降龍，惟仗戊己之媒合，夫妻始結歡姻。 温養事畢，抱一功成，朝闕駕鸞，天仙之道畢矣。

四

顛倒浮沉，迭更賓主；　鉛至汞留，深潭現日。

此法真中妙更真，都緣我獨異於人；　自知顛倒由離坎，誰識浮沉定主賓？

金鼎欲留朱裏汞，玉池先下水中銀；　神功運火非終旦，現出深潭日一輪。

子野註　我本離而反陰，彼本坎而反陽，上下反常，故稱顛倒；　彼鉛而沉，我汞而浮，以鉛制汞，彼爲主而我爲賓矣。**增批**　顛倒陰陽，即昜「地天爲泰」；　迭爲主賓，即昜「上下無常」。金鼎喻我，玉池喻彼，欲我身中汞住，須得玉池之銀制之，則不致飛走。銀即鉛也，火乃陰陽之氣，合而內行，內行則温而和，所以能融物之真，使其交姤。陰陽之氣不合，即非火矣。其妙在乎積陰之下，一陽來復之時也。所以火必以候繼之，其理明矣。學者知其奧而運用之，則陽氣回於丹田之中，發生光華，如深潭之耀日也。其功豈不神哉？

戴同甫疏　金丹乃陰火結成，非世間之凡火。二弦之炁皆火也，其初有炁而無質，其源至清而無濁，在年爲二八月陰陽之平，在月爲上下弦金水之半也。

李晦卿註　坎譬之月，月中所懷，有鉛有汞。汞譬廿八日乙上一痕曉月之光，此光之月，隨日而升，升即浮也；　鉛譬初三庚上一痕新月之光，此光之月，隨日而落，落即沉也。**增批** 初三、廿八，取象之語，非真是初三、廿八也。男子修煉，以鉛爲主，汞爲賓，若不識浮沉，寧分賓主乎？

五 丹餌歸腹，玄珠呈象；卦火符合，果熟胎圓。

虎躍龍騰風浪麄，中央正位產玄珠；果生枝上終期熟，子在胞中豈有殊？南北宗源翻卦象，晨昏火候合天樞；須知大隱居廛市，何必深山守靜孤？

翁註 此言內藥法象也。

真一之精，造化在外，曰金丹，又曰真土；吞入腹中，即名真鉛，又曰陽丹。虎，即金丹也；龍者，我之真氣，自氣海而出，其湧如浪，其動如風；中央正位，即丹田中金胎神室也，乃結丹凝炁之所；玄珠者，嬰兒也，金丹也。金丹自外來，吞入腹中，則己之真氣自下元氣海中湧起，似風浪翕然湊之，如臣之遇主，子之得母，其相與之意可知。火符孕育，果熟胎圓，自然脱胎神化矣。

南北者，子午也；宗源者，起首之初；晨昏者，晝夜之首。子時屯卦直事，進火之候；午時蒙卦直事，退符之候。一日兩卦，初一屯蒙，三十日既未，終則復始，循環不已。一月六十卦，計三百六十爻，乾策二百一十有六，坤策一百四十有四，應周天之數，不出卦爻之內，故曰「翻卦象」。

天樞者，斗樞也，一月一移。如正月建寅，太陽未過宮，以寅加亥，至酉建子也；如太陽已過宮，以寅加戌，至寅建午也。此斗建之子午也。上士至人，知日月之盈虧，明陰陽之上下，行子午之火符，暗合天度，故曰「合天樞」也。**增批**　子午雖定於來復之候，乃活子午也，故翁註以斗建比之。

金丹大藥，家家自有，不拘市朝，奈何見龍不識龍，見虎不識虎，逆而修之，幾何人哉？

戴疏　金丹因先天之氣結成，因人身後天之氣而成變化。風浪之湧，言一身之氣與金丹際會也；玄珠之產，言一身之炁與金丹交結也。日之子午，因日所歷，月將也；斗之子午，因戌所指，月建也。南北晨昏，以子午言；仙道晨昏，依斗建運用，非日出沒之晨昏也。

李註　先天乾南坤北，乾宮一點神火翻入坤宮之內，坤遂變而為坎，坎宮兩品至藥翻入離宮之內，離遂復而為乾，故云「翻卦象」，揔不出南北之內也。

甄九映註　真一之氣，初採伏為龍虎，既入鼎為玄珠，顛倒採煉則卦象翻，晨昏溫養則火候合，總以真土為作用耳。

晨昏，即寅申也。火發於寅而斂於申。合天樞者，斗柄指寅，而天下春，陽炁暢，萬物出，丹法之進火合之，所以養陽氣上升，勿令阻滯也；斗柄指申，而天下秋，陰炁斂，萬物入，丹法之退符合之，所以斂陰炁在內，令其成實也。

六 長生大藥，甘露黃芽； 陰陽交會，滿屋皆金。

人人本有長生藥，自是迷途枉擺拋； 甘露降時天地合，黃芽生處坎離交。
井蛙應謂無龍窟，籬鷃爭知有鳳巢？ 丹熟自然金滿屋，何須尋草學燒茅。

潛虛註 老子云「天地相合，以降甘露」，乃陰陽會合，和氣而成。要知甘露乃玉漿也，雪山醍醐也。自上而下曰降，降則入於中宮而丹結矣。

黃芽者，真鉛之別名。契云：「將欲制之，黃芽爲根。」黃者，中黃之氣；芽者，生機之萌。言黃芽生處便當交媾坎離，非謂必待坎離交媾然後黃芽生也。若交媾已罷，則此黃芽又種於戊己之宮，而以漸滋長矣，純陽翁云「白雪黃芽漸長成」是也。**增批** 來復之初，即黃芽生處，有景象可見。 丹熟則點化凡質而成聖體。尋草燒茅，縱能點化金石，與己何干？

愚按 甘露者，「白雲朝頂上」，化爲玉漿，味如甘露，故百字碑曰「甘露洒須彌」，降於重樓，入我中宮而丹結，則天地合矣；　黃芽者，真鉛之萌蘖也，契云「黃芽鉛」也，黃芽既萌，生機已露，便當交姤坎離以受之也。甘露即黃芽所化，坎離交而後天地合也。二物便是長生藥，晦卿以心華一點爲長生藥，尚隔一層。

七

藥產西南，三日受符，採歸土釜，二八配當。

要知產藥川源處，只在西南是本鄉；　鉛遇癸生須急採，金逢望後不堪嘗。送歸土釜牢封固，次入流珠厮配當；　藥重一斤須二八，調停火候托陰陽。

陳註　易云：「西南得朋，乃與類行。」西南爲坤同類之地，鉛所由產，藥在彼生，兑乃代坤，抱陽成坎。兑之初癸，是爲真鉛，真陽初動，乃曰「癸生」。天地以七日而來復，復，子也；　太陰以三日而出庚，庚，金也；　人身以三日而看經，經，鉛也。癸動後而生鉛，鉛之初生，名曰「先天真一之氣」，此氣號曰「金華」。言鉛言癸而不言水者，取其炁也。鉛生於癸後，陽產於鉛中，一月止有一日，一日止有一時，失此一時，最不易得，故仙翁以「癸生急採」爲最切。送歸土釜，配以流珠之汞，調火候以成聖胎也。

翁註　鉛遇癸生，時將丑也；　金逢望後，月將虧也。「周天息數微微數，玉漏寒聲滴滴符」，真人口口相傳之密旨也。**增批** 鉛遇癸生，時將屆丑，則失其子矣；金逢望後，時已至未，失其午矣。

戴疏 時將丑者，言時已過也；月將虧者，言日已過也。日時既過，則息者將消，嘗之無效。又曰：陽，火也；陰，亦火也。火實無火，乃天地日月之精炁，假托而運用之耳。

潛虛註 子野云：「迎其藥之將生急採之，方可用。苟遲，則藥已生，皆爲後天之物，見之不可用也。」或問藥嫩何以可用？曰：造化之氣，成功者退，將來者進，喻如釀酒，三日之酵，浮而致之，可變千甕，此時氣味雖薄，而生機勃然，若已熟爲酒，則不復可用矣。採藥取嫩，意正如此。

甄註 藥產西南，直截言之，只坤家之水中金耳。癸即水，鉛即金，金即真藥，揔之真一之炁自虛無中來，來即產也。

母隱子胎，鉛生癸後，謂其至清，有氣無質。五千四十八日，僅此一日；一日十二時，僅此一時；一時三符，僅此一符。毫厘急躁不得，亦毫厘怠緩不得。

陽爲火，陰亦爲火，陰陽調，即是火，此外無火；火力到，即是丹，此外無丹。仙訣云「採之爲藥，煉之爲火」，其旨了然。取一斤者，每斤三百八十四銖，比易中三百八十四爻。易如此，則卦爻周而陰陽之變合始備；　藥如此，則氣味平而陰陽之造化始調。須二八平等，然後配合相當。

愚按　西南，非未申之方，乃先天之坤位，坎宮是也，水中藏金，故曰「本鄉」。子爲六陽之首，將丑則一陽之炁足矣，二十四方，子後是癸，尚未到丑也，故須急採。邵子云「一陽初動處，萬物未生時」，微矣哉！

子野云「藥之將生，則爲先天，即是月圓；　藥已生質，則爲後天，便是望後」，乃臨爐採藥要訣。但先天後天，各有所取。先天大藥只有出庚一門，兑丁乾甲皆後天作用也。至下半月之巽艮坤，乃陰符所用，并非後天之藥矣。

周天息數微微數，合乾坤策數而言之也，實爲火符要着。既云火，實無火，則藥亦安有斤兩？二八只是均平，此時國富民安，真汞完堅無欠已。

封固之法，是關鍵三寶，子野言是。末句方指屯蒙符火。

八　陰陽得類，交感自然；　月白日紅，藥新陰滅。

休煉三黃及四神，若尋眾草更非真；　陰陽得類歸交感，二八相當自合親。

增批　二八，即上下兩弦之氣也。　**潭底日紅陰怪滅，山頭月白藥苗新；　時人要識真鉛汞，**

不是凡砂及水銀。

潛虛註　此篇所論鉛汞，下二「真」字，以別於凡。蓋真則無質，而凡則有相也。金石草木，皆有形渣滓之物，非可合體而居。惟有陰陽得類，二八相當，乃爲合妙。契云：「同類易施功，非種難爲巧。」

「潭底」二句，諸賢皆失本旨，只緣泥着「鉛汞」二字。蓋日紅陰怪滅，喻陽能爍陰也。日爲太陽之精，先天真鉛也。月無光，借日以爲光，山頭月白，乃出庚之月，借光尚嫩，其體純白，藥苗正新，乘此時而採之，則現出深潭日一輪，而羣陰將剥盡矣。皆指真鉛而言。

山頭月白者，艮爲山，坎爲月，先天坎艮之方，月出之所也。以爲崑崙峯頂，鑿矣。

或問：「如詩皆論真鉛，何謂真汞？」曰：「仙翁直爲真鉛難識，故反覆歌詠，以明產藥之川源、交感之情性，雖在外，而實與金石草木有形質者不同。若真汞，則凡四大一身，陽裏陰精皆是也。識得真鉛，則道其在是。若三家相見，俱死歸土，則又皆號真鉛矣。」

愚按　陰陽得類者，如戴公所云，非謂人與人爲得類，乃元氣之混合處爲得類也。岐伯云「形不足者，補之以氣」，此語真金丹之祖。蓋以無涯之元氣，補我有涯之形氣也。又丹法難以直說，只得假日月以發揮。但月白是出庚之夕月，微陽新嫩，煉藥時候也；日紅是受日之陽炁，海底生明，丹頭初就也。雖皆論真鉛，畢竟有分別。

九　生身之處，中有陽精；返本還元，獨修無成。

陽裏陰精質不剛，獨修一物轉羸尫增批　獨修一物，即獨修此陰精，故不可以成道。**；勞形按引皆非道，服氣飡霞總是狂。舉世謾求鉛汞伏，何時得見虎龍降；勸君窮取生身處，返本還原是藥王。**

翁註　陽裏陰精，己之真精也。精氣固一身之根本，奈何此物屬陰，其質不剛，其性好飛，易失難擒，不得混元陽丹以伏之，無由凝結以成變化。或獨修一物，按引勞形，飡霞服氣，以至尸解投胎，出神入定，千門萬法，不過獨修陽裏陰精之一物耳。孤陰無陽，如牝雞自卵，欲抱成雛，不亦難乎？契曰「二女共室，顏色甚姝，敝髮腐齒，終不相知」，此喻以女妻女，以陰煉陰，胡爲乎而絪緼？胡爲乎而化生乎哉？

潛虛註　無名子以真龍真虎爲二八，以真鉛真汞爲二弦之氣，不知「二八弦氣」四字本不可分。蓋上下兩弦，各去朔望八日，此時陰陽均平，故言「二八」，以取相當之義。所以相當者，氣也。二八弦氣，果可分乎？此非晰理之精者，不足以語此。

陳註 大修行人，求先天真鉛，必從太初元氣生身之處求之，方可得彼先天真一之炁，以還其元而返其本也。

甄註 世有認煉服食爲外丹者，故前詩以「真鉛汞」破之；又有認守孤陰爲內丹者，故此詩以「鉛汞伏」破之。

愚按 人身皆屬陰，即元海真火亦陰也，得陽丹制伏，方不飛走。奈坤鼎亦是陰，非得太陽真火照耀，安能成一爻陽鉛之氣乎？神仙不過借坤鼎做陽燧耳。故仙翁云二氣相吞而產金丹，此理人多不識。夫太陽移在月明中，古仙肫肫垂訓，豈日晏之離可以當得？只是未聞真訣，看書忽畧耳。

十

地魄天魂，真鉛制汞；道高德重，天地齊永。

好把真鉛着意尋，莫教容易度光陰；但將地魄擒朱汞，自有天魂制水金。
可謂道高龍虎伏，堪言德重鬼神欽；已知壽永齊天地，煩惱無由更上心。

潛虛註 真鉛者，先天真一之氣，水中之金也。此物最難尋覓，非尋師則不知，非尋財則不得，非尋地則不安，非尋侶則無輔。而其中最難尋者，符來之信也。大修行人，歷山川，飽風雪，窮年矻矻，尋此而已。**增批** 尋得真鉛，以制朱汞，方可成道。

地魄擒朱汞者，兼內外藥而言；天魂制水金，則耑言內藥矣。蓋真鉛在外，則為真一之氣，以其藏於至陰之中，故名之曰「地魄」，歸於鼎中，結而為丹，則曰「水金」；真汞在內，則為神火，以其居於先天乾宮，故曰「天魂」，散於四大一身，皆陽裏陰精，故名「朱汞」。地魄擒朱汞者，以黑投紅，而汞為鉛伏也；天魂制水金者，養以神火，而抽鉛添汞也。

但將，則並無別物；自有，則不待安排；以鉛制汞，故曰「擒」；鉛被汞留，故曰「制」。丹結不散，皆由神火溫養，使火冷，則丹散矣。契曰「經營養鄞鄂，凝神以成軀」，此天魂制水金也。

十一

鼎攢四象，藥按三元；和合大藥，不離水土。

黃芽白雪不難尋，達者須憑德行深。**增批** 欲尋黃芽白雪，非有三千功、八百行不能，故張祖叮嚀示之；**四象五行全藉土，三元八卦豈離壬？煉成靈質人難識，消盡陰魔鬼莫侵；欲向人間留秘訣，未逢一箇是知音。**

戴疏 壬水為一陽之首，生氣之元，五行之先，故皆始於壬也。翁仙云：「真一之水，以法化之，爲真一之黍珠。」但真一之水，未成形之氣也；真一之黍，已成形之氣也。

甄註　真一之氣無質，既無質，安有色？惟採煉之頃，以法盜之，無質生質，無色生色。其初，金水相含，類白；及歸土釜而得土氣，類黃；繽紛而來，若雪，所謂「雪山醍醐」也；萌蘖吐英，若芽，所謂「黃芽出土」也。蓋以汞求鉛之時，戊己相見，兩氣自併爲一。《契》云「先白而後黃」，非一物而何？

土者，中央正位，以會極之地言；壬者，壬水也，亥子之間，以生氣之初言。黃芽者，四象五行，攢簇於土而滋長者也。誠知其藉土，但從土尋之，便知所以和合澆灌，而黃芽產矣。

人身之元精、元氣、元神爲三元，陰陽、老少、火符爲八卦。壬水，天一之所生，在子之先，爲一陽之首。八卦循環於三元，莫不自一陽而起，以爲作丹之時。誠知其不離壬，但從壬尋之，便知所以消息火符，而白雪凝矣。

白雪黃芽，凝爲靈質，則聖胎結而通身之陰邪盡消。此教人尋黃芽於土，尋白雪於壬，欲向人間留秘訣，正此訣也。

十二　敷華吐英，陽倡於陰；　真源反此，我以爲賓。

草木陰陽亦兩齊，若還缺一不芳菲；　初開緑葉陽先倡，次發紅花陰後隨。常道即斯爲日用，真源反此有誰知；　報言學道諸君子，不識陰陽莫亂爲。

陳註　動植之物，莫不稟乎陰陽二氣。人爲萬物之最靈，稟天地陰陽之正氣而生，反不知陰陽盛衰順逆之道耶。蓋順則爲凡父凡母，逆則爲靈父聖母。凡父凡母之氣，順則成人，謂之常道；　靈父聖母之氣，逆則成丹，是曰真源。反此者，男反爲女，女反爲男也。不得真師，亂爲何益？

潛虛註　「倡」「隨」二字，諸註皆畧。言陽唱陰和，辟諸草木，百姓日用，常道皆然。真源反此者，逆而成丹也。然皆不能外此陰陽倡隨之理。但陰陽互藏，坎離顛倒，而人不識耳。**增批**　易卦坤上乾下而爲泰，亦顛倒之意也。

甄註　真源者，真陰真陽之源；　識者，識此陰陽鉛汞之真，及陰陽互藏之宅也。

愚按　常道者，剛上而柔下，順行未濟之道也；　反此者，柔上而剛下，逆行既濟之道也。未濟則以汞投鉛，既濟則迎鉛伏汞，逆而成丹，是謂真源。反此倡隨，即契云「金華先倡，陽乃往和」之意。

十三　顛倒陰陽，白虎歸舍；神息天然，丹熟神化。

不識玄中顛倒顛，爭知火裏好栽蓮；牽將白虎歸家養，產箇明珠似月圓。謾守藥爐看火候，但安神息任天然；羣陰剥盡丹成熟，跳出樊籠壽萬年。

子野註　陰陽顛倒者，陰中有陽，陽中有陰也；火裏栽蓮，火中有水，陰中有陽，殺中有生也。

白虎，金精也，白喻其質，虎喻其難伏。金精原是我家之物，有生以來，走在彼家，今番認着，用力牽歸，如月如珠，藥之象也。

得藥而後，温養之法，安神定息，任其自然而已。非守定藥爐，朝添半斤，暮換八兩也。

李註　玄中顛倒之法，火裏栽蓮之法，牽虎歸家之法，剥盡羣陰之法，多方辟喻，無非取坎填離耳。離中填滿即是金丹，此丹一成，狀若明珠滿月。周天數足之後，外住藥爐，九轉功完，内含神息，此乃絕慮忘機大休歇處，過此以往，脱離生死，位證天仙矣。

愚按　首二句，顛倒之理，顯神通向猛火裏栽蓮；三四句，陽精歸舍而成丹；

五句，言温養火候；　六句，言抱元守一；　末二句，言丹熟脱胎。意已盡於潛虛小序。但猛火栽蓮，是坎家之火，以種子去栽，和合丹頭也。故三四句緊接「牽虎歸家」「產珠似月」耳。謾守藥爐，正是屯蒙温養；　但安神息，方是丹熟後工夫，捐去爐鼎。子野言「安神定息，任其自然」者，乃順其自然。方其宜進陽火，則用上半月之震兑乾以養之；　當其宜退陰符，則用下半月之巽艮坤以養之。抽鉛添汞，一陰一陽，循環不已，順天然之妙用，此温養之法也。

十四

三五與一，俱歸中宮；　結嬰十月，真氣胎圓。

三五一都三箇字，古今明者實然稀；　東三南二同成五，北一西方四共之。戊己自居生數五，三家相見結嬰兒；　嬰兒是一含真氣，十月胎完入聖基。增批

此明河圖木火金水相生之理。三家者，水金爲一家，木火爲一家，戊己爲一家。三家合和，結爲一點真炁之嬰兒，此「三五一」之妙也。

甄註　五行俱有生成數。温煉取成實，故用成數，九返七還、八歸六居是也；採取合生氣，故用生數，三二一四是也。然天五生己，地十成戊，土兼戊己之數，何以言五而不及十耶？　蓋藥之所主者，金也。戊土生金，己土制水，不制水則水泛金沉，

故先用己以合戊。此際專是己土作用，故云「生數五」。自居者，不似四象，以東西南北併而爲五也。

但五行生數，人誰不知？其意原重在相見上，乃「三五一」之妙耳。三家間隔，何得相見？要知都是戊己所爲。其相見有兩處：子母乍逢，在西北虛無之窟；君臣宴會，在東南混元之宮。大段各懷真土，自然作合耳。惟相見，則從無生有稟之而結胎，由微至著養之而胎圓，皆真一之氣凝神以成軀者。故直指曰：「這嬰兒不是精血所成，是一含真炁也。」此句洩盡丹旨矣。不云「聖」而云「聖基」者，漸養漸靈，脱胎昇舉，由此基之也。

何謂一含真氣？一者，太極也，真陰真陽合而未判，一氣而已。凡人物之真陽，寄在母腹，感父之真陰，合爲一炁，自爾結胎。神仙知之，因以我無中之真陰，誘奪彼無中之真陽，將此二氣以法拘煉，混成一氣，是名「胎仙」，是名「一含真氣」。

十五

真鉛之要，二八爲宗：；旁門無用，與丹不同。

不識真鉛正祖宗，萬般作用枉施功：，休妻謾遣陰陽隔，絕粒徒教腸胃空。

草木金銀皆滓質，雲霞日月屬朦朧：，更饒吐納并存想，總與金丹事不同。 增批一切旁門，皆非金丹，大聲急呼，醒人迷途。

戴疏　太白真人破迷歌曰：「行氣不是道，津液非神水；存想不是道，畫餅豈能餌；採陰不是道，精竭命隨逝；胎元不是道，濁穢非真氣；斷鹽不是道，飲食無滋味；辟穀不是道，餓餒傷脾胃；休妻不是道，陰陽失宗位。如何却是道，太乙含真氣；氣交而不交，升降效天地。二物相配合，起自於元始；姹女與嬰兒，匹配成既濟。本是真陰陽，夫妻同一義；所以不須休，孤陽豈成事？出世爲金仙，金丹非容易；志士不說真，大洞隱深義。五行不順行，虎向水中生；五行顛倒術，龍從火裏出。斯言真妙言，便是太乙力。」詩意蓋本諸此。

陳註　真鉛乃靈父聖母之氣也。何謂靈？常應常靜之謂靈，逆施造化之謂靈。何謂聖？太極初分之謂聖，虎不傷人之謂聖。有此聖靈，方是真鉛，方是正祖宗也。

十六　金丹根宗，聖聖相傳；藥產於坤，播種於乾。

萬卷仙經語總同，金丹只此是根宗：依他坤位生成體，種在乾家交感宮。

增批　金丹只此乾坤二物生成交感。洩漏盡矣。

莫怪天機都洩漏，都緣學者自迷蒙；若人了得詩中旨，立見三清太上翁。

翁註　萬卷丹經，至當歸一，皆以龍虎二八初弦之氣爲丹之質。但依坤母生成之理，逆而修之，種在乾父交感之宮，以運符火。修丹之要，不出「鉛火」二字。仙翁洩盡天機，學者皓首迷蒙，不肯近取諸身，以明至道，結成一黍，作賓於天。

戴疏　入藥鏡云「產在坤」，外藥也；「種在乾」，內藥也。坤母生成之理者，坤位西南，月出於庚，金水生成，兩弦妙用，此「產在坤」也；乾父交感之宮者，中宮北海，猶乾之西北，餌丹於中，鉛汞交感，以成變化，此「種在乾」也。鉛者，月之精，生於水，成於金，有質而有氣，天地妙用之根也；火者，日之精，生於木，尅於金，有氣而無質，天地發生之本也。故曰：「不出『鉛火』二字。」

愚按　丹法以乾坤爲鼎器，兑爲少女，代坤行事，震爲長子，代乾主政，震即乾而兑即坤也。既曰「種向」，則必有種可知。蓋因先天氣動，乾宮先運一點神火之精，射入坤宮之內，坤位陽生，變而爲坎，遂成陽鉛之氣。此氣一動，採取歸來，種在我家交姤懷胎之宮，則修丹之能事畢矣。詩中之意，正是漏洩天機之處，人能了此，豈不功成而謁三清耶？

五言律詩一首

先天一氣，來自虛無；其中有信，得之一符。

女子着青衣，郎君披素練；見之不可用，用之不可見。增批　見之不用，即易「壯于趾，征凶」；用之不可見，即易曰「君子用罔也」。**恍惚裏相逢，杳冥中有變；一霎火燄飛，真人自出現。**

子野註　女子着青衣，木汞也；郎君披素練，水金也。陰陽相合，彼此以形質未露之氣，交於杳冥恍惚之中，庶乎可用。倘形質既兆，則爲後天不可用矣。

翁註　居於恍惚之中者，龍之弦氣也，故曰「着青衣」；出於杳冥之內者，虎之弦氣也，故云「披素練」。修丹者，當求渾元真一之炁，於先天鼎中，絪緼相逢，磅礴相戀，通靈變化，此無中生有之妙也。真人者，金丹也。二候之中，運火煅煉，立得真一之氣，結成一粒之珠，現在北海之中，一霎時火功一止，真人出現矣。

仇註　此是發明「太乙含真氣」。太乙者，太極未判之元鼎；含真炁者，內藏清真未擾之初鉛也；恍惚杳冥，即其不可見者；相逢有變，乃用之而後知也。以汞求鉛謂之逢，鉛華發動謂之變。

愚按　此言一時得藥之事。女子，木汞；郎君，金精。見之不可用，形質已露，便落後天也；用之不可見，一氣初萌，藥苗新嫩也。恍惚者，若有若無之象，其中有物，虛無生白雪也；杳冥者，深妙莫測之稱，其中有信，寂靜長黃芽也。一霎火燄飛，兩弦合精，一符之頃，如一電光之速也；真人自出現，丹成頃刻也。

悟真篇約註卷中之上

會稽陶素耜存存子集註　古漢初玉溪子增批

絕句六十四首

一　乾坤鼎器，日月精華；摶烹二物，歸我黃家。

先把乾坤爲鼎器，次摶烏兔藥來烹；既驅二物歸黃道，爭得金丹不解生？

增批　乾坤者，大易之門；烏兔者，坎離之精也。

翁註　日月本是乾坤精，聖人以乾坤喻鼎器，日月喻藥物。乾坤即真龍真虎，日月即二弦之氣也。其要只驅初弦二氣交姤，凝結真一之精，結於北海中宮之內。黃道即中宮，金丹凝結之所也。

甄註　烏者，陽中真陰之初氣；兔者，陰中真陽之初氣。謂之弦氣者，乃其動機也。黃道者，外藥所由入之路，如黃道之亘天，因路通黃中，故稱「黃道」。

二　安爐立鼎，制魄鈐魂；成功玄妙，變化氤氳。

安爐立鼎法乾坤，煅煉精華制魄魂；聚散氤氳爲變化，敢將玄妙等閑論。

增批　爐即坤爐，鼎即乾鼎，故曰「法乾坤」也。

翁註　天雖至陽，而中有一陰之氣，故能降地而氤；地雖至陰，而中有一陽之氣，故能升天而氳。天地氤氳，萬物化醇，蓋二氣交合，而成變化也。金丹之道，安爐立鼎，煅煉精華，以制魂魄，莫不取法於天地以成造化。始自無中生有，復自有中生無，無形而能變化，是以變化無窮。此乃天機也。

戴疏　始自無中生有，言外藥憑虛無真一之氣無質生質也；復自有中生無，言內藥因外藥成象，吞入五內，點化四支百骸之有形而爲氣也；無形而能變化，言內外既成，化氣成神也。人能知無中有至道，可漸次而化矣。

愚按　爐名偃月，坤爐也；鼎號硃砂，乾鼎也；安爐立鼎，乃所以法乾坤也。精華者，日月之精華，上陽謂「靈父聖母所媾之氣」也；魂魄，即日魂月魄；煅煉精華，正所以制魂魄也。聚散者，真氣盤旋，似聚而有，似散非散也；氤氳者，二氣交感，景物融和之象，高象先云「天地氤氳男女姤，四象五行憑輻輳」，此之謂也；融和，則虛無之中，凝而有象，而變化生矣。如此皆自然而然之妙，不要將「煅煉」二字太看吃力了。

三　煉藥之爐，其名偃月；　天然真火，不假吹噓。

休泥丹灶費工夫，煉藥須尋偃月爐；　自有天然真火候，不須柴炭及吹噓。

陳註　純陽翁曰「西江上，見月華瑩淨」，即偃月爐也。**增批**　邵子曰「因探月窟方知物」，即偃月爐之謂也。所云西江水，亦此一竅而已。

愚按　地元神丹，十二神符九白雪，可以服食飛昇，奈真傳不可遇，即遇矣，而天不與，終亦難成，故有「休泥丹灶」之戒。藥，即烏兔精華；　偃月爐，坤爐之象，中有至陽之氣，乃煉藥之具，契云「白虎爲熬樞」是也。其中消息進退，自有天然火候，何假柴炭吹噓？

四　爐中玉蕋，初弦之氣；　火力調停，黃芽漸長。

偃月爐中玉蕋生，朱砂鼎内水銀平；　只因火力調和後，種得黃芽漸長成。

增批　爐中玉蕋，即坤卦黃裳之元；　鼎内水銀，即乾卦飛天之龍。

翁註　偃月陰爐中有玉蕋之陽氣，白虎初弦之氣也；　朱砂陽鼎中有水銀之陰氣，青龍初弦之氣也。金丹以此二弦之氣調停和合之力，種得真一之芽，長在黃家，結成黍珠也。

潛虛註　「生」「平」二字有味。生者，陽動也；平者，匀平也。玉蕋不生，符信不與；二八不當，情性不親。

愚按　玉蕋者，爐中陽氣；生者，符來之候。水銀者，鼎中陰精；平者，均平之謂，二分水至，我以二分之火與之俱也。黄芽者，中黄之氣，具有發生之機，與上卷「黄芽生處坎離交」不同。彼，指真鉛而言，即契云「黄芽鉛」也，故黄芽一生，便當交媾坎離也；此，指交媾後而言，謂藉屯蒙火力調和，種得黄芽於黄道之中，而漸漸長成，呂祖云「白雪黄芽漸長成」也。

五

長生大藥，黄芽爲根；嚥津納氣，徒勞無成。

嚥津納氣是人行，有藥方能造化生；鼎内若無真種子，猶將水火煮空鐺。

戴疏　運金液入腦，自上腭入丹田，亦是嚥津也；運外真陽真氣，亦是納氣也。非以嚥津納氣爲非，特以無真種子則徒勞無功。嚥純陰之精，納後天之氣，内無先天之母氣，則天地陰陽之真氣，不與一身之子氣相戀合而凝結矣。

愚按　真鉛是藥，即是真種，從虛生出造化，乃曰先天。封秉中妄認元胞爲混元太極，反笑無質生質者爲空鐺水火，謬註悟真，欺人實甚。

六　真種何物？竅中弦氣。蟾光照西，大小兩濟。

調和鉛汞要成丹，大小無傷兩國全；若問真鉛是何物，蟾光終日照西川。

翁註　驅龍則汞火飛揚，駕虎則鉛光閃爍。一粒黍米，先天之炁結成，龍大虎小，陽尊陰卑，何傷之有？夫金丹因上下兩弦金水結成，號曰真鉛；蟾光者，金水之精；終日照者，與日交光之旨，象陰陽交合之義。月之上弦屬水，下弦屬金，故仙翁以西爲金之方，以川爲水之體。然月未嘗能終日照，惟下弦之月，日初出，現東畔半輪金之光，出於南方丙上，至日午時，沒於西方庚上；上弦之月，日午時，現西畔半輪水之光，出於東方甲上，至日没時，升至南方丁上。兩箇半輪月，合爲金水團圓之光，共成終日之照，喻龍虎合兩弦之氣而生丹，故曰「蟾光終日照西川」。**增批**　以上弦下弦解「蟾光終日照西川」最爲明悉，且合易「先庚」「後庚」之旨。

戴疏　上下兩弦，月與日相照於晝，取其金水之至清；望日，月與日相望於夜，取其金水之至旺。清者，有氣而無質；旺者，無質而有質也。清時二八互爲隱顯，旺時二八全爲一體，則而象之，金丹立成。龍虎上經曰「上弦金半觔，下弦水半觔」，今曰「上弦屬水，下弦屬金」，是知上弦無月之白者一半是金，有月之黑者一半屬水，故互言之，以顯二弦金水各半觔而成二八之妙，下弦亦然。或者不知其妙，則疑之矣。

七 水中之金，不在深山。

未煉還丹莫入山，山中內外盡非鉛；此般至寶家家有，自是愚人識不全。

子野註 已失而復得者，謂之還；已去而復來者，謂之返。作丹之要，非鉛不可，家家有之，惜乎人之不識也。**增批** 薛祖云：「家家有箇家家有，又非自身所有。」

潛虛註 黃庭經云：「入山何難故躊躇。」只爲真鉛難得，真侶難求，故和光混俗，以須大事耳。若更入山，只獨修而已。

八 真鉛真汞，氣類相同；西南得朋，乃與類行。

竹破須將竹補宜，抱雞當用卵爲之；萬般非類徒勞力，爭似真鉛合聖機。

增批 此即契云「同類易施工，非種難爲巧」之意。

翁註 陶真人云：「竹斷須竹續，木破須木補；屋漏用瓦蓋，人衰以類主。」修真若非同類，功用徒勞。蓋真鉛爲母氣，我真氣爲子氣，豈非同類乎？是乃作聖之真機，金丹之妙藥。

愚按　「竹破須竹續」本陶公還金術，「抱雞當用卵」本魏公參同契，皆發明「同類易施功」之意。能以同類之真陽，點化我身之真陰，變成純陽體質，便合作聖之機。

九　先天真鉛，能伏己汞；汞老功成，棄捐不用。

用鉛不得用凡鉛，用了真鉛也棄捐；此是用鉛真妙訣，用鉛不用是誠言。

子野註　用鉛之法，如灰池煎銀，銀出不用鉛矣。知此義者，則知用鉛之妙訣。

潛虛註　或問翁註「添汞減鉛」之說。曰：「予聞之立陽先生，得藥歸鼎之後，養以神火，晝夜功勤，是添汞也；久之神氣混融，鉛入汞內，日覺其減，故汞氣漸多，鉛氣漸散，喻如炊飯，米漸大則水漸乾。**增批**　丹道只用先天炁，若用後天則大誤矣。『抽添』之妙，意蓋如此，然却非仙翁『棄捐』之本意。」

十　命以術延，性以道全；性命雙修，知所先後。

虛心實腹義俱深，只爲虛心要識心；不若煉鉛先實腹，且教守取滿堂金。

增批 此言先修命者，指入室行功而言，非教人不先養性而即可修命也。

愚按 虛心是性宗上事，妙悟本來也；實腹是命宗上事，煉鉛制汞也。性命之義，豈不深妙？識心者，明心見性也。悟真耑主命宗，教人先煉鉛以實腹，自然丹熟，而金精之氣，粹然盎然，百骸俱理，然後抱一以虛其心，則性命雙修，形神俱妙矣。此仙翁教人先修命後修性之意。

十一　真人指玄，煉鉛伏汞。

夢謁西華到九天，真人授我指玄篇；其中簡易無多語，只是教人煉汞鉛。

增批 指玄篇，呂祖所作。

愚按 「煉汞鉛」三字，足包悟真一部全旨。凡始而煉汞，繼而煉鉛，終而抽鉛添汞，步步只在鉛汞上做工夫。

高象先云：「舉世何人識河車，子當西去求西華；西華夫人掌樞紐，便當指與真丹砂。」此詩「夢謁西華」，殆借歌中之意，以示產藥煉丹之地。

十二　虛無兆一，分判陰陽；　再合重生，萬物滋張。

道自虛無生一氣，便從一氣產陰陽；　陰陽再合成三體，三體重生萬物昌。

潛虛註　詩意本老子，泛言造化。各註差遠。

或問：「虛無生一，是太極之上復有無極否？」曰：「一即太極，一亦有象，安得謂無？故知，一者無之所生，但渾淪而未破耳。孔子曰『易有太極，是生兩儀』，老子曰『天地萬物生於有，有生於無』，故知太極之上有無極也。」

仇註　準諸丹法，真氣渾合者，虛無也；　金水初萌者，一炁也；　鉛汞相見者，陰陽也；　嬰兒是一，內含真氣者，三體重生也；　調神出殼，千百萬化者，萬物滋張也。

愚按　此章當主潛虛「泛言造化」。上陽以「三體重生」看，故道破陽神出胎之後再造陰陽一節工夫，但與詩意不合；　仇註甚妙，亦非詩意。

十三　鉛至汞迎，和合成丹。

坎電烹轟金水方，火發崑崙陰與陽；　二物若還和合了，自然丹熟遍身香。

增批　「坎電烹轟」，即《易》「雷電噬嗑」之意。

子野註　坎電者，水火也。金水爲坤方，水火交擊於坤方，採丹歸己，自然一道真一之氣，直透頂門，與身中陰陽混合，遍體生香。香生乃丹熟之驗矣。

翁註　此詠內外二丹也。坎電者，水中之火，謂之陰火。言虎以陰中之火烹煉乾龍，乾龍即發崑崙之火以應之也，二火相併，則真一之精自然凝結，即時採取，百骸俱理，香且美矣。既餌丹後，復運陰陽符火，虎以陰中之火爍此玄門，龍即於崑崙發火以應之，二物和合，則金精自然運轉，自尾閭歷然有聲，運透夾脊雙關，直上泥丸，顆顆降下重樓，其味甘美，馨香滿身也。

戴疏　《翁註》前云「虎以陰中之火烹乾龍，龍即發火以應之」，此總言內外二藥之二火也。後所謂「虎以陰中之火」，分言外藥之火也；「龍發火以應之」，分言內藥之火也。內外龍虎二火，其名同，其體異。蓋二火相併，則真精結；二藥和合，則金精運。真精結，外金丹成；金精運，內還丹成。故曰「火發崑崙陰與陽」，是龍之火又分於內外之陰陽也。

愚按　陸仙謂「水火交擊於坤方」，洩盡和合丹頭之妙，解「金水方」亦確。《翁註》似尚未切，但講內外二藥二火作用，與《戴疏》並妙。先賢各隨所見發揮丹法，未可執一所成也。

崙峯頂，迎此陰陽二物歸舍，自然和合，而丹熟生香耳；陰與陽者，真鉛乃水火二氣

義而論也。「火發崑崙」句正解，陸仙未講，我今發明之：火者，我之汞火，於下元崑

十四　水火交姤，功歸戊己。

離坎若還無戊己，雖含四象不成丹；只緣彼此懷真土，遂使金丹有返還。

增批　離本外陽內陰，坎本外陰內陽，乃四象也。借坎離之戊己以媒合，故可成丹。

翁註　坎戊月精，象虎之弦氣；離己日光，象龍之弦氣；分居二體之中，是彼此各懷真土。二土交併，則龍虎交而戊己合也；戊己配合，四象會而成丹矣。苟無二土之氣，四象不可得而會也。

仇註　甄公以戊己爲中宮意土，指內象言；陳註以戊己爲坎離之門，指外象言。然則翁氏所謂龍虎弦氣者，何哉？真氣動而門户可敲，則又合內外而言之矣。「先敲戊己門」，高象先之說也。

愚按　火中生木，水裏生金，兩家列爲四象，彼此間隔，全賴坎中有戊、離中有己，兩相媒合，則五行全而四象會，方得鉛汞一爐烹煎，而成丹於頃刻。要知戊己乃

中和妙用，以爲玄牝之門者，非也。返還者，七返火，九還金也。失而復得曰還，去而復來曰返。火得金而返，金得火而還，和合丹頭之法也。

十五　水取潤下，女居日位；男女顛倒，互爲賓主。

日居離位反爲女，坎配蟾宫却是男；不會箇中顛倒意，休將管見事高談。

潛虛註　日位太陽，離女居之；月位太陰，坎男居之。如此顛倒互換，必有深意。各註尚欠明白。

愚按　日乃離象，先天本是乾卦，因奔蹶之後，中虛而成離，外陽内陰，所以翻爲女；月乃坎象，先天本是坤卦，因感乾之氣，中實而成坎，外陰内陽，所以却是男。日中有烏，西方之酉禽，月中有兔，東方之卯木，原彼此互藏之精，此男女之顛倒也。然顛倒尚有數說：有陰陽之顛倒，地上於天也；有坎離之顛倒，子南午北也；有鉛汞之顛倒，金從月生，木賴金調也；有五行之顛倒，欲留朱汞，先下水銀也；有主賓之顛倒，外來作主，家居爲賓也。是知旋轉乾坤，逆施造化，固自有道，非拘儒所可妄談矣。

十六　取坎填離，變成乾卦，是曰還丹，時乘六龍。

取將坎位中心實，點化離宮腹内陰。　從此變成乾健體，潛藏飛躍盡由心。

子野註　坎中之陽，乾也，乾動而陷於坤以成坎，乾却爲離。修煉之法，當於坎中取其一陽，歸還於離而復純陽，則修丹之能事畢矣。

戴疏　「潛藏飛躍」，「乾」六爻之象，以喻運火抽添進退，如參同以「乾」六爻分行六卦之中，以爲六候之符也。

仇註　上章以男陰女陽爲顛倒，此章以陰能變陽爲顛倒，蓋顛倒之中又有顛倒，乃還丹妙術也。

愚按　三章連講「坎離」，却各不同：十四章「歸功戊己」，上章「男女一定之名」，此章「二氣交姤之事」。

原夫先天之體，太樸不雕，渾淪完固，無事於取，何有於填？及情竇既開之後，先天一氣奔逸，乾體一破，腹内反變陰精，日昃之離，焉能久視？神仙丹法，取坎中靜極而動之真水，伏我靈光閃爍之流珠，舉水滅火，填其既虛之畫，復其純陽之體，雖曰取，不過借此先天真炁交媾成丹，非實有所取、有所填也。故仙翁「點化」二字下得極圓活。

由心者，潛虛飛躍，自然而然，由我心運用也。變成乾體，全仗六候火符，非成乾之後又須六候火符也。

十七

龍從火出，虎向水生；母隱子胎，兒反生母。

震龍汞出自離鄉，兌虎鉛生在坎方；二物總因兒產母，五行全要入中央。

翁註 汞爲震龍，屬木，木生火，常道之順也，如朱砂屬火爲離，汞自砂中出，火反生木，故曰「兒產母」也；鉛爲兑虎，屬金，金生水，常道之順也，如黑鉛屬水爲坎，銀自鉛中生，水反生金，故曰「兒產母」也。此皆五行顛倒之術也。不言銀者，鉛中銀謂之真鉛也。二物互相生產而生四象，會中宮合五行而結丹也。中央者，中宮太極也。故曰：「五行全要入中央。」後人以心腎氣液爲龍虎鉛汞，欲成大藥，豈不戾乎？

甄註 火生木，水生金，皆兒產母之象。所以然者，丹取母氣爲真，取初氣爲嫩。故陽極生一陰爲真陰，故汞自離出者，方爲龍之弦氣，而於卦爲震木；陰極生一陽爲真陽，故鉛自坎出者，方爲虎之弦氣，而於卦爲兑金。震龍汞，兑虎鉛，都是借象，實不過金木而已。金木與土，三家相見，入於中央，則五行攢簇而丹胎斯結矣。

十八　金從月生，知時急採。

月纔天際半輪明，早有龍吟虎嘯聲；便好用工修二八，一時辰内管丹成。

潛虛註　天際月明，以象庚生之候；龍吟虎嘯，以明爻動之機。妙在「纔」「早」二字。泥半輪爲上弦金半觔者，於義差緩。詩意貴在知時採取，陸、陳註互可商議，精義者得之。

增批　二八即上下兩弦也。

愚按　詩意指示藥生符候，重在採取及時。藥之生也，參同借月爲喻，震庚受符，一痕蛾眉新嫩之月，正一陽來復之候，造化之根柢，品彙之樞紐也，易曰「復其見天地之心」，妙在一「纔」字，「半輪明」正指此。陸仙註月出庚而至丁，乃八日兑丁，非新嫩之始氣，若三陽圓照東方甲，竟落後天矣。龍吟虎嘯，方其爻動，和合丹頭，此聲早已有之，不必成丹時始有也，亦妙在一「早」字。學者能於「纔」「早」二字著眼乎否？

十九　鉛汞相交，意土媒合。

華嶽山頭雄虎嘯，扶桑海底牝龍吟；黃婆自解相媒合，遣作夫妻共一心。

黃婆有內外，此黃婆即中宮一點真土也。

增批

子野註　坎上離下，調以中和之意，則龍虎相愛如夫婦。黃者中也，婆者女之終稱，故無妬忌而能媒合也。

潛虛註　吟嘯者，陰陽相求之音，生機之動也。

愚按　華嶽者，西方白虎之地；坎卦陰中之陽曰雄虎；山頭，則坎當居上之意也。扶桑者，東海青龍之位；離卦陽中之陰曰牝龍；海底，則離在坎下之意也，契云「陰在上，陽下奔」也。其一心，非可有心而遣，實有不期然而然之妙，正如泰豆氏之御然，內得於中心，外合於馬志，自然履繩墨而中規矩矣。

二十　虎狂龍惡，捉來死鬪，降伏成丹。

西山白虎正猖狂，東海青龍不可當；兩手捉來令死鬥，化成一塊紫金霜。

陳註　虎有傷人之理，要思所以伏之；龍有奔逸之患，要思所以降之。且道云何降伏？云何死鬥？咄！「耳目口三寶，閉塞勿發通；真人潛深淵，浮游守規中。」

愚按　虎西龍東，猖狂獰惡，難擒難伏。入室之頃，左提龍而審定鼎弦，右擒虎而精調氣候，息符漏刻，數應周天，二氣往來，氤氳和合，三寶閉塞，綿綿若存，此「捉來死鬥」之義也。臨爐採藥，非可用手捉摸，只是把握在手之意。「鬥」字及下「求戰」「臨敵」等句，不過神氣交感，從虛化氣，激而有象，並無「鬥」「戰」之事，邪宗安得引此爲口實耶？

二十一　交姤坎離，運行復姤，得藥行火。

赤龍黑虎各西東，四象交加戊己中；復姤自茲能運用，金丹誰道不成功？

翁註　赤龍黑虎，即砂中汞、鉛中銀也。二物會合，兩弦氣交，南北東西，皆歸戊己，名曰刀圭，一粒如黍，吞歸五内，薰蒸達四支，入崑崙山，八水俱朝會，然後進陽火於復卦，退陰符於姤爻，自然運用抽添，莫不頭頭中度，金丹指日成矣。

潛虛註　戊己只作中宮，意味自長，上陽尚泥象而解。或問：「戊己合成刀圭，圭者二土，刀者何義？」一士人會意而解「『𠃌』者『己』字，『ノ』者『戊』字」，前無所本，似爲得之。高象先云「不若先敲戊己門」，以爲龍頭虎門者，古有之矣。

仇註 上二句，龍虎交媾，全憑戊己，此得藥之事；下二句，温養抽添，有取復姤，此行火之功。

愚按 龍從火出，青龍號爲赤龍；虎向水生，白虎乃名黑虎。只「龍」「虎」「赤」「黑」四字，已具四象矣。復姤運用，十月火功也。

二十二　大藥之求，先資煉己。

先且觀天明五賊，次須察地以安民；民安國富方求戰，戰罷方能見聖人。

增批 五賊者，眼、耳、鼻、舌、身是也。

陳註 金丹之道，先須煉己，使神全氣盛，七情不動，五賊不亂，六根淨盡，精難搖動。修行之人，以身爲國，以精氣爲民，精不動搖謂之民安，神氣克裕謂之國富，以求丹爲戰敵，以先天一氣爲聖人。煉己者，去五賊之害，而先寶精養氣，然後可以戰勝，而得先天真一之氣。仙師以「戰」爲喻者，使人恐懼修省也。

潛虛註 察地，欲得地也。察地所以安民，三註可誦。或問：「三峯採戰之說，諸家非之，悟真乃言『求戰』『死門』，何歟？」曰：「三峯言『戰』，乃空國興師之戰，其言『採』，乃採取後天渣質，有『戰』之事者也；悟真之言『戰』『鬥』，乃陰陽均敵，舉水滅火，以金伐木，有『戰』之理，無『戰』之事者也。易曰：『陰疑於陽必戰。』解曰：『疑者，均敵而無大小之稱。』夫兩弦之氣，二八相當，非均敵乎？兩相飲食，遂相吞併，非『戰』乎？名之爲戰，而實無所戰也。彼三峯之說，可以同日語乎？」

仇註　此兼言煉己求丹事。「天有五賊，見之者昌」，出陰符經。舊註指五性爲害身之物，尚非經旨。蓋丹家盜機逆用，本欲觀天五賊，知五行生尅之理，正是求丹主意；察地安民，方及築基煉己工夫。玩本文「先」「次」二字可知：民安國富，察地安民之力；戰罷見聖，觀天五賊之功。還丹大藥，一得永得矣。

愚按　煉己之要，首要與之相忘，色慾之念始絕；次要降伏彼心，恩愛之情可免；三要法財相濟，庶得懽悅之意；四要勤修德行，廼致神明之佑。四者具備，晨夕不怠，三年純熟，對境無心，精神完固，方可入室下功以採先天一氣，故曰「民安國富方求戰」也。上陽以先天一氣爲聖人，愚意尚不謂然。易曰：「知進退存亡而不失其正者，其惟聖人乎？」金丹成就，始足當之，況戰罷方能見，的是指丹成無疑。

二十三　煉己純熟，可以臨爐。

用將須分左右軍，饒他爲主我爲賓；　勸君臨陣休輕敵，恐喪吾家無價珍。

愚按　此詩承上章而言，見臨爐採藥，必須煉己既純，身心大定，方可下手，戒輕敵也。

陳以彼我分左右，是已。李以金水分左右，翁以文武分左右，則是運用火符，與「主賓」句詞意不屬，而「主賓」句又以「守雌不雄」「慮險防危」作解，恐非張祖本旨。蓋我爲主而彼爲賓，理之順也；　今乃反客爲主，正是龍呼虎吸，主客二名，顛倒陰陽，逆施造化之妙，採藥之訣也。

「休輕敵」，所包甚廣，不獨煉己。如即日臨陣，則知符信不真，藥材不正，未可敵也；　龍虎不調，火候不明，未可敵也；　黃婆不嫻，侶伴不和，未可敵也；　恩威不信，言語不通，未可敵也。一有不慎，則悔吝隨之，不獨不能得彼之命寶，而家珍亦喪矣。

又晦卿云「要修出陰陽之外，須在陰陽之外修之」，玅極。此即翁仙「處甕之外，方能運甕」意也。

仇註　前以浮沉定主賓，專就坎宮言，剛裏而柔表也；此以彼我分主賓，兼舉坎離言，陰倡而陽和也。錯綜互見，各有取義。

二十四

火生於木本藏鋒，不會鑽研莫强攻；禍發總因斯害己，要須制伏覓金公。

火生於木，禍發必尅；孰能制之，金公之力。

子野註　木中有火，本來已抱此殺氣矣，倘其一發，則木必焚。生殺之機，隔一線之地，百姓昧此，皆流於淫蕩邪僻矣。聖人察其火之將發，以水制之，則火不能爲害也。

愚按　詩意本陰符，以讚金水之妙。晦卿云：「火喻情慾，木喻心華，心華能生情慾，故金丹之道，只在制伏心華爲主。但滅火須用水，伐木須用金，人能鑽研修煉，採取先天真鉛，則情慾不干，而無火發木焚之禍已。」

二十五

先天陽精，逃坎寄兑；喚來歸舍，配我姹女。

金公本是東家子，送在西隣寄體生；認得喚來歸舍養，配將姹女作親情。

李註　金公即真鉛，姹女即真汞，火即離南木汞之子，坤即兑西肘臂之隣。坤體本空，原無真鉛，因與乾交感後，受乾一點神火之光，始變爲坎，則坎中一點真陽，即名之曰金公，故曰「金公本是東家子，送在西隣寄體生」。**增批** 李註謂坎陽爲金公姹女，未免混雜，不合詩旨，故易之。修真君子，此時誠明之極，認得坎中這點乾金，的當是鉛，一口吸來，送入黄庭，牢固封閉，隨即配以真汞，以足一觔之數，以成團圓之象，故曰「認得喚來歸舍養，配將姹女作親情」。

又曰 種鉛則成鉛，種汞則成汞，其種鉛種汞之法，只在丁壬先後之間一點巧處，此即火候也。

二十六

姹女出遊，順往逆歸；峯廻路轉，永諧伉儷。

姹女遊行自有方，前行須短後須長；歸來却入黄婆舍，嫁箇金公作老郎。

陳註 姹女是己之精，遊行有方者，精有所行之熟路。修丹之士，持逆修之道，煉己純熟，身心不動，魂魄受制，情慾不干，精氣滿盈，待彼一陽初動之時，先天真鉛將生，我一身之精氣不動，只於内腎之下就近便處，運一點真汞以迎之，此謂「前行短」也；真鉛既渡鵲橋之東，汞鉛混合，却隨真鉛升轆轤三車，由雙關夾脊，上泥丸，遍九宫，注雙目，降金橋，下重樓，入絳宫冶煉，此謂「後須長」也。然後還歸神室，交結成丹，此謂「歸來却入黃婆舍」而「嫁金公」也。及温養十月，以成真人，與天齊壽，是謂老郎。

戴疏　外藥之火曰汞火，內藥之火亦曰汞火，在外藥則固因汞火凝而真鉛生，在內藥則因己汞火與外汞火配合真鉛而聖胎生，故總曰「姹女」，而遊行各有方也。

李註　姹女金公，始結於坤土池中，象月中一線之微光。此光遊行於初三日酉時兌庚之次、昴畢之方，行在日之後，乃進氣也，故謂之「後行須長」；此光遊行於念八日卯時震乙之次、心房之間，行在日之前，乃盡氣也，故謂之「前行須短」。修真君子，此時誠明之極，本源澄徹，覺體圓明，認得坎中這點乾金，的當是汞，一口吸來，送入黃庭土釜，與金公同去煅煉心華，心花一經煅煉，無質生質，化爲一粒金丹，金丹純陽象乾，乾乃老陽，故稱「老郎」，故曰「嫁箇金公作老郎」。**增批**　前行短，後行長，當取陳註爲善。

二十七　藥物既真，火候須知。

縱識朱砂與黑鉛，不知火候也如閑；大都全藉修持力，毫髮差殊不作丹。

子野註　雖識真鉛真汞，不知火候，聖胎不結。何哉？蓋火性煖而能融物之真，使其交姤；　如無火，則鉛自鉛，汞自汞，不相交矣。

潛虛註　丹者，和氣之所成，毫髮差殊，則水火偏勝，失其太和矣。

甄註　此下十二詩，皆言火候。

二十八　口訣通玄，聖師希遇。

契論丹經講至真，不將火候著於文；　要知口訣通玄處，須共神仙仔細論。

陳註　有外火候，有內火候。契云「三日月出庚」，外火候也；　崔公曰「天應星，地應潮」，外火候也；　呂祖曰「一陽初動，中宵漏永，溫溫鉛鼎，光透簾幃」，外火候也。廣成子曰「丹成河車休矻矻，鶴胎龜息自綿綿」，內火候也；　上卷「謾守藥爐看火候，但安神息任天然」，內火候也。未煉丹時，最難得者，是外火候，此乃有爲有作立基之事；　內火候則已得丹，但任夫自然，乃大休歇大自在無爲之功也。

甄註　火與候自不相離，火必應候，候至火亦至。然又須知火候分別處：　以候言，有二七之候，有一年之候，有一月之候，有五日之候，有一時半刻之候；　以火言，有文火，有武火，有水中火，有汞中火，有未濟火，有既濟火，有周天火。陳註「內」「外」二字該之矣，然不分別火與候者，蓋秘之耳。

愚按　陳公論內外火候妙。不但候有內外，火亦有之。外火者天地之真氣，內火者元海之祖炁，不論已未得丹，俱不相離，內融外接，方得二火變通。

二十九　天上中秋，金精壯盛；　陽生急採，後時無及。

八月十五翫蟾輝，正是金精壯盛時；　若到一陽纔起處，便宜進火莫延遲。

增批　月光十四而圓，十五而望。一陽初起即十四也，故宜進火。若遲至十六，一陰生矣，故曰「莫延遲」。

潛虛註　或問：「既言八月十五，又言三日出庚，其義安在？」曰：「十五象金水之氣足，三日象金水之藥新，氣不足則水不生，合而言之，其意自見。」問活子時。曰：「凡可數算計，色相求者，皆非活也，聖聖傳心，惟此而已。」微哉！

愚按　詩意在採藥及時。一陽纔起，便宜進火，少差時刻，即落後天。八月十五，乃契所云「金計十有五，水數亦如之」，二七之期，真一之氣始動也，非月望滿甲之謂。一陽纔起，即三日出庚，十五之金發生二分之水，活子時至也。進火者，二分真水至，急以二分神火配之，馳入赤色門也。

三十　受氣吉，防成凶。

一陽纔動作丹時，鉛鼎温温照幌幃；受氣之初容易得，抽添運用却防危。

增批　一陽初動，即十四而圓也。易曰「山下有險」「山下出泉」，俱一陽初動之謂。

愚按　此詩承上章言。一陽纔動，及時作丹；鉛鼎者，造化真鉛之鼎也；温温者，乾中神火一照，其鼎自温也；幌幃者，眼也，下工之時，神光照耀，透徹幌幃也，即呂祖「温温鉛鼎，光透簾幃」之意；受氣者，鉛鼎與我以金氣，我初受其氣也；大藥生時，受氣雖易，温養之時，尤要沐浴以防危、守城以慮險也，但着意於防，恐有防病，要知「爲而不爲」之玄妙。

三十一　卦火周天，脱胎神化。

玄珠有象逐陽生，陽極陰消漸剥形；十月霜飛丹始熟，此時神鬼也須驚。

子野註　玄珠者，藥之象。藥不能自生，須感陽氣逐漸而生，自微至著，陽極陰消，十月數周，大丹成熟。

陳註　此言内丹法象，抽添温養之事。金丹大要云：「既得外丹入鼎，却行陰陽符火，運用抽添以温養之。非真火無以育聖胎，是以坐看神息，運陰陽，合呼吸，以呼吸用神氣，以神氣取水火，以水火煉胎息，胎息綿綿，游泳坎離，坎離交感而生金液，金液還而丹成矣。」至此則形化爲氣，氣化爲神，是曰嬰兒，是曰陽丹。

愚按　此言十月火候也。鶴林翁云「一爻剛兮一爻柔，一候文兮一候武；一年火候始胎嬰，雷聲震動鬼神驚」，正是此意。

三十二　兩弦藥味，二八相當；採藥歸爐，烹煎温養。

前弦之後後弦前，藥味平平氣象全；採得歸來爐裏煅，煅成温養自烹煎。

增批　前弦之後，即易「元庚」；後弦之前，即易「後庚」。

翁註　月至三十日，陽魂之金喪盡，陰魄之水盈輪，純黑而無光，法象☷，故曰「晦」，此時與日相交，在晦朔兩日之間，合體而行，同出同没；至初二日，感太陽之光而有孕，漸漸相離，至初三日夕，現蛾眉於西南庚上，於純陰輪中生一陽光，魄中生魂，法象☳，此時人身金氣初生，藥苗新也；至初八日，二陽生，法象☱，此時魄中魂半，其平如繩，故曰「上弦」，弦前屬陰，弦後屬陽，陰中陽半，得水中之金八兩，其味平平，其氣象全也；至十五日，三陽備，法象☰，此時陰魄之水消盡，陽魂之金盈輪，是以團圓，純陽而無陰，故云「望」；　陽極則陰生，十六日輪中生一陰，魂中生魄，法象☴，漸漸缺；　至二十三日，二陰生，法象☶，此時魂中魄半，亦平如繩，故曰「下弦」，弦前屬陽，弦後屬陰，陽中陰半，得金中之水半觔，其味平平，其氣象全也。　聖人採此二八金水之精，擒歸造化爐中，烹煉真一之氣，變化黍珠，吞歸五內，復運火温養，抽添沐浴，以成金液還丹，全藉此陰符陽火進退抽添也。

戴疏　二八取象於月之金水，六候取象於月之盈虧。　金陽而水陰，二弦之氣，陰陽之火也。　上弦之前陰後陽，金水各半觔；　下弦之前陽後陰，金水亦各半觔。　聖人取每弦有金水二八之精，藥味平，氣象全，故能結丹也。　人誤以爲望者，多矣。　望日月盈乾甲，乃陽金一觔之滿，此二八之旨，非遇真師，焉知其妙用乎？　上下兩弦，各取金水八兩，二八之正旨；　每弦皆有金水，二八之玄旨。

潛虛註　詩意既重「平平」，則言上下兩弦者，亦未爲非。　蓋十五以象藥全，出庚以象藥嫩，兩弦以象藥平。　「全」與「嫩」專言外藥，「平」則兼内外而言之。　翁註講「平平」，妥極。

李註　五日一候，太陰、少陰並同此象。　前弦後者，初三新月之光，現在上弦之前，行在太陽之後，謂之前弦之後，以比虎之弦氣也；　後弦前者，念八曉月之光，現在下弦之後，行在太陽之前，謂之後弦之前，以比龍之弦氣也。〈契〉云「兩弦合其精，乾坤體乃成」，正指兩半輪月。味平而氣全，方是真鉛真汞也。

悟真篇約註卷中之下

會稽陶素耜存存子集註　古漢初玉溪子增批

三十三　得藥歸鼎，封鎖中宮。

長男乍飲西方酒，少女初開北地花；若使青娥相見後，一時關鎖在黄家。

增批　西方酒，即易「濡首之酒」；北地花，即易「枯楊所生之華」；青娥，即易「所尚之賓」；关锁，即易「利用獄」也。

翁註　震爲長男，青龍也；酒，陰物也，藏陰氣，謂之陰火。兑爲少女，白虎也；花，陽物也，藏陽氣，謂之陽火。青娥，即姹女，謂之汞火。修丹之士，驅龍來就虎，虎即開北苑之花以就龍，龍飲西方之酒以就虎，龍虎吞啗，交姤成象，即運青娥汞火與龍虎二火相見，眷戀之後，一時封鎖在黄家中宫，而產真一之精，以成還丹也。**陳攖寧頂批**　翁註已經改過，与道光原註不合。**蒲團子按**　「二火」，原作「三火」，據藏外道書本改。

戴疏　前二句言外藥，青龍藏陰氣，白虎施陽氣；後二句言内藥，青娥者，己之真氣也，見龍虎二氣，兩相眷戀，關鎖在中宫。「乍飲」「初開」，見藥苗正新，急宜乘此時相見也。

甄註　西者金方，酒即金液，所謂「雪山醍醐」也；北者水方，華即鉛華，所謂

「爐中玉蕋」也。曰「乍」、曰「初」、曰「一時」，皆指半刻而言。始之驅龍就虎，已酣暢而噈銜；隨即虎起應龍，因舒情而艷美。由是真汞迎歸，牢關神室矣。長男、青娥皆木，但往西時，微用木中之火，故稱男；及入鼎時，合以木中之液，故稱娥；西方、北地，金水之鄉；黄家，即中宮土，「誰其使之，厥惟二土」耳。是所謂三家相見也。

三十四　陰陽氣平，卯酉沐浴；宜罷火功，專氣致柔。

兔雞之月及其時，刑德臨門藥象之；到此金砂宜沐浴，若還加火必傾危。

翁註　二月爲德，八月爲刑，時當沐浴，不宜加火，恐傾危也。木生於亥，旺於卯，陽氣到天地之中，不寒不熱而温，故爲泰卦，不進火候，謂之沐浴；金生於巳，旺於酉，陰氣到天地之中，不熱不寒而涼，故爲否卦，不進陰符，亦云沐浴。蓋纔到卯酉極旺之地，便須沐浴。以專氣致柔，無爲恬澹，使冲和元陽，充塞天地之間，此心無内無外，自然與太虚同體，所謂「百骸俱理正無爲」；若加添炎火，則藥物走失矣，正是「抽添運用却防危」也。**增批**　卯酉之月，乃陰陽平分之時，故當沐浴以去陰，而行蠱、臨之功也。讀者勿泥註義。

愚按 有年月之卯酉，有日時之卯酉。未得丹以前，須辨時中卯酉，要知一時六候，關渡竅妙。此詩爲已得丹者而言。

二月建卯，月將爲河魁，戌有辛金，殺氣猶存，至是而榆死，德中有刑也，本是二月節氣，乃正月上元便當知止；八月建酉，月將爲天罡，辰藏乙木，生氣尚存，至是而麥生，刑中有德也，本是八月節氣，乃七月中元要識持盈。蓋因冬至原是子月之中，今温養之始，從子月之朔算起，至上元已交二月節，中元已交八月節矣，龍眉子云「兔遇上元時便止，雞逢七月半爲終」可證也。

沐浴者，卯月木旺而火相，丙火至此而沐浴，庚金於此而受胎，不進陽火，養金胎也；酉月金旺而水相，壬水至此而沐浴，甲木於此而受胎，不退陰符，安木胎也。十月火符，除去卯酉兩月，故曰「一年火候始胎嬰」也。外丹銅符鐵券「卯月行水而止火，酉月行火而止水」，同是此理。但卯酉當於藥火到時取之，不可執泥外象。

三十五

日月之會，三旬一逢； 觀道執行，以時易日。

日月三旬一遇逢，以時易日法神功；守城野戰知凶吉，增得靈砂滿鼎紅。

子野註 太陰太陽，一月一度合璧。修煉之法，以時易日而交離坎。時乃晦盡朔來藥生之時，非尋常時也。

仇註　經云：「三十輻共一轂。」仰觀日月，三旬一遇，而交光於初三坤位，此造化之神功也。丹士臨爐採藥，於一時辰內，收三十日之生機，其候又以三十時爲準，此以時易日之功也。但欲爐中取藥，須兼動靜功夫：靜而守城，一念不起，三寶閉塞也；動而野戰，龍虎交鋒，顛倒逆用也。而「守」「戰」之中，各有凶吉。大抵氣定神凝則吉，欲動情勝則凶；按候求鉛則吉，非時妄作則凶。誠審知其故，而慎行之，則修持有法，採取得宜，自然鼎內丹砂赫然增滿矣。

三十六　否泰纔交，屯蒙用事；聊陳兩象，勿泥其文。

否泰纔交萬物盈，屯蒙二卦稟生成；此中得意休求象，若究羣爻謾役情。

潛虛註　否泰纔交，採藥也；屯蒙二卦，行火也。朝屯暮蒙，是取卦爻反對，爲火符升降之象。故自屯蒙以至既未，六十卦分配於一月之中，每日兩卦，終則復始。稟生成者，陽起於子，極於巳，稟主生物；陰生於午，終於亥，稟主成物。不過取反對之意而已，非實有屯蒙需訟等卦可用也，故曰「休求象」「謾役情」。若如翁註，以坎離當子午，逐時變爻成卦，取寅戌二時爲屯蒙，謂萬物生於寅，成於戌，故二卦稟造化之生成也。於義雖精，但屯蒙二卦則是矣，一日需訟、三日師比，又以何卦作主、何卦稟生成耶？此便非通論也。

甄註 丹法運用，不外否泰屯蒙。當其否也，與陰俱閉；及其泰也，與陽俱開。聖仙作丹，豈能違時，不過因否泰之自然，稟之以生成萬化。陽生則進火而法屯，養陽氣上升也；陰生則退符而法蒙，納陽氣下降也。每日如此，雖十月亦然。學者究箇中之意，則否泰屯蒙亦無之，況羣爻乎？

愚按 陸公講生成有着落，不過陽火陰符，陽主生、陰主成而已。一日兩卦，則一月六十卦，十月六百卦也，只如此。

有謂屯以子申爲水生，蒙以寅戌爲火生者，其於屯蒙則是，於他卦則非，與「依時翻卦」，皆非通論。而翁註寅戌二時之說，則是火符妙旨。夫聖人借易理以發明藥火次第，與易道符合，非謂丹道必假易而成也。若執卦象以求丹，則丹道反晦矣。故曰：「得意休求象。」

三十七 得象忘言。

卦中設象本儀形，得象忘言意自明；後世迷途惟泥象，却行卦氣望飛昇。

翁註　卦者，火之筌蹄也。如演易象作參同契，喻乾坤爲鼎器，坎離爲藥物，六十卦爲火候，皆比喻設象如此。學者觀此卦象，可以悟藥火之作用。苟明身中火候，則卦爻皆無用也。顧反泥此，造爲卦氣圖，按陰陽爻畫以準息數，勞形苦思，而望飛昇者，不亦愚乎？

愚按　此承上章而言。火符消息，只在知其端緒，按日抽添，不在卦爻也。前言「得意忘象」，此言「得象忘言」，皆足破拘墟之見。

三十八　天地盈虛，自有消息；能盜其機，造化在手。

天地盈虛自有時，審能消息始知機；由來庚甲申明令，殺盡三尸道可期。

陳註　潮來則盈，潮去則虛，此天地之盈虛；月滿則盈，月缺則虛，此太陰之盈虛；春生夏長，秋斂冬肅，此四時之盈虛；氣旺則盈，氣衰則虛，此人身之盈虛；癸生則盈，望遠則虛，此金丹之盈虛，最要人能消息用之。學者下功之初，先去三尸六賊，煉得心如太虛，六根淨盡，方可入室而煉大丹。

戴疏　庚甲者，進火之度，所以法度於月也。月生於震庚，月盈之始，陰符自此退，陽火自此進；月盈於乾甲，月虛之始，陽火自此退，陰符自此進。亦盈虛之理也。

潛虛註　三尸，皆氣質之性所化，煉己者只能沉之伏之，欲殺盡，非得藥不可也。

李註　盈虛者，煉藥之時；　消息者，作丹之機。

愚按　此言六候丹法也。契云：「天符有進退，詘伸以應時。」上半月陽生，則進而盈，其機宜息，以伸爲應時；　下半月陰生，則退而虛，其機宜消，以詘爲應時。是在能審其機而消息其盈虛，則抽添不失其度矣。申明令，即契所謂「發號順時令，勿失爻動時」。

三十九

造化之妙，玄牝爲基；　真精返室，谷神不死。

要得谷神長不死，須憑玄牝立根基；　真精既返黃金室，一顆明珠永不離。

潛虛註　人身之中，有至虛至靈、常存不死者，其玄牝之謂乎？　蓋玄牝乃人身體具未分之太極也，中有陰陽，故曰「玄牝」。神氣於此歸根，日月於此合璧，人能憑此以立根基，則谷神可以不死。然是玄牝也，分而言之，則有門户，故曰「玄牝之門」。蓋玄牝自是玄牝，而玄牝之門則鍾離翁所謂「生我之門」「死我之户」，又世人所罕知者。故下二詩及之。

愚按　玄牝乃修丹根蒂，至此指出，使真精有歸復之舍也。

谷神者，先天空虛靈應之稱，吾人元性是也，超然獨存，不受變滅。但靜坐行持，大是難事，離了散亂，又入昏沉。雖正念現前，一有所着，即落方所；若竟無着，又屬頑空。此中須有機竅。**增批**　谷神即真性，故聖人教人以養性爲命根蒂。

入道本以元神爲主，而初基之士，須從調息始。調息之法，妙在呼不出喉，吸歸於蒂。息調則神自返，神返則息自定，自然神氣交結，無中生有，現出虛無之竅，而玄牝顯象，谷神不死矣。**增批**　調息之法，終有所住，而心尚能空，何若顧視明命觀自在之爲妙也！

蓋玄牝但有陰陽之分，未始判而爲二，雖曰生有，却非臟腑身心現成所有之物，張祖四百字序所云「冬至交姤，以至胎脱神化，無不在此」者是也，悟真詩所云「黃道」「黃家」「家園」「中央」「黃婆舍」「交感宮」「黃金室」，皆此一竅。見此工夫，方可煉己採藥。

真精者，華池神水真金也。真金既返，歸我玄牝，則金丹到手，玄珠顯相，自然一顆靈光永不離也。

四十　門爲天根，非口非鼻；互藏其精，異名同出。

玄牝之門世罕知，休將口鼻妄施爲；饒君吐納經千載，爭得金烏搦兔兒？

子野註　前章只說出玄牝，此章發明一「門」字，其理深妙。門者，出入往來之所，陰陽交會之地，非心傳口授，不能强猜。

李註　順去之户，一畫奇爻以象乾；逆來之門，一畫偶爻以象坤。凡順去逆來，莫不藉此門户爲出入往來之路。

愚按　玄牝之門，正金烏搦兔之地。世人認口鼻爲玄牝，謬矣。不知其門，而惟事口鼻吐納，與空鐺水火何以異乎？

四十一　異名同出。

異名同出少人知，兩者玄玄是要機；保命全形明損益，紫金丹藥最靈奇。

潛虛註　承上章，言此玄牝之門，雖若異名，而實太極之所分。故陰陽既判，非此無以別其類；精氣互藏，非此無以通其感。實修命之要機也。明損益者，翁氏謂「順則常道而有生有滅，逆則丹道而常靈常存」也。

仇註　此引道德經首章之旨。

夫道，推之於前，則無名者爲天地之始；引之於後，則有名者爲萬物之母。人身當無欲之時，至靜無感以觀其妙，是乃定性之功；及乎時至機動，元始真一之氣自虛無來者，實有竅焉，得其機而用之，誠爲萬物之母，所以爲立命之基者在是。

夫曰「竅」、曰「妙」，雖有異名，而兩者本於太極，是其同出者也。於其無者而觀妙，是一玄也；於其有者而觀竅，又一玄也。玄之又玄，則性在是而命亦在是，故曰「衆妙之門」。

愚按　「兩者玄玄」，仇註最切。「明損益」，翁氏「順逆」之說尚屬渾淪話。愚謂，損益乃易道也，損之卦變自泰來，損下卦上畫之陽，益上卦上畫之陰，損下益上，故曰「損」；益之卦變自否來，損上卦初畫之陽，益下卦初畫之陰，損上益下，故曰「益」。丹道二氣感應，以男下女，欲保命全形者，可不明損益之理乎？況泰否乃春秋之始氣，張祖於「否泰纔交」肫肫垂訓，學人尤宜究心者也。

四十二　無爲上德，有作爲基。

始於有作人難見，及至無爲衆始知；但見無爲爲要妙，豈知有作是根基。

戴疏　有爲無爲，分性命爲二宗，須循序用功，自始而中，自中而終，結丹一時，懷胎十月，抱元九載，方能渾而爲一，還於無形之妙。世人混以性宗爲道，棄有執無，認本來天性即是金丹者，安能兼盡性命之大道乎？

仇註 有作者，煉己採藥；無爲者，煉神還虛。始則入室求鉛，金丹事秘，不令人見；終則温養事畢，顯道修行，人人可知。世人但云道在無爲，而不知功始於有作也。

四十三 陰陽互藏，丹母聖胎。

黑中有白爲丹母，雄裏懷雌是聖胎；太乙在爐宜慎守，三田聚寶應三台。

愚按 白者金精，黑者水基，黑中有白，正是坎水之中生出先天白金真陽之氣，爲金丹之母也。何謂母？先天乾金，寄體於坤母之中，實而成坎，水中之金，賴坤母之養育，以此母氣伏吾身之子氣而結聖胎，《契》所云「慈母養育，孝子報恩」者，義不出此。人能採此真陽之氣，結而成丹，所謂「雄裏懷雌」也。

太乙，東極木汞也。離己受母氣制伏以成聖胎，則太乙在爐，切宜慎守。

三田者，關元、黄庭、泥丸也。息息歸根，神凝氣定，則下田之寶聚；龍虎交媾，長養聖胎，則中田之寶聚；移丹内院，調神出殼，則上田之寶聚。豈不上應三台乎？

四十四

恍惚有物，杳冥有精；　成就聖胎，有無相入。

恍惚之中尋有象，杳冥之內覓真精；　有無從此自相入，未見如何想得成？

翁註　恍惚中有象，龍之弦氣也；　杳冥中有精，虎之弦氣也。二弦之氣，恍恍惚惚，杳杳冥冥，視之不見，聽之不聞。真一之氣，靈而無形。真一子云：「無者，龍也，汞氣也；　有者，虎也，鉛氣也。無因有激而成象，有因無感而有靈，故得黍米懸空、紫霜耀日也。」

愚按　恍惚者，若有若無之義；　杳冥者，微妙難測之名。有象，即「其中有象」，離之性也，所謂「無」也；　真精，即「其中有精」，坎之情也，所謂「有」也。二者實天地生人生物之根。聖人深達造化，故於陰陽互藏之宅，從恍惚杳冥之中，尋出有象，覓得真精，以爲立丹之基，存其無，守其有，兩相交姤，則有無相入，而丹成矣。要知二物皆從親身經歷，始得見其端倪，非意想所可知者。

四十五

聖胎既就，卦火數周，脱胎神化。

四象會時玄體就，五行全處紫金明；　脱胎入口功通聖，無限龍神盡失驚。

潛虛註　「入口」二字，不必泥此，有邪宗妄引以爲口實者。

愚按　此言十月胎完之後。上二句，指聖胎初就而言。四象非土不會，會則五行已全；玄體就，即是丹成。紫金，丹之光氣也。凡胎以順結，其脱也從下；聖胎以逆結，其脱也從上。十月胎完，頂門迸裂，脱胎入口，嬰兒出現，自然萬靈呵護也。

四十六　聖胎既脱，天仙慶會。

華池宴罷月澄輝，跨箇金龍訪紫微；從此衆仙相見後，海田陵谷任遷移。

子野註　華池，乃產藥之地；宴罷者，採藥已足，聖胎完備，身外有身，朝元謁帝，一任滄桑變滅、陵谷推遷也。

愚按　上章已讚脱胎神化之功，此章又讚謁帝朝元之事。乘龍會仙，海田任變，皆從華池宴罷而來。聖胎圓滿，光明皎潔，如月澄輝矣。正是追溯先天藥祖之妙。

四十七　金液還丹，種自家園；真種奚自，乞諸西隣。

要知金液還丹法，須向家園下種栽；不假吹噓並着力，自然丹熟脱真胎。

子野註　藥採他家，而歸自己家園下栽培，以至成熟。自然之妙，非用人力也。

四十八 西隣之種，不死之方；延命之酒，返魂之漿。

休施巧僞爲功力，認取他家不死方；壺内旋添延命酒，鼎中收取返魂漿。

戴疏 前詩爲我而言，故曰「須向」；此詩教人而言，故曰「他家」。其爲同類，一也。然所謂同類者，非謂人與人爲同類，於元氣之混一也。以元氣補元氣，是以無涯之氣補有涯之氣，所以成仙之易。契曰「元精流布，因氣託初」，此同類也。若以人補人，則人身皆屬陰，以陰補陰，安得合陰陽交媾之妙？安能得先天之氣凝結爲丹而爲純陽之仙哉？

愚按 「酒」「漿」，諸註皆主「精」「氣」二物，惟子野云「皆神水」。蓋承他家而言，則延命酒、返魂漿皆不死方也。玩「旋添」二字，其指煉己抽添可知。返魂漿，則大藥也，故云收取。晦卿曰先天氣、後天氣是爲不死方、長生藥，意與子野同。

四十九 雪山醍醐，濯我崑崙；陰陽相見，交媾自然。

雪山一味好醍醐，傾入東陽造化爐；若過崑崙西北去，張騫始得見麻姑。

翁註 雪山白色，西方金象，比金丹一粒，味若醍醐，餌歸丹田造化爐中也。人身崑崙，在下元海水中生出，實乃發火之處。崑崙頂上有門，名曰「玄門」，又曰「天門」，在西北乾位，故前詩曰「種向乾家交感宮」。是以過西北去，則張騫見麻姑矣。張騫，男子也，象乾卦，爲真汞；麻姑，婦女也，象坤卦，爲真鉛。言發火自玄門崑崙而入，則鼎内真汞始得見真鉛而有變化也。張騫乘槎過天河，遇女宿，喻陰陽相會之意。

甄註 崑崙有二處：一爲泥丸最高極陽之地；一自下元氣海中出，如崑崙生於星宿海。上崑崙乃運火之處，下崑崙乃發火之處。曰「西北去」，則是下崑崙矣。

五十

訣破陽精，主賓自識；闢絕邪門，陰道九一。

不識陽精及主賓，知他那箇是疎親；房中空閉尾閭穴，誤殺閻浮多少人。

愚按 潛虛云「賓主親疎，皆自『内外』二字分來」，蓋内外即我與彼也。賓而疎者，以坎戊陽精造化在外也；主而親者，以離己陰汞造化在内也。今臨爐採藥，移外陽點内陰，發號施令，而元氣順從，正是彼爲主而我爲賓，疎者反親而親者反疎矣。邪正分途，間不容髮，彼閉尾閭而行房中之術者，誤也；以童男童女，使之交媾成胎，採胞胎之先天者，誤而尤誤也。

五十一　聖人知常，返根復命；庸人難會，妄作招凶。

萬物芸芸各返根，返根復命即常存；知常返本人難會，妄作招凶往往聞。

愚按　各註「返本」皆主求藥。余謂求藥雖在其內，而此詩乃隱括道德經意「致虛極，守靜篤」之學，示學人以空諸所有也。蓋謂彼萬物之芸芸而盛者，尚能隨化機以出入，至冬藏之令，復枯落而歸其根，則靜之極矣。靜則復返於無物而還造化矣，故「靜曰復命」；復命則真常之道矣，故「長存」。知常返本，見一切有爲有作之事，雖只在日用常行之間，要皆從虛極而生，靜極而得，徹始徹終，不外乎此，故人難會。小人不知真常之道在乎返根復命，乃不能致虛守靜，沉着於有爲名相之中，誤爲誤作，耗損精神，故招凶往往聞。

五十二　金水剛柔，鑄劍純熟；能知人意，誅妖馘馘。

歐冶親傳鑄劍方，莫邪金水配柔剛；煉成便會知人意，萬里誅妖一電光。

愚按　此詩皆喻言也。

歐冶鑄劍，神女侍爐；莫邪，劍名也。金水配柔剛，名註皆畧。愚謂上半月震

兑乾屬金，下半月巽艮坤屬水，煉以金則剛，煉以水則柔，全在配合剛柔之妙。**陳攖寧**

頂批 此即每月六候之説。

知人意則非獨知我意，可知以其能運坤火也。妖者，己汞也。神劍鋒利，則三尸六賊不能爲害，而己汞盡伏矣。

晦卿云「一金一水，一剛一柔，含在晦前朔後」，與余意同。

五十三

虛則應物，和乃物從； 喚龜招鳳，妙存感應。

敲竹喚龜吞玉芝，鼓琴招鳳飲刀圭， 近來透體金光現，不與凡人話此規。

集註 竹者虛心，應而無欲； 琴者正音，和而不亂； 敲鼓者，陰陽相求之和聲也。龜即黑虎，鳳即赤龍； 龍之弦氣曰玉芝，虎之弦氣曰刀圭。喚屬我，招屬彼。若非虛心，我不能喚彼龜； 若非太和，彼亦安能招我鳳乎？ 吞玉芝，是外藥和合丹頭作用，喚龜吞震龍之玉芝也； 飲刀圭，則兼內藥而言之，虎吸龍精，金情正在躍躍欲馳之候，招鳳而飲其刀圭，則金丹立就矣。 刀圭者，合二土而成者也。

金丹既就，仍交接陰陽，以運火符，而生金液之質，透體金光，玄黃燦爛，是爲金液還丹也。

此規此規，乃真景象，非人間見聞之事也。

五十四

藥逢同類，道合自然；　丹藥通靈，命不由天。

藥逢氣類方成象，道在希夷合自然；　一粒靈丹吞入腹，始知我命不由天。

子野註　道自是道，清淨爲要；　藥自是藥，得類乃成；　若求非類，徒勞心力。

潛虛註　或問：「何以『道自道』『藥自藥』？」曰：「藥者，如人有病而求藥，製之有方，採之有時，以有爲爲用者也；　道者，如人病已而調攝，優柔和中，恬澹寂寞，以無爲爲宗者也。『形以道全，命以術延』，知此，則知性命分宗，而雙修之理得矣。」

愚按　道德經之言，希是無聲，夷是無色，即中庸之「無聲」「無臭」，廣成子之「無視」「無聽」，真乃無象之象、無言之言，示人以了性工夫，在合道體之自然，無爲而治也。藥則金丹修命之事，前後所言皆是矣。翼註、補註皆主採藥時行所無事而言，亦是一說，但非「希夷」正解。

五十五　聖胎凝結，片晌成功；　三年九載，遷延歲月。

赫赫金丹一日成，古仙垂語實堪聽；　若言九載三年者，盡是推延欵日程。

翁註　金丹大藥，下工不逾半箇時，立得服餌。此言「一日」者，聖人簇年月日作用於一箇時辰之內，故通曰「一日成」也。金丹入口，立躋聖域，奚可以九載三年而欵日程哉？　古仙張果詩「赫赫金丹一日成，黃芽不離水銀坑；　功成雖未三週變，開爐已覺放光明」，正同此道也。

愚按　一日成，得藥還丹之事；　三年九載，煉己抱一之事。前後各有工夫，此專就大藥而言，以贊其神速。

五十六　魔障在彼，修持在己；　陰德既宏，靈丹可冀。

大藥修之有易難，也知由我亦由天；　若非積行修陰德，動有羣魔作障緣。

陳註　前云「我命不由天」，是造化之妙在乎我；　此言「由我亦由天」，是還丹之就由於德。大修行人，自己陰德未充，鮮不爲外魔所攻，若能回思內省，發大忍辱精進，則魔障化爲陰德。經云「彼以禍來，我以福往；　彼以怨來，我以德往」，皆陰德之盛，祛魔之功也。

五十七　及時盜機，萬化既安；　息慮灰心，以證無爲。

三才相盜及其時，道德神仙隱此機；　萬化既安諸慮息，百骸俱理證無爲。

潛虛註　詩意本陰符「三盜既宜，三才既安。食其時，百骸理；　動其機，萬化安」。機謂生機，時即生機將動之時，天地以此盜物，物以此盜人，人以此盜丹，及夫息慮無爲，則大事到手矣。

李註　始而地盜乎天，繼而人盜乎地。地形六畫，其體本空，因與天交，盜得一點神火，始變爲坎，纔謂之活子時。所謂人盜乎地，宜及此時，盜取坎中這點神火乾金，向家園下種。**陳攖寧頂批**　李註明指乾坤一交，坤變成坎，然後再取坎填離。

甄註　三才相盜，不外五行，故五行名爲五賊。盜者，竊也；　食者，蝕也。食其時，只就三才上言，乃順道也，常道也。神仙則逆而用之，掀翻天地，顛倒五行，其盜之也，不於可見可用之時，而於將動未動之時，隱情密審，潛食而不令人覺，其轉殺爲生，藏恩於害，全在這點機括，是逆道也，丹道也。「機」字內包「得及時」意。

五十八　真詮口訣，隱於二經。

陰符寶字逾三百，道德靈文滿五千；今古上仙無限數，盡於此處達真詮。

潛虛註　陰符、道德所言，皆盜機逆用之事。至於「治國」「用兵」與「取天下」，「爰有奇器，是生萬物」；八卦甲子，神機鬼藏」，皆有深旨。世人不知，妄指陰符為兵機，用老子以治國，失之遠矣。仙師貫徹其旨，示人入聖之真詮，詩中歌詠，多祖其語。學者果能熟讀而詳味之，則二經之妙義自明，而所謂金丹口訣，不外是矣。

五十九　不遇真師，雖慧難猜。

饒君聰慧過顏閔，不遇真師莫強猜；只為丹經無口訣，教君何處結靈胎。

潛虛註　金丹之道，萬刦一傳，特以天機秘密，聖仙往往不敢成段訣破。其中孔竅多門，名號不一，直是不可以意見猜度。猜之身中，則頑空枯坐，乃有「磨磚作鏡」之譏；猜之身外，則閉氣房中，適犯「抱玉救火」之戒；用兵用將，則疑於採戰而言三峯之術者，已斥其非；入口入腹，則疑於服食而用金石之劑者，已罹其禍。至於閨丹，則穢質可疑；指爐火，則耗財可憫。誠哉！慧如顏閔，未有無真師而自悟者也，所以云「性由自悟，命假師傳」。然真師難遇，必須具大智慧眼者方能別之。昔純陽識師於長安，杏林拜師於韁鎖，乃具大慧眼者也。否則，如退之遇韓湘於藍關，元晦遇紫清於武夷，彼二賢者，豈無智慧？特以自是自見，不肯虛心，所以遇而不遇也。**陳攖寧頂批**　退之即韓愈，元晦即朱子，紫清即白玉蟾。

六十　了心得藥，得藥忘心。

了了心猿方寸機，三千功行與天齊；自然有鼎烹龍虎，何必擔家戀子妻。

愚按　丹道只在「死心法」耳。丹成則心死神活，此心了了，而方寸之機亦了矣。又能修功立行，侔於天地，自然得鼎得藥，子妻不必棄亦不必戀也。

六十一　知止不殆，知足不辱。

未煉還丹須速煉，煉了還須知止足；若也持盈未已心，不免一朝遭殆辱。

愚按　陳公主「成道之後，棄去丹房器皿，誠恐心境現前」之說。余謂詩意是指交姤時而言，與參同「歲月將欲訖，毀性傷壽年」同旨。蓋煉丹只在得藥，攢簇年月日時天地之正氣，歸於一符之頃。若氣回丹結，火候既足，急宜罷火守城，不可太久。

倘不知止足，則姹女逃亡，而丹體傷矣，所謂「藏鋒之火，禍發必尅」也，能免殆辱乎？

陳攖寧頂批 上陽子之說，亦未嘗無理，蓋未煉還丹莫入山，煉了還丹須入山也。

六十二

生門死户，殺機反覆；若能明此，害裏生恩。

須將死户爲生户，莫執生門號死門；若會殺機明返覆，始知害裏却生恩。

陳註 古云「來時門户急重修」，今人若達此理，明生死之機，識顛倒之用，知返還之妙，轉生殺之户，以苦爲樂，以忍收恩，何憂其不仙乎？ **陳攖寧頂批** 陰符經云：「人發殺機，天地反覆。」又云：「恩生於害，害生於恩。」

愚按 三丰翁云：「就起殺機，勿容縱意。」殺機者，忘其嗜慾之機也。

六十三

禍福倚伏，影響隨逐；逆轉殺機，災能變福。

禍福由來互倚伏，還如影響相隨逐；若能轉此生殺機，反掌之間災變福。

陳攖寧頂批 道德經第五十八章云：「禍兮福之所倚，福兮禍之所伏。」

翁註 陽主生曰福，陰主殺曰禍，陰消則陽長，陽極則陰生，互相倚伏，如影響之隨逐，此常道自然之理也。若能逆此生殺之機而修，則反掌之間，變災爲福矣。

愚按　二詩連貫而下，陰符之「恩害相生」，道德之「禍福倚伏」，在百姓日用不知則爲害爲禍，在至人盜機逆用則爲恩爲福。盜機，即是明殺機；反覆，即是轉生殺之機。

陽奇爲户，内入坤陰之氣，陰主殺，故曰「死户」；陰偶爲門，内含乾陽之金，陽主生，故曰「生門」。聖人深達造化，於互藏之中，竊其真一之氣，以爲立命之基，逆轉禍福之機，反死爲生，轉凡成聖，而災變爲福矣。

「須將」「莫執」「若會」「始知」「若能」等虚字眼，是提醒學人語氣。

六十四

修行混俗且和光，圓即圓兮方即方；顯晦逆從人莫測，教人爭得見行藏？

和光同塵，遠害全身；大隱市塵，行藏罔測。

陳註　仙師廣大慈悲，非特以金丹之訣開悟後人，並以世間法終始叮嚀，何其切也！

夫金丹之最難者，混俗也；要深不可識者，和光也；雖有妙用而不露鋒芒者，方圓應世也；潛搬造化而不露圭角者，難知行藏也。數者實爲大修行之上事。道光得杏林之語即棄僧伽黎，復俗以了大事，豈非混俗乎？我太虚真人得黄房公妙旨，去隱武夷，七箇月方成道，豈非和光乎？所以大隱市廛者，使人不可得而測度；修出世間法者，要人不得而知行藏。故老子曰：「惟不可識，故强爲之容。」大修行人，可不三復其詩，以求成道之勳業乎？

悟真篇約註卷下

會稽陶素耜存存子集註

西江月十三首

一　內外藥火。

內藥還同外藥，內通外亦須通；　丹頭和合類相同，溫養兩般作用。　內有天然真火，爐中赫赫長紅；　外爐增減要勤功，絕妙無過真種。

翁註　破迷歌云「道在內來，安爐立鼎却在外；　道在外來，坎離鉛汞却在內」，此明內外二藥也。　外藥者，金丹是也，造化在二八爐中，不出半箇時，立得成就；　內藥者，金液還丹是也，造化在自己身中，須待十月滿足，方能脫胎成聖。　二藥作用，雖畧相同，及其用工火候，實相遠矣。　蓋聖人知己之真精乃後天地生而屬陰，難擒易失，是以外藥和合丹頭之際，以真陰真陽二八同類之物，擒在一時，煉成一粒至陽之丹，號曰真鉛，此造化却在外，故曰外藥。　以此陽丹，擒自己陰汞，猶猫捕鼠。　陽丹是天地之母氣，己汞乃天地之子氣，子母相戀，豈非同類？　溫養十月，造化却在內，故曰內藥。內藥雖有天然真火，在土釜中赫赫長紅，亦須假外爐陰陽符火，勤功增減，運用抽添，乃能形化爲氣，氣化爲神，神與道合。其妙如此，皆先天一氣使之然也，故曰「絕妙無過真種」。

愚按 此章點明內外二藥，涵泳白文，其義自見。丹頭和合，外藥也，二八同類，制造真鉛而已。温養，內藥也，迺有兩般作用。何謂兩般？內外二火也。內火有天然真息綿綿不絕，外火則有陽火陰符進退增減，故不同也。真種即真鉛，若無真種，則兩般作用皆可不必，故惟真種爲絕妙。

潛虛謂人元外藥，得之一符，不待增減火候；外爐當遵子野，主爐火而言。愚謂陰陽符火，抽添進退，亦增減也，宜遵翁說爲正。

又清靜內功，亦有內外二藥，交相爲用，方結真胎。外藥者，大坎離交，河車轉運，化氣爲液，下降黃庭也；內藥者，築先天基，絳宮化液，流歸元海，液乃化氣也。內轉則外亦轉，二者並行，交結成丹。知內不知外，無以通關竅；收外不收內，無以固根源。故曰：「內通外亦須通，丹頭和合類相同。」得丹要訣，附識於此，爲學者告。

二　大藥非遥。

此道至神至聖，憂君分薄難消；調和鉛汞不終朝，早覩玄珠形兆。志士若能修煉，何妨在市居朝；工夫容易藥非遥，說破人須失笑。

陳註　還丹之道，功在降龍伏虎，盜奪天地造化，是以神妙；寂然不動，感而遂通，是以神聖。聞而信受勤行者，大根上器也；聞而失笑誹謗者，無分薄福者也。鉛汞交而玄珠兆，是名金丹。此丹，市朝家居，日用夜作，本自具足。世之愚人，乃謂必居深山，必遠市朝，方爲修道，彼豈知真陰真陽之用哉？

三　首經至寶。

白虎首經至寶，華池神水真金；故知上善利源深，不比尋常藥品。若要修成九轉，先須煉己持心；依時採取定浮沉，進火須防危甚。

子野註　男子二八而真精通，女子二七而天癸降，當其初降之時，是首經耶？不是首經耶？神水，即首經也。老子曰：「上善若水，善利萬物。」真人以「神水」「首經」爲喻，言其利生之功，非尋常丸散之外藥可比。

九轉，乃火候周足，丹熟之時。欲得九轉丹成，持心煉己爲要。

陳註　白虎爲難制之物，倘用之不失其道，可無傷人之理；首經爲難得之物，倘求之不失其時，必有天仙之分。學者若知「三日月出庚」之旨，方許求華池神水之用。

修丹容易，煉己最難。己者，己汞真火。必先煉此真火，降此真龍，從我驅用，使無奔逸，然後可以制伏白虎，而得至寶之真金。倘不能煉己，則時至臨爐頃刻之功，反致危困，故須煉己待時也。

仇註　上段言先天大藥，下段言後天爐藥。煉己持心，是指煉汞；採取浮沉，是指煉鉛。

愚按　此章表神水大藥之貴。首句指出大藥根源，次句指出大藥符候，陸陳言之甚悉。

金丹大道，其初在乎煉己，其後在乎進火，皆不得一毫縱肆。李註云：「依時者，依先天之時，即首經初動之時採取也。而採取又要配後天之火，即崑崙始發之火與俱也。」上陽講煉己妙，晦卿講煉己非空煉尤妙。

四　二物相親。

若要真鉛制汞，親中不離家臣；　木金間隔會無因，須仗媒人勾引。　木性愛金順義，金情戀木慈仁；　相吞相啗即相親，始覺男兒有孕。

翁註　家臣，即己之真氣。真氣因真鉛而凝結金丹，金丹因己汞而有神功，二物相須，兩情眷戀，乃能變化通靈，故曰「親中不離家臣」。鉛爲金，在外；汞爲木，在內。二物間隔，須仗黃婆勾引。二物既和合了，交接陰陽符火，木性愛金，金情戀木，相吞相啖，結成夫婦，養就嬰兒在我腹中，故云「有孕」。此内象也，非陰德之士，則萬世難遇。

愚按　真汞非鉛不伏，真鉛非火不生，要得真鉛制汞，不能離先天之乾火。家臣者，我家之臣，先天之乾火也。木金間隔於東西，聖人能使媒人誘之會合者，以二物同出乎一氣，木性自然愛金，金情自然戀木，相吞相啗，交結成胎，以產嬰兒，故男兒有孕。

五　三性會合。

二八誰家姹女，九三何處郎君；　自稱木液與金精，遇土却成三性。　更

假丁公煅煉，夫妻始結歡情；河車不敢暫留停，運入崑崙峯頂。

子野註　離中汞，屬陰，故云「二八姹女」；坎中鉛，屬陽，故云「九三郎君」。汞乃木之液，鉛乃金之精，得土爲媒，三性交媾，加以丁火煉之，則鉛汞融結，夫妻歡合。火性炎上，丹爲火氣下蒸，則河車自然有路，飛上泥丸也。

愚按　丁公者，煉丹之真火也。潛虛以「運入」二字看，謂「崑崙」宜準「玄門」說，翁陸二仙謂是泥丸。余謂玄門乃河車之轉關處，河車不停之後，運入崑崙，非泥丸而何？

六　七返九還。

七返朱砂返本，九還金液還真；休將寅子數坤申，但要五行成準。本是水銀一味，周流遍歷諸辰；陰陽數足自通神，出入豈離玄牝？

潛虛註　水銀，乃太陽元精照耀於北方坎水之中而生者，謂之天一生水，又謂之水中金，即先天真鉛也。遍歷諸辰，莫非此精所化。東則爲汞，南則爲砂，至於西方，化爲兑金，而質始成。神仙於此兑金之中，尋覓造化，當其金精壯盛二七爻動之時，火煅之以感其氣，取歸土釜，配以己汞，日夜温養，而成金液還丹。

七返者，七乃火數，已汞是也，此物最善周流； 返者，窮而返本，化爲元精也。九乃金數，還者，自外而來，金來歸性也。「七」「九」之義，不在寅子數至坤申，但要識得木火金水同一太陽元精所化，故其返其還，同歸混沌，化爲元精而成大丹。數足者，卦火周天也； 玄牝，宜作「玄牝之門」，三註可玩。

甄註　朱砂之體，性好飛揚，易於耗散，返本者，伏其飛揚之性，而仍返真火之元； 金液之氣，一經鑿破，逃寄西隣，還真者，養於黃婆之舍，而復還真一之宗。世人不知此理，徒以寅數至申爲七返，子數至坤爲九還，不亦謬哉？ 然火所以煉金，其成丹不過水銀一味而已，其運火不過玄牝之門而已，其數雖繁，其旨甚約。 若火滿周天，金滿乾體，火數足則金氣亦足，然後七者返，九者還，真人自神化不測矣。

愚按　離東坎西，坎月中之兔，乃東方之卯，正先天太陽光氣照入月中也，至後天而落於兑金矣。言「金」、言「水」、言「月」、言「陽精」，皆是水銀一味也。 神仙於兑金中尋得，還此先天太陽之精，即返本還真之義也。

七　藥化功靈。

雄裏內含雌質，負陰抱却陽精； 兩般和合藥方成，點化魄靈魂聖。 信

道金丹一粒，蛇吞立變龍形；雞飡亦乃化鸞鵬，飛入真陽清境。

陳註 我雖外雄，其中惟雌；我雖外白，其中惟黑。彼之陰中，返抱陽精，以陽點陰，大藥方成。萬物得靈藥者，皆能變化，而況於人，有不魄靈魂聖者乎？

潛虛註 化龍成鳳，天元神丹有之，此則以爲轉凡成聖之喻。

八

屯蒙運火。

天地纔經否泰，朝昏好識屯蒙；輻來輳轂水朝宗，妙在抽添運用。得一萬般皆畢，休分南北西東；損之又損慎前功，命寶不宜輕弄。

集註 天地纔經否泰，是採藥；「朝昏好識屯蒙」以下，皆言溫養之火。運火始於屯蒙，休於既未。採藥之前，結丹之後，日夕搬運符火，入於鼎中。一月一交，如輻之湊轂；鼎内丹凝，如水之朝宗。運用抽添，妙化如此。

太上曰：「了得一，萬事畢。」一者，真一之氣也，是爲陰陽之宗，四象之祖，五行之根，萬物之基也。既得此一，則混沌復爲一太極，而萬般事畢矣，不必更分南北東西之限也。但當照顧關防念頭差動，慎其前功，損之又損，以至於無，方能盡「得一」之妙。

命寶，即所得之丹。倘行功不勤，心境不空，恐失此命寶之玄珠，故曰「不宜輕弄」。

愚按 否泰者，寅申之月卦也。雖言採藥，而六候分配六卦，全具否泰兩卦中，泰互震兑乾，否互巽艮坤。泰從上至下，由坤虛至三爻震出，下二爻見兑，下至初爻而乾盈矣；否從上至下，由乾盈至三爻退巽，下至二爻消艮，下至初爻而坤虛矣。泰屬上半月，一日進一日，猶正月之春氣，進而盛也；否屬下半月，一日退一日，猶七月之秋氣，退而歛也。六候納甲，陰陽消息，藥火之妙用，皆於否泰二卦具之，屯蒙已在其內，故曰「朝昏好識屯蒙」。

九 藥火消息。

冬至一陽來復，三旬增一陽爻；月中復卦朔晨朝，望罷乾終姤兆。日又別爲寒暑，陽生復起中宵；午時姤象一陰朝，煉藥須知昏曉。

翁註 冬至一陽生，爲復卦，每三十日增一陽爻，爲臨，爲泰，爲壯，爲夬，至四月，六陽爲純乾，乃陽火之候也；陽極則陰生，夏至一陰生爲姤卦，每三十日增一陰爻，爲遁，爲否，爲觀，爲剥，至十月，六陰爲純坤，乃陰符之候也；陰極則陽生，周而復始，此一年之火候也。聖人移一年火候在一月之中，朔旦復卦，兩日半三十時準三十日增一陽，至十五爲純乾，十六日一陰生爲姤卦，故曰「望罷乾終姤兆」。以陰初萌，故爲之兆。循之晦日純坤，此一月之火候也。又將一月火候移在一日之中，分爲寒暑温涼四時之氣，故以中夜子時一陽生爲復卦，午時一陰生爲姤卦，陽火陰符，抽添進退，一一合天地四時陰陽升降之道，不復毫髮差忒，故曰「煉藥須知昏曉」。昏曉者，陰陽之首。此皆周天之大數也。

愚按　此章言温養火符，在年二至爲復姤，在月朔望爲復姤，在日子午爲復姤，見進退消息，皆與藥火之次第相應，與參同契「春夏據内體」數節同旨。昏曉者，震兑乾夕月爲陽火，鉛鼎也；巽艮坤曉月爲陰符，水鼎也。總結一詞，明藥火之用，庶免認陰爲陽、指火爲符之失也。

十　錯路誤人。

不辨五行四象，那分硃汞鉛銀；修丹火候未曾聞，早便稱呼居隱。不肯自思己錯，更將錯路教人；誤他永劫在迷津，似恁欺心安忍？

愚按　五行四象，硃汞鉛銀，修丹之藥材也；一陽纔動，昏曉須知，修丹之火候也。此章指斥盲師邪教，無甚深旨。

十一　功德圓滿。

德行修逾八百，陰功積滿三千；均齊物我與親冤，始合神仙本願。虎兕刀兵不害，無常火宅難牽；寶符降後去朝天，穩駕鸞車鳳輦。

潛虛註　冤親物我，一切平等，則無愛憎取舍。可與忘物，可與忘我，可以忘忘，忘無可忘，即是至道。功行孰逾於此？

十二　二氣相資。

牛女情緣道合，龜蛇類禀天然；蟾烏遇朔合嬋娟，二氣相資運轉。本是乾坤妙用，誰能達此淵源？陰陽否隔却成愆，怎得天長地遠？

翁註　牛郎織女，一歲一交；太陰太陽，一月一合；龜蛇以類，蟠蚪相扶：皆陰陽二氣使之然也，實爲大道之根本。金丹大藥，作用一般。蓋真一之氣，杳然無形，若不得二八陰陽初弦之氣相交，焉能降格兆形於黍米哉？既得丹餌之後，不得符火絪緼，焉能變化金液還丹哉？《契》曰「雄不獨處，雌不孤居」，故必牝牡合氣，方能有胎仙之道。且天地所以能長久者，陽交陰合，自然之道也。天不降，地不騰，則四時不序，萬物不生矣。

愚按 蟾烏即日月，嬋娟乃新月蛾眉之貌。月借光於日，以漸生明，由初三出震，至念八歸坤，此二氣之相資以運轉者。

十三 仙佛同證。

丹是色身至寶，煉成變化無窮；更能性上究真宗，決了無生妙用。不待他身後世，現前獲佛神通；自從龍女著斯功，爾後誰能繼踵？

潛虛註 或問：「佛言『無相』，仙貴『有生』，二說背弛，何從印可？」曰：「吾聞之至人，無始以來，一點靈光，是謂本來面目，吾人之實相也，仙佛聖凡，同具同證。一自落於形質之中，此段靈光，埋没沉淪，罥掛輪網，所以至人導之以修養，始有二氏之學。仙主修，佛主養。養者，涵育熏陶，俟其自化，其功密，其程遠，而實難；修者，省察克治，冀其速化，其功勤，其效速，而較易。其程遠，故抛身入身，經累刦而始成；其效速，則身外有身，即現前而便獲。所以仙佛異修。方諸有水入於泥滓之中，佛則番番澄矴，去濁留清，經幾歲時，然後有以復其澄湛之體；仙則假以藥石，立地取清，效雖速而終有夾雜，所以必加面壁之功，抱元守一，以空其心。昔人有言：『身外有身，未爲奇特；　虛空粉碎，方露全身。』至哉言也！　古之至人，真造實詣，未始不以佛境爲難，而純陽老師乃有『只修性，不修命，萬刦陰靈難入聖』之語，學者讀此，不能不起仙佛軒輊之疑。曾不知老師妙旨，若謂佛之陰神必待萬刦修之而後可證，正如佛於阿耨多羅三藐三菩提無有少法可得，直饒燃燈佛所，印證不疑，尚隔來世，乃能成佛。欲其轉凡成聖，現獲神通，如我金丹之學，身外有身，立躋聖域，不亦難乎？　歌中之意，蓋謂此也。至於上陽仙翁，每言釋氏雪山修行，達摩少林面壁，六祖隱於四會獵人之中，謂皆密修金丹，乃能成佛，而以金丹爲最上一乘。考之仙佛同源，不爲無本，姑錄於此，俟有正法眼者辨之。」

李註　無生者，非斷滅也。惟其無生，所以無死，無死所以無生。無死無生，謂之長生。

甄註　佛稱金剛不壞身，所謂涅槃，原非死也。蓋以妙寶度此色身，即是空身，空此幻身，即是真身，是謂形神俱妙。超然天地法象之外，不入輪廻生死之中，就此現前之身，便是如來自在。

愚按　上上根器人，了性以知命，張祖所謂丹成之後，必須了悟真性，乃可以證無生者，以命宗從色身透出法界，與性宗法界歸攝色身者不同，非抱一以空其心，不能化也。潛虛之論，皆是確旨。

陽神因真鉛陽氣點化離陰，功圓脱胎，現前證果，固是修行上乘。佛果之陰神，非陰鬼之神，乃清虛湛寂大圓普照之神，非思議形容可曉，張祖尚云「未易窺其門户」，夫豈特金丹之謂哉？

龍女著斯功者，妙法蓮花會上，龍女獻珠，對智積菩薩、尊者舍利弗言「我獻寶珠，世尊納受，是事疾否」，又言「觀我成佛，復速於此」，即往南方無垢世界成佛，以爲現生成佛甚速之證，亦非上陽之説。吾願學道之士，勿執蓬心，詆毁我佛大乘也。

絕句五首

一　兼修大藥。

饒君了悟真如性，未免抛身却入身；何似更兼修大藥，頓超無漏作真人。

潛虛註　此下數詩，勸人雙修性命。所謂「抛身」「入身」「投胎」「奪舍」「鑑形」「閉息」等法，皆小乘之學，非佛之極地，等之仙階，真是遼遠，故仙翁貶而下之。

愚按　六祖壇經云：「若起正真般若觀照，一剎那間，妄念俱滅。若見自性，一悟即至佛地。」此乃天生聖人一超直入者也，原無性命之分。此外悟性之人，不過偶然透露，不修不證，安能終日圓明？以云見性則可，以云了性則未。若不修大藥，則無漏難超，其墮落鬼趣，與凡夫何異乎？

二　四果非真。

投胎奪舍及移居，舊住名爲四果徒；若會降龍并伏虎，真金起屋幾時枯？

翁註　真金起屋，何枯之有？經云：「枯骨更生，皆起成人，而況吞黍米之珠者耶？」投胎奪舍，四果之徒，特陰靈之鬼耳。道光曰：「投胎奪舍，是執空之徒；降龍伏虎，是還丹之妙。」

戴疏　陰靈生識，投母胎以有生；他識入胎，我奪之以出世；移居者，借化人之生身，而投識於中；舊住者，守陰靈之性以存身形，不入寂滅。四果皆無金丹點化，盡是陰神。

三　陰神非固。

鑑形閉息思神法，初學艱難後坦途；　倏忽縱能遊萬國，奈何屋舊却移居。

子野註　此言出陰神之法有屋舊移居之苦，與陽神金丹之道不同。

戴疏　鑑形者，懸鑑於室，存神於中而出也；　閉息者，閉一身之氣，用毛著鼻上，毛不動，能十二息爲小道，能百二十息爲大道，能至於千息，去仙不遠矣；　思神者，存神於一處，或眉間頂上，或黃庭內外二氣，或修十六觀而出。　諸術皆無金丹點化，皆是陰神。

四　西方極樂。

釋氏教人修極樂，只緣極樂是金方；　大都色相惟茲實，餘二非真謾度量。

陳註　極樂者，無去無來，不生不滅，直須攪長河爲酥酪，傾醍醐以灌頂，此即釋氏之金丹也。　仙師指色相中修行者，金液還丹之道，吾宗之極樂也。

五　日用倒顛。

俗語常言合聖道，宜向其中細尋討；若將日用顛倒求，大地塵沙盡成寶。

翁註　真鉛真汞，不離常言俗語日用之間，顛倒修之，大地塵沙俱成至寶。古歌云：「朝朝只在君家舍，日日隨君知不知？」

愚按　張祖於末章歸結到道在日用常言，以見道在邇而不必求諸遠，事在易而不必求諸難也。蓋「天地絪縕，萬物化醇；男女媾精，萬物化生」，天地無時而不氤氳，萬物無日而不化生，此一陰一陽之道，正天地萬物日用常行之道也，愚夫愚婦，可以與知與能，造端於夫婦，而其至可察天地。但生人之道以順，生仙之道以逆，學道之人能將此日用之道顛倒行之，明生殺之用，轉恩害之機，未有不成丹頃刻者。苟得其訣，愚夫俗子，皆可成道，豈不大地塵沙盡作寶乎？

金丹大要

陳上陽真人 手著 陶通微道人 删訂 玉溪子 增批

刻金丹大要玄膚論緣起

金丹大要，不明於世已久。丹經輩出，言理者多，未有直指真訣如金丹大要、玄膚論二書者。陳上陽真人紹北派正傳，作此大要，綜列祖心傳，闡金丹精髓，洞徹真機。惟辭多重複，余稍爲刪訂，不敢妄增一字。陸潛虛仙翁得吕祖親授，著方壺外史、南華副墨，羽翼聖經，昭垂萬世，中有玄膚論、就正篇，發揮内外二藥，詞旨醇茂，而講玉液處，工夫次第，剖析尤精，皆丹家閟密藏也。余校而梓之，留與學道之士，作問津圖籍，庶不迷於所往矣。

康熙戊戌蒲月會稽後學通微道人陶素耜識

金丹大要序

金丹之道，黄帝修之而登雲天，老君修之而爲道祖，巢由高蹈，籛鏗長年，自古迄今，歷數何限？求於册者，當以陰符、道德爲祖，金碧、參同次之。自河上公，五傳而至伯陽真人，祖天師得伯陽之旨，丹成道備，降魔流教，葛翁濟幽，旌陽斬蛟，是皆匡世救刦，真仙之餘事耳。華陽玄甫，雲房洞賓，授受以來，深山妙窟，代不乏人。其間道成而隱，但爲身謀，不肯遺名於世者，豈勝道哉？燕相海蟾，受於純陽，而得紫陽，以傳杏林、紫賢、泥丸、紫清、鶴林，接踵者多。我重陽翁，受於純陽，而得丹陽，全真教立，丘劉等七真枝分派接。丹經妙訣，散滿人間，惟紫陽悟真篇頗詳，又得無名子諸公引而明之。我黄房公得於丹陽，乃授太虛真人，以傳紫瓊。我師緣督子，得於紫瓊，詳見太虛真人傳。緣督子，間氣聰明，博物精通，挹盡羣書，或註或釋，總三教爲一家，作仙佛同源、金丹難問等書，而丹經大備。

致虛夙荷祖宗積善，天地哀矜，遊浪人間，年且四十，伏蒙我師授以正道，厥後復遇青城老師親傳先天一炁坎月離日金丹之旨，抽添運用火候之秘，悉授無隱。粤從敬受以來，日夕競惶，丹財罔措，兩稔於兹，訪侶求朋，將集吾事，乃不敢秘，焚香告天，啟白聖師五祖七真，引諸仙丹經，作此金丹大要。其中冒禁詳述，開顯條說，直與後來學仙之士闢門引路。上士至人，或於此中得而解悟，同步逍遥，即滿素志。老子曰：「諦觀此身，從虛無中來，因緣運會，和合受生。」我師數指「先天一炁自虛無中來」。致虛續曰：「既自虛無中來，却非天之所降，地之所出，又非我身所有，非精非血，非草木，非金石，是皆非也，誰得而知之乎？」

悟真篇云：「藥在西南是本鄉。」西南者，金火所在也；坎癸者，水鉛所居也。黑鉛是先天一炁，而隱於北方，水本無方位，故云「自虛無中來」也。然未遇聖師面傳，非有自悟。黄帝師廣成，老子師商容，孔子師老子，釋迦師瞿曇，聖人皆拜真師，後世凡流，却要自悟，何其誑妄？夫金丹一事，其中奧旨，不啻一件，雖聖師叮嚀訓誨，猶恐乖錯，安得凡夫而自會耶？故純陽祖云：「辨水源清濁，木金間隔，不因師指，此事難知。」紫陽翁云：「饒君聰慧過顏閔，不遇明師莫强猜。」黄庭經云：「授者曰師受者盟，以代割髮肌膚全，攜手登山歃液丹，金書玉簡乃可宣。」天地之間，此事最大，非重盟誓，孰敢洩機？紫陽三傳非人，三遭其難，仙經具在，可不戒歟？僕之念此熟矣，遂作金丹大要，直述無文，便於觀覽。

所謂「要」者，在於庚方月現、子時癸生，取先天真一之炁。是氣，即黑鉛也。當此之時，藥物真正，水源至清。然月之現存乎口訣，時之子亦要心傳。金丹即二弦之氣調停和合而成，所謂神與氣精，迎送動止，凡百作爲，皆主於意也。色聲香味觸，皆關於意，意爲即爲，意止即止。故求丹取鉛，以意迎之；收火入鼎，以意送之；烹煉沐浴，以意守之；温養脱化，以意成之。崔公云「一日内，十二時，意所到，皆可爲」，此之謂「大要」之要也。

大要十卷，皆備鉛汞火候。學道之士，次第熟覽，無一不備。有得此金丹大要，不能明了於中奧旨，便可像繪祖師純陽、重陽、丹陽三仙真形，晨夕香花，一心對像，誦念此金丹大要一遍，乃至十遍、百遍、千遍，日積月深，初心不退，愈加精勤，自感仙真親臨付授，頓爾開悟，理路透徹，心地虛靈，即時脚跟踏得實際。何以故？玉帝勑命，見授丹陽真君掌領仙籍，巡行天下，察人功勤，註上丹臺，分遣真人、仙子下爲人師，移文錄司，主借丹財，成就學仙之士無上妙道，必成真人。

願以生死爲一件大事，早收藥物，成事丹爐，白日騰身，高奔帝境，實我志也。

紫霄絳宫上陽真人陳致虛序

陳上陽真人金丹大要目

原目

陳上陽真人致虛著　陶通微道人素耜訂

上藥三品說

黃帝曰：「知之修煉，謂之聖人。」無上元君謂老子曰：「長生之功由於丹，丹之成由於神，故將合丹，必正身心。」心印經曰：「上藥三品，神與氣精。」聖人言修煉金丹者，煉精氣神而已。惟此三者，千古之上，萬世之下，無以易也。而精氣神有後天地，有先天地，今將二說別而曉之。

精

夫精者，極好之稱。美者言精，惡者言麄，凡物皆然。人惟精最貴而甚少，在身中通有一升六合，此男子已滿未洩之成數，稱得一斤。精與氣相養，氣聚則精盈，精盈則氣盛。人年十六而精洩，交一次則喪半合，所喪者少，即隨日生而補之。所補者，陰精而已。惟元精一洩，非先天不能補，有喪無益，則精竭身憊也。**增批** 此先天乃陽精也，在丹書爲真鉛，在易爲坎陽，爲兌金。噫！精之爲物，其真寶乎，奚可縱慾而喪軀乎？**增批** 保養陰精，是修士第一要訣。

丹陽祖曰：「色者，甚於虎狼，敗人美行，損人善事，亡精滅神，至於殞軀，爲道之大蘖。惟下愚之人，謂其壽命數定，恣慾以快其意。」古之戒曰：「油枯燈盡，髓竭人亡。」精實一身之根本，安有無根本而能久乎？

象川翁曰：「精能生氣，氣能生神，榮衛一身，莫大於此。養生之士，先寶其精，精滿則氣壯，氣壯則神旺，神旺則身健，身健則少病。內則五臟敷華，外則皮膚潤澤，顏容光彩，耳目聰明，老當益壯，神氣堅强。精之全者，無如赤子，使赤子有知，保固其精，而無虧洩，待年壯明敏，遇至人授以調燮之道，必作無爲之真仙矣。」此以人身中之精而言，乃後天之精。若論還丹，却非此精。**增批** 此精即周易比卦之「前禽」與「首」，坤卦之「朋」與「物」也。

夫金液還丹之精，姓金，喚九三郎，諱元晶，號金華，居玉池之西，出入跨虎，乳名嬰兒，晚則喚金公，到隣家便稱主人，其情嗜交梨。此乃先天地之精，却爲人之至寶。老子曰「杳杳冥冥，其中有精，其精甚真，其中有信」者，此也。修煉之士，若明此精，即可仙矣。是號爲金液還丹。

其後天地之精屬陰，人若寶之，惟能健身益壽而已。學猥之徒，欲吞此精之穢，或採閨丹而嚥，或運己精補腦，以是爲道，不亦愚乎？獨先天地之精屬陽，聖人修煉以爲丹者，此也。雲房老仙曰：「四大一身皆屬陰，不知何物是陽精。」趙中一云：「一身內外總皆陰，莫把陽精裏面尋。」白紫清云：「其精不是交感精，乃是玉皇口中涎。」孔子翼易曰：「男女媾精，萬物化生。」若是上士，言下須有指歸。何以故？若孔子以世俗生養之說爲言，則必云「男女媾精，人乃化生」，却乃云「萬物化生」，於此切莫淺易看過了。**增批** 觀孔子贊易之言，則易誠丹道之祖矣。 上士至人，一聞便了；中下之士，非遇真師直指密訓，奚可暗猜？

廣成子授黃帝曰：「毋勞汝形，毋摇汝精。」黃帝以之修煉上升。自後言修煉之道爲黃老之術，抑何愚乎？此乃金丹大道，不可謂術，世惟此事最大，人人可以修煉而成仙作佛也。

氣

夫氣者，天地萬物，莫不由之。在天地之外，包覆天地；在天地之内，運行天地。日月星辰得以明，風雲雷雨得以動，四時品物得以生長收藏，此天地間陰陽造化之氣爾。人身全具天地陰陽造化之氣，勤而用之，又有二焉。二者何也？有先天地之氣，有後天地之氣。

今以後天地之氣爲言。此氣生於穀，胃得穀而生氣。黃帝曰：「五臟之氣會於胃，而氣所由生也。」葉文叔曰：「人受生之初，在胞胎之内，隨母呼吸受氣而成。及乎生下，剪去臍帶，一點元靈之氣聚於臍下。」凡人惟氣最先，莫先於呼吸，眼耳鼻舌身意，皆由是氣。非是氣，則聲香味觸法，都不知覺。氣之呼接於天根，吸接於地根。人惟寶精則氣裕，氣裕則精盈。增批「寶精裕氣」四字，不磨之論。日啗飲食之精熟者益氣。

人年二十而氣壯，節慾少勞者，則氣長而緩；多慾勞倦者，則氣少而短。氣少則身弱，身弱則病生，病生則命危。世人但知養生止於禁慾，殊不知一念若動，氣隨心散，精逐氣亡。爲此道者，當心體太虛，内外如一。噫！氣之爲物，可不愛乎？

下愚之人，日則逞力多勞，夜則恣慾喪精，氣因之以乏，不知氣乃命之蒂，未有花無蒂而不凋者；養生之士，先資其氣，資氣在於寡慾，慾情不動，則精氣自相生矣。且氣之全者，無如赤子，使赤子有知，守其渾然之氣，與精同寶而不虧洩，年壯又遇至人曉以永世之道，亦可作無爲之眞仙矣。

丹陽祖曰：「薄滋味所以養氣，去嗔恚所以養性。」又曰：「守氣之妙，在乎全精，尤當防其睡眠。」增批「薄滋味」「去嗔怒」六字，亦裕氣妙訣。夫人遇行走，則氣急而嗄；甚睡，則氣麤而齁；惟坐靜，則氣平而緩。

又氣屬火，而脾因氣以運，此以人身中之氣而言，乃後天地之氣。旁門迷人，欲嚥其精而納此氣，以爲是道，猶炊沙而代飯，不亦惑乎？紫陽翁曰：「嚥津納氣是人行，有藥方能造化生；鼎内若無真種子，猶將水火煮空鐺。」

惟先天真一之氣，可煉還丹，乃自虛無中來。此炁姓白，喚太乙郎，名元炁，號曰宇宙主宰、素練郎君，寄居西川，出入跨白虎，乳名喚真種子，晚則呼白頭老子，到隣家便稱父母，好食烏龜而多情。**增批** 此亦喻言，非真有此姓名也。若周易之「坤元」、需卦之「孚光」，皆喻此先天真一之炁。此爲天地之真炁，即是人之至寶，行人先要洞明此一炁。

茅真君靜中吟：「炁是添年藥，心爲使氣神；若知行氣主，便是得仙人。」無名子曰：「真一之炁，生於天地之先，得於虛無之中，恍惚杳冥，視之不見，聽之不聞，摶之不得，如之何凝結而成黍米哉？蓋聖人以實而形虛，以有而形無。實而有者，真陰真陽也，同類有情之物也；虛而無者，二八初弦之炁也，有炁無質者也。兩者相形，一物生焉。所謂一者，即先天真一之炁凝而爲一黍之珠。」

原夫天地之内，已有形質者，皆後天地之氣，屬陰，獨先天地之氣屬陽。崔公入藥鏡云：「先天氣，後天氣，得之者，常似醉。」何謂先天氣？重陽翁云：「五行不到處，父母未生前」。

悟真篇云：「萬般非類徒勞力，爭似真鉛合聖機。」蓋世間從石而出者，凡鉛也；從造化窟中而出者，真鉛也，即先天地真一之炁。若陽氣潛藏，必難求之也，直要有力者，然後能求，無其力者必不得之。紫陽真人乃依馬處厚之力，王冲熙乃得富韓公之力，石杏林授薛紫賢云「可往通邑大都依有力者爲之」，是知此氣每好潛藏，無力者安能得之？

太乙真人曰：「如何却是道？太乙含真氣。」白真人云：「此氣即非呼吸氣，乃知却是太素烟。」我師曰：「先天一氣，是虛無中來；蓋虛無中來，却不是從天上落；既不從天上落，又非自己所有。」

孟子曰：「吾養吾浩然之氣。其爲氣也，至大至剛，以直養而無害。」又曰：「志者氣之帥。」既爲氣之帥，必爲氣主；爲之主者，使之來即來，使之住即住。又曰：「配義與道。」若大智慧的，於此便分清濁。何以故？曰「吾善養」，既而曰「以直養」，此乃發明易中之「直」。夫「乾，其靜也專，其動也直」，是以大生焉。又曰「是集義所生者」，以是知孟子非特善養，而亦善取。云何取？曰以「直」取。云何來？曰「義所生」。云何見？曰「以志爲帥」。以是知，以是見，孰肯出頭頂著，則他也有是知、有是見了。

葛仙翁流珠歌曰：「流珠流珠，役我形軀；雲遊四海，歷涉萬書。忙忙汲汲，忘寢失哺；參遍知友，煉竭汞珠。三十年內，日月長吁；吾今六十，憂赴三塗。賴師傳授，元氣虛無；真陰真陽，一吸一呼。玉液灌溉，洞房流酥；真人度我，要大丈夫。」仙翁得此先天真一之氣，依法修煉，白日升舉，天下後世，受其賜也。

神

夫神者，妙萬物而言，依形而生。黄庭經云：「至道不煩訣存真，泥丸百節皆有神。」神名雖多，莫能枚舉：上部八景神，中部八景神，下部八景神；身中九宮真人，又有元首九宮真人，金樓重門十二亭長；身外有一萬八千陽神，身内有一萬八千陰神，所主者爲絳宮真人，一名肉團神，即心王也；又有三才神，四智神，三魂神，七魄神，七元八識神。假名異字，難可悉數。

心王爲一身之君，萬神爲之聽命焉，故能虛靈知覺，作主生滅，隨機應境，千變萬化，瞬息千里，夢寢百般；又能逆料未來，推測禍福，大而天下國家，小而僻陋鏬隙，無所不至；善藏喜怒哀樂，慈愛惡欲又能隨之。其人表正，其神亦正；其人諂曲，其神亦邪佞。人壯神旺，人勞神衰，人若恃酒瘋顛，神亦順而助之。

悟真篇云：「奈何精神屬陰，宅舍難固。」又云：「修身之士，若執一己而修之，無過煉精氣神三物而已。奈何三物一致，俱是後天地生，純陰而無陽，安能化形於純陽而出乎天地之外耶？」此言一身之精氣神也。紫陽蓋欲題省世人，未得先天地之陽神與身中精氣神相配，終不仙也。

今以先天地之神而言，其神號無位真人，佛云紇利陀耶佛。此神專主殺人，專主生人，修仙求佛者，必要此神主之方得，蓋其性善隨人之所好。此乃先天地之神，陰符經曰「人知其神之神，而不知不神之所以神」也。行人先明此神而敬憚之，若能明了，即神仙矣。此神之功，能驅用四心神、四智神、八識神，非特能用，又能使之變化，八識變爲八金剛，四智化爲四菩薩，四心化爲四佛。四佛者，一名紇利陀耶佛，二名阿賴陀耶佛，三名質多陀耶佛，四名乾栗陀耶佛；四智菩薩者，一名大成就智菩薩，二名妙觀察智菩薩，三名平等性智菩薩，四名大圓鏡智菩薩；八識金剛者，色、聲、香、味、觸、法識金剛，傳送識金剛，含藏識金剛。道呼神帝，神名衆多，不知修煉的人，反爲此神所役，安能驅駕而用之哉？

黄庭經云「仙人道士非有神，積精累氣以成真」，又云「方寸之中謹蓋藏，精神還歸老復壯」，純陽翁云「精養靈根炁養神，此真真外更無真」，曹真人云「神是性兮炁是命，神不外馳氣自定」，白真人云「此神即非思慮神，可與元始相比肩」，是皆不外精氣神三物。知此道者，怡神守形，養形煉精，積精化氣，煉氣合神，煉神還虛，金丹乃成，只在先天地之一物耳。要此物至，却憑先天地之神功，後用八識神，使之採丹取鉛，隄防固濟，傳送保護，皆其力也。

八識之中，有法識神，主人意行則行，意止即止；又平等性智菩薩，主傳送識金剛；又大圓鏡智菩薩，主含藏識金剛。皆聽意神以主之。意神使之去即去，使之來即來。下工之初，全仗此神以煉丹，故曰神仙須得此神。要知其家，金丹歌云：「中央神室本虛閑，自有先天真氣到。」中央正位，即丹田金胎神室也。金碧經云：「神室設位，變化在乎其中矣。」神室者，上下釜也；設位者，列雌雄配合之密也；變化者，謂鉛汞之用也。

我師曰：「聖人恐泄天機，道家以妙有真空爲宗，多借喻曰朱砂水銀、紅鉛黑汞、姹女嬰兒、丁公黃婆、黃芽白雪等類，近於著實，致令迷人妄亂猜度，學人將似是而非者執以爲有，却謂金丹是凡外藥，滯於有形滓質、採戰穢行，而終莫悟真空之妙；釋氏以妙空不空爲宗，多喻之曰胡孫狗子、露柱刹竿、黃花翠竹、捧佛花草、燈籠佛殿、西江水、趙州茶等類，全無意義，使人不可解悟，學者思之不得，議之不及，遂云『禪機』，因執爲無，流爲頑空，靜坐入定出神，而終莫悟不空之妙。豈知禪憂頑坐，道怕旁門？」今特指出一條大路，共諸行人。早用妙意觀察智菩薩，役使紇利陀耶佛，八月初三日夜子癸時，急走西川，採鉛取金，疾駕白虎，與傳送識金剛一同廻還，付與妙觀察智菩薩，還歸神室，與勾陳神君、螣蛇神君，面同收貯，關鎖封固。初則龍虎交戰，後則龍虎降伏，妙觀察智菩薩與乾粟陀耶佛，戮力同心，不可暫離，日夕衛護。**增批**　八月建酉，兑金正旺之時，又值初三出於庚方，其金更鮮明燦麗，故宜速取。如此保顧十月之後，却有一箇金色頭陀道者曰：「上陽子真人在內作主，二佛仍前照管，不使輕離遠出，一周二載，二佛分健與上陽真人之後，方可受賞言功。」正陽公曰「縱横天地不由親」，其是之謂也。

呂祖云：「九年火候直經過，忽爾天門頂中破；真人出現大神通，從此天仙可相賀。」後天地之神與先天地之神，億乘萬騎，隨逐以成真人，司駕雲駢，逕詣玉清，均受仙秩，是謂白日升天也，是云大丈夫之事也。

蒲團子按 「精」「氣」「神」三箇小標題原無，係我所加。

金丹妙用章第一

金碧古文曰：「丹術著明，莫大乎金火。」伯陽真人曰：「金來歸性初，乃得稱還丹。」金者，非云金也，指鉛以爲金也。鉛乃金銀之祖，故總題爲金，蓋非世上金寶之金，非從凡間土石中出者。此金乃先天之祖氣，却生於後天。行人擬太極未分之前，體而求之，即造真際。是以高仙上聖，於後天地已有形質之中，而求先天地未生之氣。此氣煉成純陽，名之曰「丹」。

夫純陽者，乾也；純陰者，坤也；陰中陽者，坎也；陽中陰者，離也。喻人之身，亦如離卦，却向坎中取出陽爻，而實離中之陰，則成乾卦，故曰「純陽」。以其坎中爻屬金，故曰「金丹」。**增批** 此點真鉛，是坎中一陽之真金。坤得乾交而成坎，此坎又實象乎月，故曰「非凡鉛」也。須求先天未形者是，若修後天地已有形者，人也，物也，非金丹也。然又非金非銀非鉛，乃其炁也。我師緣督子所云「先天一炁，自虛無中來也」。是乾道變化，陰陽不測，太極無上至真之妙，包含性命之宗，謂之金液歸真。形神俱妙之道，至簡至易，一得永得。得其口訣，雖至愚之人，立躋聖位。

要知所謂神仙者，能殺陰而廻陽，抱神以致仙也。丹陽翁云：「性定則情忘，體虛則氣運，心死則神活，陽盛則陰消。」行人既得真師盟授，趁早分去身中之陰，而歸至真之陽也。蓋念慮絕則陰消，幻緣空則陽長，故陰盡陽純則金丹藥熟，丹熟則飛神仙境也。

藥物妙用章第二

黄帝曰：「人萬物之盜。」又曰：「日月有度，大小有數，聖功生焉，神明出焉。」金碧經曰：「煉銀於鉛，神物自生。」參同契曰：「同類易施功，非種難爲巧。」紫陽翁曰：「嚥津納氣是人行，有藥方能造化生；鼎內若無真種子，猶將水火煮空鐺。」從古到今，上聖列仙，留下丹經，不肯明示藥物一件，我今分明與世泄露。

夫藥物者，須知此藥從物中來，非凡世金石草木之類，亦非有形有質之類，却又在有形之中而得，似金非世金，似水非凡水，亦有內藥，亦有外藥。**增批** 此藥即上精氣神也，然必分內外者，內藥即「乾元」，外藥即「坤元」，天地陰陽萬物之祖氣也，故曰「從物中來」。

夫外藥者，坎中求先天真一之水，水中撮先天未擾之鉛，鉛中採先天太乙之炁，此炁即黑中之白、陰中之陽也，悟真篇云「取將坎位中心實」者是也。蓋真一之水，即真一之精氣，此炁爲天地之母，陰陽之根，水火之本，日月之宗，萬物之祖。契秘圖曰：「坎爲水爲月，在人爲腎，腎藏生精，精中有正陽之炁，炎升於上，精陰氣陽，故鉛柔而銀剛。虎性屬金，而金能生水，顛倒取之，母隱子胎，故虎向水中生。虎乃配鉛，是謂陰中之陽也。」此言外藥也。

夫内藥者，離中求先天之液，液中行先天久積之砂，砂中運先天至真之汞，此汞即白中之黑、陽中之陰也，悟真篇云「點化離宫腹内陰」是也。契秘圖曰：「離爲火爲日，在人爲心，心藏生血，血中有真一之液流降於下，血陽液陰，故砂陽而汞陰。龍性屬木，而木能生火，顛倒取之，母隱子胎，故龍從火裏出。龍乃配汞，是謂陽中之陰也。」此言内藥也。

瑩蟾子曰：「學道必須從外藥起，然後及内藥。高上之士，夙植德本，生而知之，故不煉外藥，便修内藥。内藥者，無爲而無不爲也；外藥者，有爲而有以爲也。内藥則無形無質而實有，外藥則有體有用而實無。外藥者，色身上事；内藥者，法身上事。外藥是地仙之道，内藥是水仙之道。外藥了命，内藥了性。夫惟道屬陰陽，所以藥有内外。」無名子曰：「離外陽而内陰，以外陽點内陰，即成乾卦。喻如金丹，是至陽之炁結在陰海之中，取來點己之陰汞，即化爲純陽之身矣。」

海蟾翁云：「若要超凡入聖處，無出陰陽二品丹。陽丹須得先天寶，中有五色包正道；陰丹須認先天炁，常以性根護命蒂。」陽丹者，即外丹也，即外藥也，造化在二八爐中，不要半箇時辰而生，立得成就，此即先天地真一之炁，號曰「真鉛」，又曰「華池神水真金」，採此真鉛歸於懸胎鼎内，點汞入室，是爲外丹也；陰丹者，即内丹也，即内藥也，既得外丹入鼎，却行陰陽符火，運用抽添，以溫養之，丹陽祖云「心液下降，腎氣上升，至於黃房，氤氳不散，則丹聚矣」。

悟真篇云：「謾守藥爐看火候，但安神息任天然。」神息者，即莊子云「真人之息以踵」，廣成子云「丹灶河車休矻矻，鶴胎龜息自綿綿」。此龜息、神息、踵息，名雖殊而用之則一，此即謂之真火，以爲內藥也。餌丹之後，非真火無以育聖胎，是以坐看神息。

夫天一生水，在人曰精；地二生火，在人曰神。人之精神，榮衛一身，運陰陽，合呼吸，以呼吸用神炁，以神炁取水火，以水火煉胎息，胎息綿綿，游泳坎離，交感而生金液，金液還而丹成也。

鼎器妙用章第三

陰符經曰：「爰有奇器，是生萬象。」太上曰：「當其無，有器之用。」龍虎上經曰：「圓中高起，狀似蓬壺，關閉微密，神運其中，爐灶取象。」黄庭經云：「出入二竅合黄庭，呼吸虛無見吾形。」伯陽翁云：「此兩孔穴法，金氣亦相胥。」紫陽翁云：「先把乾坤爲鼎器，次摶烏兔藥來烹。」鼎器之名，非但一說，匪遇聖師，難可擬議。曰乾坤鼎器，曰坎離匡廓，曰玄關一竅，曰太乙神爐，曰神室黄房，曰混元丹鼎，曰陽爐陰鼎，曰玉爐金鼎，曰偃月爐、懸胎鼎，曰二八爐、朱砂鼎，曰上下釜、内外鼎，曰黄金室、威光鼎，曰東陽造化爐，名甚多，而用亦别。

且如内鼎、外鼎之說。

内鼎者，即下丹田，在臍之下，臍後腎前。**增批** 賁卦曰「丘園」，離曰「天下」，即此内鼎。有道之士，只要認取下丹田之極處爲準，是神炁歸藏之府，方圓四寸，一名「太中極」。太中極者，言當一身上下四向之中也。又名「太海」者，以貯人一身之血氣故也。悟真篇云「真精既返黄金室，一顆明珠永不離」，即此内鼎神室也。

外鼎者，亦名谷神，亦名神器，亦名玄關，亦名玄牝之門，亦名衆妙之門，亦曰有無妙竅。**增批** 師言「有禽之田」，需言「客來之穴」，即是外鼎。 有道之士，只要認得經營採取之所。紫陽翁曰：「要得谷神長不死，須憑玄牝立根基。」玄牝乃二物，若無此二物，安能有萬物哉？故曰內外二丹從此而得。聖人秘之，號偃月爐、懸胎鼎也。參同契鼎器歌「圓三五，寸一分；口四八，兩寸唇。長尺二，厚薄均；腹臍三，坐垂温。陰在上，陽下奔」，悟真篇首云「周圓一尺五寸，中虛五寸，長一尺二寸，狀似蓬壺。亦如人之身形，分三層，應三才。爐面周圓一尺二寸，明心横有一尺，立唇環匝二寸，唇厚二寸，爐口偃開若鍋釜，如偃月狀，張隨號爲偃月爐」，此言外爐也。

仙師之意，借物爲喻，使後來人易於領悟。只如「圓三五，寸一分」，此非真師詳誨，豈有自知？況其下文多少深意。後之學者，既蒙師授，當明大要，不可尋文而泥象也。

又詳陰爐陽鼎之說。偃月爐者，陰爐也，中有玉蕊之陽氣，即虎之弦氣也。何謂偃月？蓋此爐之口，偃仰之間，如偃月之狀，陰海是也，先天自然真一之火，月生日長於其中，是曰「陰爐」也；朱砂鼎者，陽鼎也，中有水銀之陰氣，即龍之弦氣也，號曰「懸胎」，以其不著於地，而懸於灶中，此鼎入爐八寸，身腹通直，是曰「陽鼎」也。似此之類，皆不可泥文，切須尋其義也。

採取妙用章第四

陰符經曰：「其盜機也，天下莫能見，莫能知，君子得之固躬，小人得之傾命。」黃庭經曰：「玄膺氣管受精符，急固子精以自持。」參同契曰：「昴畢之上，震出爲徵；陽氣造端，初九潛龍。」金碧經曰：「磁石吸鐵，隔礙潛通。」正陽翁曰：「有無交入爲丹本。」紫陽翁曰：「鉛遇癸生須急採。」又曰：「甘露降時天地合，黃芽生處坎離交。」朱震易傳曰：「晦日朔旦，坎月離日，會於壬癸，三日暮震，象月出庚。」**增批**「三日暮震，象月出庚」，即易曰「七日來復」之義。若執着晦後三日，則悮矣。凡看書要達古人意，若只念字，有何益？且如「日月會壬癸，三日之暮震始生」，此固不可以猜曉，況只尋常看過乎？謂如「有無交入」「癸生急採」「天地合」「坎離交」，此無真師口授，强猜不得，是云真實希有之妙義也。

「何謂交？」曰：「交以不交之交。」「何謂合？」曰：「合以不合之合。」「何謂採？」曰：「採以不採之採。」「何謂不採之採？」曰：「擘裂鴻濛。」「何謂不交之交？」曰：「鑿開混沌。」「何謂不合之合？」曰：「恍惚杳冥。蓋鴻濛未判，須尋太乙之先；

混沌既分，則究癸生之際；杳冥無象，以求其真。」「何謂鴻濛？」曰：「形如雞子之初，比似中黃之義。」「何謂混沌？」曰：「月出庚申之上，震生昴畢之方。夫雞卵分形，知無始太極之肇；庚方月現，推癸生復至之時。」「何謂恍惚杳冥？」曰：「勸君窮取生身處，種向乾家交感宮。」

無名子曰「癸生者，時將丑也」，紫陽翁曰「白虎首經至寶，華池神水真金」，象川翁曰「癸日子時急採，不得逾時」，是言採取也。但癸與子，非天干地支之擬；復與震，非易中爻象之文。吾所謂「大要」者，如「坎離會壬癸」「月出震生」「恍惚杳冥」「雞子太易」，皆於人身求之，是以「冬至不在子」也。

採取者，當明以何物爲採取之具，何者爲採取之神也。緣督子曰：「人之靈明知覺者，即無也，神也；絪緼活動者，即有也，炁也。」正陽祖曰：「鑽天入地承誰力，妙用靈通須是神。」神者，物也，言必須以此物爲採取之家具也。

丹陽翁曰「速把我人山放倒，急將龍虎穴衝開」，參同契曰「耳目口三寶，閉塞勿發通；真人潛深淵，浮游守規中」，此皆專心致志，恭己以聽命也。夫專心致志，惟只一時之中，而學者非一時所能，何也？蓋此一時之內，止用半時，於此半箇時中，入室下工，奪天地之造化，竊日月之精華，攢簇五行，和合四象，天關在手，地軸由心，真人潛淵，劍飛月竅，水火交媾於黃道，龍虎爭戰於鵲橋，把七十二候之要津行之頃刻，奪三千六百之正氣逆納胎中，非有神功，安能濟事？　純陽祖云「造化爭馳，龍虎交戰，進火工夫斗牛危」，此即半時之事也。　大根法器，既得師指半箇時辰之用，必先煉己持心，方許行此半時之事。若無煉己之功，却下手於一時之中，入恍惚杳冥之内，求此先天一炁之大藥，豈不危哉？蓋未行煉己之功，而妄欲行事於一時，必致白虎猖獗，姹女逃亡，仲夏而有嚴霜，三冬變爲大暑，日月失度於黃道，風雨驟泛於西江，既不收功，反取羞辱。　學者到此，不思煉己無功，持心未熟，却怨丹經謾語，歸咎師真。　豈真不知紫陽翁云「若要修成九轉，先須煉己持心」、純陽祖云「七返還丹，在人先須煉己待時」？

何謂煉己？　去色慾，絕恩愛，輕財物，慎德行，四者爲煉己之大要。　**增批**　圓圖即煉己之功，故羲卦乾與坤對，震與巽對，坎与離對，艮与兑對。

去色慾，則精氣全；　精氣全，則能降龍伏虎；　能降龍伏虎，則可採先天之一炁。　慾不去，則精不固而氣不全。　非但去之，要能與之相忘。　昔長生劉真人洛陽三年之功者，煉己也；　泥丸翁謂「酒肆淫房戲歷煉」者，煉己也。　煉己日久，淘汰情性，自然忘忘。　非特忘之，要能降而伏之。

降伏之道，首絕恩愛。　緣恩愛起於對境，着境則恩生，恩生則愛起。　故絕恩愛，先去執着，使對境而不着境，不着則念頭淨。清淨經云「內觀其心，心無其心；外觀其形，形無其形；遠觀其物，物無其物」，持心若此，方許煉鉛而制汞，方得首經之至寶。

要得此寶，先營壇墠，預期立爐安鼎，又須財以濟之。夫財可以剏鼎，可以惠人，可以成道。以財使人，必得其情，則牟尼之珠、無價之寶得矣。百章集云：「凡俗欲求天上事，尋時須用世間珍。」故知世財可求天上之寶。何況此寶世間有之，惟用財以得其歡心，又憑德行之濟之。

德可以動天地，行可以感鬼神。煉己之功，德行爲先。陰行方便，積諸善根，曰德；自己尊貴，不欺一心，曰行。德行相濟，財動人心，對境忘情，精神克固。

四者大備，方謂之煉己也，方謂之持心也，方可採先天真一之炁，用一時二候之功，以煉九轉金液大還丹也。如此煉己，日夕不怠，經年純熟，然後入室下手。

入室之功，六根大定，大用現前。契曰「離炁納營衛，坎乃不用聰；兑合不以談，希言順鴻濛。三者既關鍵，緩體處空房；委志歸虛無，無念以爲常」，此言去我之聲色言語而有所待也。

當其採藥之時，關防甚密，謹戒尤切。易之「復卦」曰「先王至日閉關，商旅不行，后不省方」，此易中之謹戒也；指迷詩云「塞兑垂簾寂默窺，滿空白雪亂參差；殷勤收什無令失，貯看孤輪月上時」，兑者口也，簾者目也，白雪者外丹也，此正陽翁「令後人採取之際，當如此謹戒也」。

廣成子曰：「慎汝內，閉汝外，多知爲敗。我爲汝遂於大明之上矣，至彼至陽之原也；爲汝入於杳冥之門矣，至彼至陰之原也。」又曰：「彼其物無窮，而人皆以爲終；彼其物無測，而人皆以爲極。」以爲極者，立人之極也；至陽至陰之原，即無窮無測之門，玄牝是也。

紫陽翁曰：「但將地魄擒朱汞，自有天魂制水金。」地魄者，虎之弦氣，坎中之陽也；天魂者，龍之弦氣，離中之陰也。虎爲鉛爲君爲主，故先取之，將來擒汞；龍爲汞爲臣爲賓，故後用之以制鉛。是故虎以陰中之陽火烹煉乾龍，龍即發陽中之陰火以應之，鉛汞相併，和合凝結，即時餌歸金室。

正陽翁曰：「採藥於九宮之上，得之而下，入於黃庭；抽鉛於曲江之下，搬之而上，升於內院。玉液金液本還丹，搬運可以煉形而使水上行；君火民火本煉形，搬運可以燒丹而使火下進。五炁朝元，搬運各有時；三花聚頂，搬運各有日。神聚多魔，搬真火以焚身，則三尸遁跡；藥就海枯，運霞漿而沐浴，則入水無波。」又曰：「龍虎相交，而變黃芽；抽鉛添汞，而成大藥。玄武宮中，而金晶纔起；玉京山下，而真氣方升。走河車於頂上，灌玉液於衢中，起龍虎而飛金晶，養胎仙而生真炁。」聖師接人，惟恐不至，且修煉事大，既非燒煮，而下手採取，又不得而聞見也。

言其採取者，採何物也？取何等也？吾今重爲顯說。

夫採取者，採先天之氣，取真一之鉛；採坎中之爻，取水中之虎；採黑中之白，取陰中之陽。却非旁門採精取血，又非入室補腦還精，非用靈柯一深九淺，又非三峯採戰穢行。彼皆一等濁俗愚夫，不求真師，迷迷相指，非惟自失，并害道真。行人須究生身，明太極已前之心，參造化未始之妙。**增批** 太極以前，造化未始，須當着眼「三日出庚」，即「先庚三日，後庚三日」之意。晦朔併耀，月映太陽而復明；西南得朋，光吐庚方而成震。究竟到此，則知人稟先天虛無真一之炁而生者也，則知母之復有母也，則知真鉛之宗祖也。

何謂真鉛宗祖？夫混沌已判，乾乃成巽，久變爲離，而其真陽寄於坎中，是以坎中之金原屬於乾，此爲真鉛之宗祖也。何謂母之有母？在天地未判之前，有物混成之中，含靈至妙之瑞，此謂母之有母也。

既明採取，又悟生身，須攷氣候。且一月之中止有一日，一日之內唯在一時，一時之中分爲六候，止用二候以爲採取，則一時之中尚餘四候。四候之內，却名合丹。合丹之妙，急以己汞合鉛。於斯時也，調和真息，周流六虛，自太玄關逆流至天谷穴，而吞入黃金室也。斯乃元年起火，下手之功。故真一子曰「立朔鼎器，運動天機。初則全無形質，一如鴻濛混沌之中；既經起火運符，便應元年滋產」，參同契曰「冠婚炁相紐，元年乃芽滋」，是爲受氣之初也。

真土妙用章第五

伯陽翁曰：「土遊於四季，守界定規矩。」龍虎經曰：「並由中宮土德，黃帝之功。」紫陽翁云：「離坎若還無戊己，雖含四象不成丹。」夫五行無土則不全，五金無土則不生，五穀無土則不實，金丹無土則不成，是以乾坤四象有土。坎中女土之爲戊，離中柳土之爲己，此爲金丹之象也。一年四季，分王而居，惟獨夏末秋初，土王適用，非土之用，則金不生。五行之中，以木尅土，然木非土豈能生也？

今以鉛汞砂銀土之五行爲言。鉛本生於兑，而母隱子胎，却於坎中求之，蓋坎中有戊土者也。故以鉛投汞，即流戊就己之義也。言戊土與己土一處相交，則金花自結，却吞入腹中，此爲飲刀圭也。刀者，戊土中之鉛也；圭者，戊己二土合爲圭也。離中己土，輔日之光，居於午上，午爲陰之首，而日爲陽，是以己土乃陽中之陰，象龍之弦氣也；坎中戊土，助月之華，居於子上，子爲陽之首，而月爲陰，是以戊土乃陰中之陽，象虎之弦氣也。**增批** 己土者，日感月之龍炁；戊土者，月應日之虎風；故易曰「雲從龍，風從虎」也。龍虎懷戊己之真土，是以龍虎交則戊己合，戊己合而鉛汞會，鉛汞會而還丹結，求其意莫泥於其文也。且求意當求意外之意，參玄要悟玄中之玄。

金丹大事，全仗戊己二土者也，迷之則雲泥異路，悟之則針芥相投。喻如兩君相見，中有賓相；兩國交兵，中有通好。故號之爲黃婆，名之爲媒娉。指戊土爲河車，是有「守疆界」之說；指己土爲牛車，是有「定規矩」之妙。但金丹所言，各有其事；所用，各有其時。悟真篇云「赤龍黑虎各西東，四象交加戊己中」，謂金丹出於戊己也。戊己相合，坎離自交，龍虎二物居於戊己之中，頃刻凝結真精一粒，即餌歸黃金室內，却運陰陽符火，煉成純陽也。

王道云：「日有三照，月有三移。」日月出於東而光耀於西，則西方白虎金德之主炁，入於玄冥之內，化而爲六戊；日月入於西而光耀於東，則東方青龍木德之正炁，入於玄冥之內，化而爲六己；日月當於午而光耀於北，則南方朱雀火德之正炁，入於玄冥之內，就土成形，化而爲黑鉛，常於天地杳冥之先，爲天地萬物之根本，金丹之祖炁也。

火候妙用章第六

金碧經曰：「發火初溫微，亦如爻動時。」悟真篇云：「縱識朱砂及黑鉛，不知火候也徒然。」王道云：「金液神丹，全在火候。火是藥之父母，藥是火之子孫。修行不知鉛汞火候，則不能成丹明矣。」紫賢翁云：「聖人傳藥不傳火，從來火候少人知。」泥丸真人云：「掃除末學小技術，分別火候採藥物；只取一味水中金，收入虛無造化窟；捉將百脈盡歸元，脈住炁停丹始結。」黃庭經曰：「知雄守雌可無老，知白守黑急坐守。」棲雲翁云：「人身有三斗三升火，不得風不着。」

且以一日之中論之。子時一陽生，人之腎中，有一陽純精之氣上升，則進陽火，是爲復卦；午時一陰生，人之心中，有一陰至精之炁下降，則退陰符，是爲姤卦。

火候最秘，聖人不傳，今畧露之。

藥非火不產，藥熟則火化矣；火非藥不生，火到則藥成矣。且火候之奧，非可一概而論，中有逐節事條，可不明辨之乎？

夫金火爲朋，而屬西南，故三日庚方癸陽初生。當先究參同契內第十八章之旨，則知根乎天地之根，母其陰陽之母。是杳冥之内，恍惚之中，水源至清，金無撓動。紫陽翁云：「虚無生白雪，寂靜發黄芽。」火候之秘，此其一也。

當其採取之際，用武火之時，一時六候，惟用二候，以取藥火，不可毫髮差謬，宜窮參同契内第十九章之旨。紫陽翁曰：「藥物生玄竅，火候發陽爐。」火候之禁，此其一也。

雖已得藥入鼎，要明斤兩爻銖，勿致過當傷多。紫陽翁曰：「木汞一點紅，金鉛三觔黑。」火候之妙，此其一也。

既得真鉛，歸於黄金室内，匀十二節，進火行符。魏真人云：「周旋十二節，節盡更須親。」火候之用，此其一也。

至於添汞抽鉛，鉛盡汞乾，金丹已成，嬰兒將現。契曰：「千周燦彬彬兮，萬遍將可覩。」火候之全，此其一也。

聖師叮嚀後人以藥物，復謹慎以火候，親切至矣。只此火候與藥物，順之則凡，逆之則仙。**增批** 順之則凡，逆之則仙。藥物之順逆人多知之矣，火候之順逆惜人多不知也。紫陽翁曰：「白虎首經至寶，華池神水真金。」又曰：「依時採取定浮沉，進火須防危甚。」行人已得聖師授以真訣，奚可不明火候乎？

古歌曰：「鉛爲芽母，芽爲鉛子；既得金花，捨鉛不使。」蓋鉛是中宮金母，毓生真汞，汞結爲丹，鉛則無用。無名子曰：「虛心則無我，萬物皆空，清其天君也；實腹則煉鉛乾汞，毋摇其精。精者汞也，守汞以實其腹，則金玉滿堂矣，即老子云『抱一』也。一者，丹也。抱一以空其心，心空則一塵不立。方其實也，煉鉛以制之，汞乾形化，則抱一以空其心。心空神妙，與道合真。丹士未煉鉛金，毋摇汝精，精少則還丹不成。」當知己汞常要充滿，是云「實腹」。己汞既充，取鉛稍易也。又當知採藥之時，六識不具，六情俱忘，是云「虛心」。心一虛則萬念俱息，萬念既息，則龍吟虎嘯，鉛汞相投矣。既得真鉛，又當虛心以運真汞，使真汞與真鉛相停，無欠無餘，是之謂「實腹」也。火候到此，切須保養。夫一切人，年壯念起，而真氣逐日走散，若云修煉，非先天之炁無由凝結，必要真鉛以制之，使結成丹砂。丹砂已成，則棄鉛矣。

夫火者，神火也；候者，符候也。法天地爲鼎爐，以陽爲炭，以陰爲水，日月運行，一寒一暑，曹真人云「百刻達離炁，丹砂從此出」。學仙之士，宜熟究焉。

還丹妙用章第七

太上曰：「致虛極，守靜篤，萬物竝作，吾以觀其復。」至哉言乎，不數語而盡矣！夫致者，委置也；虛者，當物之中也；極者，得畢其道也；守靜者，居無事之所；篤者，謹慎而不失；萬物並作者，物之始生；吾者，物也；觀者，待也；復者，返其本也。行人委置元神於物之中，則得其道。既得其道，當居閒靜無事之所，謹慎而不失其道，俟物之生物，而物又待其返本也。故一往一返，而生變化神明焉。明此，則七返之道備矣。

又曰：「夫物芸芸，各歸其根。歸根曰靜，靜曰復命。」夫歸者，還也；根者，元也。言萬物雖芸芸之多，然物之元氣，各返其元，即所謂「一物一太極」也。物還其元，是動而復靜也；靜曰復命，又靜而復動也。故一動一靜，而萬物生焉。聖人無空言，一語有數義，難以語訓，而可以意通。只如此章，自太極而至復，凡幾太極而幾復也。明此，則九還之道盡矣。

正陽翁曰：「鉛汞兩般爲藥本，若無戊己不成丹；三家合一成真種，始見金丹有返還。」悟真篇云：「勸君窮取生身處，返本還元是藥王。」又云：「七返朱砂返本，九還金液還眞。」無名子曰：「天一生水，地六成水，居北，積坎陰之氣爲眞水，故曰『六居』；地二生火，天七成火，返南，孕離陽之氣而生砂，故曰『七返』，言朱砂之返本也；天三生木，地八成木，歸東，處震位而爲汞，故曰『八歸』；地四生金，天九成金，還西，主兑位而爲鉛，故曰『九還』，言金液還眞也；天五生土，地十成土，居中而變成丹也。」蓋返者，返我之本；還者，還我之元。

何謂返本還元？且設一喻，如人將百金寄放於西隣，因久而忘之，遂至用乏。一朝忽悟，即訪西隣而得之，適充其用，喜可知也，是之謂返本還原，何必泥於文也？亦猶人也，年壯炁足，而陽丹乃寄於陰海之中，無由得還。忽感聖師授以還元返本之道，喜可知也，遂即採取修煉，以成眞人，是之謂返還本元也。**增批**　乾與坤交而中虛成離，坤與乾交而中實成坎。今取坎之中爻復還於離而反本成乾，即是還丹之象。

顛倒妙用章第八

黃帝曰：「人發殺機，天地反覆。」海蟾翁曰：「從無入有皆如是，從有入無能幾人。」又曰：「坎離反覆顛倒顛，天地日月皆迴旋。」金丹大道，惟顛倒之用，不可苟且，務要審詳。

須知「顛倒」有數說，有顛倒陰陽、顛倒坎離、顛倒男女、顛倒鉛汞、顛倒五行、顛倒採取、顛倒賓主，宜在精通深曉，不可妄意猜臆，又不可一槩而論。今總以悟真篇明之。**增批** 顛倒數説，揔不外「逆生仙」一語盡之，故易曰「易，逆數也」。

如云「自知顛倒由離坎」，又云「日居離位翻爲女，坎配蟾宮却是男」，此言陰陽、坎離、男女之顛倒。無名子曰：「日離屬陽返是女，月坎屬陰返是男，二物顛倒而生丹，却以此丹點己之汞而結聖胎。」

悟真云「金公本是東家子，送在西隣寄體生，認得喚來歸舍養，配將姹女作親情」，又云「震龍汞自出離鄉，兑虎鉛生在坎方，二物總因兒產母，五行全要入中央」，此鉛汞、五行、震兑、龍虎、兒母之顛倒也。無名子曰：「汞爲震龍，屬木，木爲火母，火爲木子，此常道之順五行也，然朱砂屬火，爲離，木汞自砂中出，却是火返生木，故曰『兒產母』；鉛爲兑虎，屬金，金爲水母，水爲金子，此常道之順五行也，然黑鉛屬水，爲坎，銀自鉛中生，却是水中生金，故曰『兒産母』。此五行之顛倒。」

如云「金鼎欲留朱裏汞，玉池先下水中銀」，又云「甘露降時天地合，黄芽生處坎離交」，此言顛倒採取。行人須看「玉池先下」之義、「甘露降時」之妙。易曰「小往大來」，子曰「后以裁成天地之道，輔相天地之宜」，要在於斯，不宜鹵莽。

如云「誰識浮沉認主賓」，又云「饒他爲主我爲賓」，此言主賓之顛倒也。蓋鉛沉汞浮，沉者爲主，浮者爲賓。無名子曰：「陽精是真一之精、至陽之炁，號曰陽丹。己之真氣屬陰，爲一身之主，以養百骸，及陽精外來，却制己之陰汞，則陽丹返爲主而己汞返爲賓矣。」

且顛倒者，何謂也？曰廻旋也，逆取也，返陰陽也，轉天地也。何謂轉天地？猶如易曰「地天泰」是也。翼曰「地在天上，泰」，此即轉天地。喻如火之炎上者，理也；顛倒者，則欲火之就下。火豈能就下哉？正陽翁曰：「君火民火本煉形，搬運可以燒丹，而使火下進，故必有其道矣。」水之就下者，理也；顛倒者，則欲其水之炎上。水豈能炎上哉？正陽老仙曰：「玉液金液本還丹，搬運可以煉形，而使水上行，是必有其道矣。」此即返陰陽也。又如居家者爲主，外來者爲賓；顛倒者，返以外來的爲主，居家者乃爲賓。

亦如女之嫁夫者，理也，顛倒者，反以夫而嫁於女，故曰「入贅」，且名之曰「養老之郎」也。夫乃外來的，而却爲主矣，此之謂「逆則成仙」也。若夫火炎上而水就下，則人也，物也，非仙也。

神化妙用章第九

增批 此章言精化爲氣、氣化爲神之景象。

海蟾翁曰：「卦行火候周天畢，孕箇嬰兒鎮下田；霹靂一聲從地起，乾户擘開光萬里；翻身撞出太玄關，這回方是神仙子。」參同契曰：「修之不輟休，庶炁雲雨行；淫淫若春澤，液液象解冰。從頭流達足，究竟復上升；往來洞無極，怫怫被容中。」行人既得刀圭入口，運已真火以養之。運火之際，忽覺夾脊真炁上冲泥丸，瀝瀝然有聲，似有物觸上腦中，須臾如雀卵顆顆自腭下重樓，如冰酥香甜，甘美無比。覺有此狀，乃驗得金液還丹，徐徐嚥歸丹田。自此而後，常常不絕。閉目內觀臟腑，歷歷如照燭，漸次有金光罩體也。

泥丸翁曰「我昔工夫行一年，六脉已息炁歸根」，老子曰「專炁致柔，能如嬰兒」，此皆言温養也。夫温養者，隳肢體，黜聰明，終日如愚而不違，不可須臾離也，如雞抱卵，煖氣不可間斷，則抽添之功自見矣；抽添者，以鉛制汞之後，逐日運火，漸漸添汞，汞漸多，鉛漸少，久則鉛將盡，汞內乾，化爲丹砂，號曰金液還丹之純陽，則知形化爲炁，炁化爲神，是曰嬰兒，是曰陽神。黃庭經曰「瞻望童子坐盤桓，問誰家子在我身」，正陽翁曰「孩兒幼小未成人，全藉娘娘養育恩」，純陽翁曰「九年火候直經過，忽爾天門頂中破；真人出現大神通，從此天仙可相賀」，到此則金丹之大事畢矣。

運火行符須知章第一

伯陽真人曰：「陽燧以取火，非日不生光；方諸非星月，安能得水漿。二炁玄且遠，感化尚相通；何況近存身，切在於心胸。陰陽配日月，水火爲效徵。」無名子曰：「夫運火者，先定刻漏以分子午，次接陰陽以爲化基。搬六十四卦於陰符，鼓二十四氣於陽火。回七十二候之要津，攢歸鼎内；奪三千六百之正氣，輻輳胎中。謹戒抽添，精專運用，慮危防險，不使頃刻參差，分毫差忒。故得外接陰陽之符，内生真一之體。苟或運心不謹，節候差殊，致使姹女逃亡，靈胎不結。」瑩蟾子曰：「採藥初關，先要識天癸生時。中關則知調和真息，周流六虛，自太玄關逆流至天谷穴交合，然後下降黃房，入於中宮。」上陽子曰：「運火者，運内外之火。」

火者，藥火也；候者，符候也；符者，符合也。聖人下工煉丹之初，須知鉛汞兩相逢迎，真一之鉛將至，運己汞以迎之。鉛汞相合，而即成黍粒之丹，餌歸黃金室内，以爲丹頭也。

夫運火始自復卦，子時起首，疾進陽火，下手用工，故進火謂之野戰，野戰則龍虎交合，是用三分武火，「前行短」之謂也；　行符午時，姤卦用事，則進陰符，包固陽火於內，故行符謂之罷功守城，守城者，以其鄞鄂已立，唯温養沐浴，防微杜漸，是用七分文火，「後須長」之謂也。**增批**　三分武火，乃子午迎鉛之功；　七分文火，是實離合丹之用。然「復」與「子」，皆從人身而求，須認自己生身之由，則得之矣，不必執文而泥象也。金丹四百字云「火候不用時，冬至不在子」，宜仔細求之也。

朔望弦晦須知章第二

易曰：「與日月合其明，與四時合其序。」朱震易傳曰：「晦日朔旦，坎月離日，會於壬癸。」蓋每月朔旦子時，日月合璧於癸，薄暮會於昴畢之上，比喻火之初生也。當此之時，純陰已極，微陽將生，是謂「潛龍」，三日之晡，月生庚上，真陽已肇。庚屬西南，易曰「西南得朋，乃與類行」，參同契曰「坤初變成震，三日月出庚」。是時也，藥物纔生，水源至清，未曾撓動，有炁無質之際，急向此時具一隻智慧眼，則而象之，亦如太陰初受一陽之炁，亦如坤之下爻交乾之初爻而爲震，乃比人身純陰而生一陽，即我師云「先天一炁，自虛無中來，點汞而入鼎」也。**增批** 兌金位鎮於西，月之出庚比兌金旺時，不可執定晦後三日。若以晦後爲是，乃生人之道也，故上陽子曰「當具慧眼，則而象之」。是時鼎內陽炁初布，砂汞立基，紫賢翁曰「一清一濁，金木間隔於戊己之門；一性一情，陰陽會聚於生殺之户。採二儀未判之炁，奪龍虎始媾之精，入於黃房，產成至寶也」。

八日酉時，月到天心，其平如繩，是謂上弦，得金半觔。龍虎經曰「坤再變成兑，八日月出丁」，以象鼎內鉛汞漸結流珠。**增批** 契曰「上弦數八，下弦數八，兩弦合精」，皆在此八日內也。是時金水炁停，不進陽火，亦無行符，惟沐浴洗心而已。

三五爲望。望者，日月相射，則陰中三陽已備而成乾，猶月魄得日魂而滿。喻鼎中鉛汞壯盛，真陽充滿，火明金旺，將欲成器，是金水之炁與汞固結，汞與其母兩相流戀也。

既望平明，月現辛方，乾初變巽，乃陰陽相承之道。始焉，則純陰將交微陽而生藥，後則陰抱陽炁而成丹。巽乃承順陰符，陰炁漸生，包固陽精，始無動逸，則金砂落於胞中，陰中含陽，是謂歸根也。

二十三日平明，月現丙方，坤交乾之中爻而爲艮，鼎中藥物，自然凝結。是時陰陽之炁復停，不行陰符，亦無進火，惟沐浴滌慮而已，是謂下弦，得水半觔。以上弦金半觔，下弦水半觔，兩弦合一觔之數，以結丹砂。參同契曰：「兩弦合其精，乾坤體乃成。」

二十八日平明，月現乙方，此時陰陽之炁俱足，金汞結而成胎，坎離運炁於鼎中，周流六虛於象內。此喻金丹之始終也。至於晦日，日月復會於壬，則陰極而陽又將生矣。

但句裏雖已分明，而學仙子當體於身，晦朔弦望皆取證於身，不可泥文而着象也。

增批「不可泥文著象」，是實在語。

夫月，純陰也，不感日之陽炁，安能滅而復生？人亦似月也，當二八少壯之年，鴻濛未判，則純陽而炁全，故其精方勝而欲泄，而未泄之前，是謂純陽，號曰真人；一泄之後，即去一陽而交一陰，是變爲離，自此而往，情慾已萌，淳樸已散，精炁日損，損之又損，以至於陽盡而陰純也。夫惟不知金液還丹之道者，待其陽盡陰純，則死矣。惟修行之人，知其還返之妙，於其未盡之際，疾早修行，急急接助，扶救真陽，收領藥火以煉還丹，而復其命，亦如太陰領覽太陽之炁而復其明也。

防危護失須知章第三

緣督子曰：「學全真者，得師畧指門徑而不知逐節事條，知神炁相依不知鉛汞交媾，知鉛汞交媾而不知性命混合，妄擬火候進退，不知此皆無成。」真一子曰：「陽火過刻，水旱不調，隆冬變爲大暑；或陰符失節，寒煖相侵，則盛夏反爲嚴霜。金宮既砂汞之不萌，玉鼎則虫螟之互起。大則山崩地圮，金虎與木龍沸騰；小則雨暴風飄，坎男共離女犇逸。」以此觀之，縱知鉛汞二物，不曉火候，不防危險，實徒然耳。故慮險防危，金丹之大事也。

但慮險防危，不啻一件。其初採藥之時，日月歡會，龍虎相交，戰爭之際，真人已潛於深淵，浮游慎守於規中，是時閉塞三寶，惟當專心致志，否則有喪身失命之事，紫陽翁曰「依時採取定浮沉，進火須防危甚」，最爲初關之緊切，此其一也增批：湯曰「明夷」、曰「訟」、曰「凶悔」，皆初關防危之言；。採取之時，若或陰陽錯亂，日月乖戾，外火雖動而行，內符閉息不應，枉費神功，此其二也增批：泰曰「否終則傾」，即採取時防危之言；。若火候過差，水銖不定，源流混濁，藥物不真，空自勞神，有損無益，此其三也增批：頤曰「拂經」，即火候過矣；噬嗑曰「噬乾胏」，即水源混濁；　既得黍珠入鼎，須要溫養保扶，心君苟或未善，即恐火化丹失，此其四也**增批**火化丹失，即離之「突如其來如，焚如，死如，棄如」也；　至有學者，備歷艱難，屢經危險，心膽驚怖，平時在懷，得丹入鼎，切宜驅除，務令清靜，勿使牽掛舊慮，以亂心君，是謂滌慮洗心，是謂沐浴，偶或留戀，則恐鉛飛汞走，此其五也**增批**无妄、大畜，即得丹入鼎以後之功，故「有厲利已」、「輿脱輻」、「良馬逐」，俱宜無，尤「艱貞」也；　及至十月胎完，脱胎換鼎，不能保固陽神，輕縱出去，則一去而迷途，遂失舍而無歸，此其六也；　又有丹成之後，且要識真辨僞，若功行未滿，眼前忽見靈異多端，奇特百出，以至生生之事，皆能明了，若此皆爲魔障，並非真實，切不可認爲己靈丹聖，茲乃邪僞妖幻，見吾道成，乃欲引入邪宗，以亂吾真，於斯時也，且要堅持智慧，保養全真，此其七也。**增批**六、七條之防危，乃九年面壁之景象也。　凡此，皆防慮之大者也。有一不防，非但無成，恐致失喪。　正陽祖曰「已證無爲自在心，便須溫養保全真；　一年沐浴防危險，免見沉淪更有用心」，吾故云「慮險防危，金丹之大事也」。

卯酉刑德須知章第四

紫陽真人曰：「兔雞之月及其時，刑德臨門藥象之。」兔雞者，卯酉也。卯酉非止一說，有天地之卯酉，有一年之卯酉，有一月之卯酉，有一日之卯酉，有一時之卯酉。

天地之卯酉者，氐房心爲卯，胃昴畢爲酉也。一年之卯酉者，春分爲卯，時曰中和；秋分爲酉，序曰中秋。一月之卯酉者，初八日爲卯，月滿上弦，酉時月到天心；二十三日爲酉，月屆下弦，卯時月到天中。一日之卯酉者，日出爲卯，而萬物作；日入爲酉，而萬籟息。一時卯酉者，蓋攢簇之道也，簇一年爲一月而一月分六候，簇一月爲一日則一時分六候，故一年分七十二候簇於一日也，是知一年之中止有一日，一日之内止有一時。行人須辨時中卯酉，要知一時六候，採藥取鉛，惟用二候，猶餘四候，別有妙用。**增批** 卯酉者，取一氣平分，非真卯酉二時也。

所謂刑德者，二八也。蓋二八者，卯酉也。卯酉是陰陽平分之位，陽爲德，德則萬物生；陰爲刑，刑則萬物死。而卯月乃四陽而二陰，陰道將離，而陰主殺也，是以卯之二陰，陰已不能勝陽，然殺氣未盡，至是而榆死，故爲刑也；酉乃四陰二陽，陽道將離，而陽主發生，是以酉之二陽，陽雖不能勝陰，然生意尚存，至是而麥生，故爲德也。正陽翁曰：「切須專志保初心。」

沐浴滌慮須知章第五

指迷詩曰：「沐浴之功不在他，全憑乳母養無差；五行和合陰陽順，同坐同行共一家。」無名子曰：「陽炁到天地之中，陰陽相半，不寒不熱而温，故爲泰卦，不進火候，謂之沐浴；陰炁降天地之中，陰陽相半，不熱不寒而涼，故謂否卦，不進陰符，亦云沐浴也。」蓋謂適當陰陽相半，鉛汞既停，陰陽二氣，自然交合，於此時也，不必進火，亦不行符，恐反傷丹，惟有洗心滌慮，以保養之，故謂之沐浴也。行人盡將平時憂愁思慮之心，執著貪愛之念，翛然脱去，渾無一毫牽掛，直要形如槁木，心若死灰也。**增批** 指迷之詩，方是「謙」「豫」之功。若無名子之言，又是一理，只作「滌慮」解可也。

丹陽祖云「水中火發休心景，雪裏花開滅意春」，是謂洗滌。其時則近卯酉，其卦則云否泰，其候則屬温涼，其象則爲刑德。至此則罷火守城也。

參同契曰：「候時加謹慎，審察調寒温；周旋十二節，節盡更須親。」入藥鏡云：「受炁吉，防危凶；火候足，莫傷丹。」紫陽翁曰：「及其沐浴法，卯酉亦虛比。」卯酉時，不可執泥外象，當於藥火到時而取也。

古歌云：「刑德同生殺，加臨二八門；丹砂宜沐浴，神水灌靈根。閉兑留金汞，禁關養魄魂；不須行火候，爐裏自温温。」工夫到此，可不慎乎？

生殺爻銖須知章第六

昔我師曰：「學道之士，得内外藥物之真，兩般作用之全，合大造化，方得所傳。苟有毫髮差殊，未免天地懸隔。」

夫生殺者，陰陽二物也，龍虎二物也。龍乃陽中之陰，主生，故興雲致雨，潤澤萬物，而其中之陰，能殺者也；虎乃陰中之陽，主殺，故呼風哮吼，常有殺心，而其中之陽，能生者也。陰陽二物，順則成人，逆則成丹，故不爲萬物不爲人，則成丹矣。是所謂生也。且道生又生箇什麽？莫不是生天生地生人生五行生萬物者乎？莫不是有大靈通智慧、有大神聖變化者乎？且道殺又殺箇什麽？莫不是殺那無明煩惱的賊、殺那旁門愚痴的賊？旌陽祖師以五童女劍殺之，純陽帝君以三清劍殺之，佛祖以金剛玉寶劍殺之，故云「護生須是殺，殺盡始安居」。

祖師云：「斬魑滅魅多長生。」魑者，痴也；魅者，昧也。若人早早殺了這愚痴暗昧的，則可以畢長生之道矣。行人定知毫髮差殊不能成丹，切須洞曉也。若悟陰陽生殺二物，何憂不仙乎？

至如所謂卦象爻銖之説。銖也者，將準之而定也；爻也者，將效之而用也；象也者，將象之而爲也；卦也者，猶卦以示人，使人以此爲則例也。爻與銖者，明輕重也；象與卦者，明進退也。積三百八十四爻而成六十四卦，積三百八十四銖而成十六兩，觔足卦滿，喻丹之將成也。**增批**　此所謂「五千四八歸黃道」也。行人務在知輕識淺，知重識深，知難識退，知易識進，不過以法金丹内外二藥也。猶以復震爲採藥之初，則半觔爲入藥之數；如百爻之謂，以三十爻爲文，七十爻爲武者，則知採藥之難也；以卦足而藥成，則丹足二八一觔之數。故火記言：「二百一十六，乃乾之策也；一百四十四，乃坤之策也；陰陽之數既足，金液之丹已成也。」**增批**　乾之策二百一十六，故男子十六而精通；坤之策百四十有四，故女子十四而化也。

脱胎換鼎須知章第七

入藥鏡曰：「盜天地，奪造化。」又曰：「初結胎，看本命；終脱胎，看四正。」紫陽翁云：「節炁既周，脱胎神化，名題仙籍，位號真人，此乃大丈夫功成名遂之時也。」又曰：「夫金丹者，採二八兩弦之藥，結三百日之胎。心上工夫，不在呑津嚥氣；先天造化，須常聚氣凝神。行持惟憑口訣，至簡至易，非色非空，無中養就嬰兒，陰内煉成陽氣。」行人既感真師傳授，未得真鉛，先當收拾自己精神，不可恣情縱慾。凡於日用應酬之間，似有若無，忘情絶念，以待藥火之至也。故純陽祖師云：「七返還丹，在人先須煉己待時。」

清靜經云：「人能遣其慾而心自靜，澄其心而神自清，自然六慾不生，三毒消滅。」夫人心虚則澄，坐定則靜，寡言希聽，存神保命，多言則損氣，多喜則放情，多慾則觸意，多悲哀思慮則傷神，貪慾勞困則傷精，皆修行之人不宜有也。

若得先天真鉛合汞，又喜火候無差，温養保扶，均調神息，直至丹熟胎完，嬰兒成就，而成真人。三年九載，立行累功，或留形住世，接物度人，如安期生、藍采和是也；或入仕塗，匡時理世，如東方朔、竇令君是也。至如五祖七真，慈悲接人，張、葛、許、浮邱諸祖師，乘時救刦，伺詔飛昇者也。增批　三年功畢，嬰兒產生，調神九年，壽參天地，而濟天下矣。若也，再就向上之事，則移胎換鼎，可無難矣

何謂向上之事？前胎完就，已成真人，則移居上丹，却重整乾坤，再造陰陽，子又生孫，百千億化。紫陽翁曰：「一載生箇兒，箇箇會騎鶴。」泥丸真人曰：「一載胎生一箇兒，子生孫兮孫又枝。」若應時立功，則身歸三清矣。丹陽祖師曰：「神滿太虛，亦無所礙。故天有時而崩，地有時而陷，山有時而摧，海有時而竭。凡有象者，終歸於壞；惟道成者，神與道合，永刦無壞。又兼功及九祖，則刻日同升上清矣。」增批　此周易離卦傳煉神還虛之事，又謂之「神仙復做神仙事」也。

須知七事章第八

上陽子曰：「道必由學，學必曰精而已矣。」老子曰：「吾非聖人，學而得之。」孔子曰：「不如丘之好學也。」又曰：「生而知之者，上也；學而知之者，次也；困而學之，又其次也。」釋迦文佛聞半偈而欲捨其身。黃帝順下風而膝行而進，問廣成子治身「奈何而可以長久」。夫古之大聖，亦安有不學而能知大道者？今時人多妄誕，不肯下問，何時得聞大道哉？

夫道有立談，道有心授。君臣、父子、兄弟、夫婦、朋友，是綱常之道，可以立談而非心授也；天命之性，率性之道，可以心授而不可以立談也。率性之道，即孔子「一貫」也，即孟子「集義所生」也；綱常之道，雖童稚亦可訓之，彼有國有邦者，置所司以掌之，萬世不易者也。至如「率性」「集義」之道，前賢註疏，畧不及焉。若賢人君子，遇聖師口授而不驚疑，以「集義」「率性」之道而修之，是則謂之大聖人也，綱常之道在其中矣。

煉丹者，砂硫水銀，是修煉之道也，可以立談而非心授也；所言心授者，無爲而無不爲也，爲之而有以爲也，可以心授而不可以立談也。無爲有爲之道，即金丹之大道也。夫丹爐修煉凡砂水銀之道，雖愚夫愚婦可煉，故可立談；至如先天真鉛，有爲之道，雖上士至人，遇師口授，亦不免疑焉，若得師指示金丹有爲之道，勤而修之，是之謂神仙也。

夫頑坐也，守性也，持齋也，是坐禪之道，可以立談而非心授也；惟正法眼藏，涅槃妙心，直指人心，見性成佛之道，可以心授而不可以立談也。正法眼藏，直指人心，即最上一乘之道也。持齋坐禪，雖庸人孺子，亦可以立談；至如一乘之道，雖利根上智，於佛祖言不得證，猶不免疑焉，是以靈山會上，五千退席，五祖佛法不付神秀而與老盧，是謂可以心授而不可以立談也。

葛仙翁六十始遇師，白玉蟾六十四始遇師，皆成道也，是謂道有心授也。

道有三悟。孔子翼易曰「近取諸身，遠取諸物」，是言道也，行人從「近」與「遠」及「身」與「物」四者求之，眼下自有悟處；清靜經曰「内觀其心，心無其心；外觀其形，形無其形；遠觀其物，物無其物」，是言道也，行人從「内」「外」「遠」及「心」「形」「物」六者求之，目下便有悟處；佛祖云「不是心，不是佛，不是物」，是言道也，從「心」「佛」「物」三者求之，脚跟下即有悟處。是之謂「道有三悟」者也。**增批**「物」字從「勿」，爲變「月」；

从「牛」，爲「生」，曰大武。此物乃坎月中一元大武也。

且以三教聖師，皆曉世人從物求道，以道爲物，須當審思，切勿容易看過了也。蓋道者，乃萬物之一物，而物者乃大道之一物也。故老子云「有名萬物之母」，又云「淵兮似萬物之宗」，是皆以物而名道也。一切常人，不肯尋師，或以孤陰寡陽攝心兀坐，或以持齋守戒離俗絕塵，或以凡砂鉛銀煅煉爐火，凡此皆誤而非悟也。能於是篇言下投機，須有奇特大悟之處矣。

道有三傳焉。上焉者，文人善士，寡言好善，能棄富貴，惟急於身，是云上士，宜傳道焉；中焉者，質而不文，聞道篤信，能割恩愛，力行精進，不顧是非，是曰中士，乃有上士之志，宜傳道焉；下焉者，愚而信實，樂善棄惡，捨己從人，勇於敢爲，是云下士，其志可尚，宜傳道焉。故得此道者，莫不勇猛精進，莫不堅固智慧，莫不遏惡揚善。

夫「善」之一字，乃入道之梯航也。是以常人耳常聞善則腎不走精，口常語善則心不失神，鼻常嗅善則肺能安魄，眼常視善則肝能育魂，意常思善則脾能生炁。黃中通理，行修奚可不善歟？**增批** 人性本善，能爲善則本性靈明而活潑，故最可以傳道。後來斯有「三千功」「八百行」以行道，方不負所傳。

道有三戒。凡學道者，心雖慕向，而乃驕其富貴，不肯下問，不立盟誓，是謂奸譎，戒而莫與；次，學道者，畧聞旁門小法，惟事强辨，以逞乾慧，是謂誇眩，戒而莫與；三，學道者，疑信相半，不以生死爲憂，重財輕身，是不知命，戒而莫與。

道有三去焉。一者，雖智人才士，而好論狀告人者，是謂無德，宜去之也；二者，雖善人勝士，而好詆排是非，妄議古今，是謂不廣，宜去之也；三者，雖好道向善，而口是心非，背真就僞，是謂無實，宜去之也。

道有四異。四異者何？酒色財氣是也。

一切常人，飲少輒醉，平時端莊，化爲戲謔；平時正直，化爲諛佞；平時廉潔，化爲貪淫；平時謙和，化爲狂傲。因酒喪德，逃失性真。行人戒慾靜坐，歛精怡神，不爲酒亂，此爲異耳。

世之聲色，敗人者多，常人肆情縱慾，貪著無厭，如彼蜉蝣，以燈光爲色，以焰爲樂，投光赴焰，來往不捨，趍燈而撲。人亦如是，着於愛慾，精炁以竭，而情難割，情牽神失，意動氣散，神氣既喪，命亦隨逝。色之爲物，本無鋒刃，而其殺人，甚於刀截。大修行人，似同而異，酒肆淫房，未嘗不戲，却乃非色爲色，知色不色，不色中色，色無定色，此乃異耳。云何非色爲色？如彼蓮花，香引十里，花却爲色，香即是聲。修行不貴其香，不貴其花，惟貴其信。信即爲蓬。花之與香，不能長留，蓬實可久。實能安心，此故云信，是以貴之。太上云「其精甚真，其中有信」，猶此意也。何謂知色不色？如彼河水，清流涓涓，水以濟舟，至於彼岸，其舟與水，悉皆外物。祖師不云「道成而後，丹房器皿，委而去之」也？何謂不色中色？如彼枯旱，陰雲四興，甘雨驟至，須臾復霽。若乃求其向來雲雨，一無所見，而惟五穀萬物蒙潤發生，維摩經云「遊諸四衢，饒益衆生；入諸淫房，示慾之道」，此之謂也。色無定色，其義云何？如彼寶月，歲十二度，朔望弦晦，無定之中而有大定。當詳論之。三日生魄，色以大定；八日半盈，是云上弦；十五對望，圓明遍滿。凡彼人間，莫不瞻仰，而其光輝，圓而復缺，乃不長在。若人再欲觀其光彩，須別索求生魄弦望。易曰「與天地合其德，與日月合其明」，又曰「原始要終，故知生死之說」，此謂「色無定色」也。

一切常人，貪財無厭，積而不散，爲兒孫計，不悟天地日月盈虚消長之理，如彼石崇，富敵於國，財聚怨結，身戮家喪。大修行人，既得其財，即以求藥，得藥成丹，丹成而後，盡散其餘，此爲異耳。

一切常人，爭盡閒氣，惱亂身心，好訟欺貧，量可即奪，不顧因果生死，不悟悔吝凶危皆由此起，所爭者少，所喪者多。如彼項王，英雄蓋世，卒之身死屍分，餧飼鷹犬，視後來人之所爭況不及乎？大修行人，所爭之氣，非人所知，是先天地真一之炁。修仙作佛，若非是炁，不係修行，不能長生，此爲異耳。

丹法參同十八訣

一　採藥　收拾身心，斂藏神炁。

二　結丹　氣凝聚，念不動。

三　烹煉　金液煉形，玉符保身。

四　固濟　絕念忘形。

五　武火　奮迅精神，祛除雜念。

六　文火　溫溫不絕，綿綿若存。

七　沐浴　洗心滌慮。

八　丹砂　有無交入，隱顯相符。

九　過關　果生枝上，子在胞中。

十　分胎　雞能抱卵，蟬到成形。

十一　溫養　知白守黑，神明自來。

十二　防危　一念外馳，火候差失。

十三　**工夫**　暮採朝收，時烹日煉。

十四　**交媾**　念念相續，同成一片。

十五　**大還**　對景無心，晝夜如一。

十六　**聖胎**　蟄其神，藏其炁。

十七　**九轉**　火候足，嬰兒現。

十八　**換鼎**　子又生孫，千百億化。

金丹就正篇

淮海潛虛子陸西星長庚　著
會稽存存子陶素耜通微　訂

金丹就正篇玄膚論目次

淮海潛虛子陸西星長庚　著

會稽後學存存子陶素耜通微訂

金丹就正篇

金丹就正篇序

予觀丹經萬卷，其言長生大藥，必得先天真乙之氣而成。問氣所從來，則必曰「彼處求之」。夫吾人一身，獨無是氣，而顧於彼求之哉？信之者未一二，而疑之者已千百矣。

星自丱歲，即雅志斯道，以根鈍質愚，未能洞其旨趣。間取參同、悟真開卷讀之，荊榛載途，縮澁莫前。始爲註師俞琰指以清淨無爲之道，凡言身外之修，一切斥爲旁門；金鼎火符，悉皆認爲爐火。固守先入，堅不可破。噫！果清淨，不知下士何以大笑，而謗毀何以易生也？予讀書至此，不能無疑。

嘉靖丁未，以因緣得遇法祖呂公，於北海之草堂，彌留欵洽，賜以玄醴，慰以甘言。三生之遇，千載希覯。既以上乘之道，勉進我人。首言陰陽合而成道，時則謬舉三峯之說以質於師，師乃斥之。間嘗授以結胎之歌，入室之旨，微言奥論，動盈卷帙。筆而藏之，顧旨其言，而未能暢也。

因循二十載，幾負師恩。甲子嘉平，予乃遯於荒野，覽鏡悲生，二毛侵鬢，慨勛業之無成，知時日之不待，復感師恩示夢，去彼掛此，遂大感悟。追憶曩所授語，十得八九。參以契論經歌，反覆紬繹，寤寐之間，性靈豁暢，恍若有得，乃作是篇。孔子曰：「温故而知新。」今予所温者故也，而所知則新也。雖一時腰臆之言，未敢就正有道，然亦庶幾不背吾師之旨乎。**陳攖寧頂批**「腰臆」恐有錯誤。**蒲團子按**鄭觀應刊本方壺外史作「臆度」。

上篇

或問於潛虛子曰：「丹經之言『先天一氣必於同類求之』，爲說者何？」

曰：「予聞之師，金丹之道，必資陰陽相合而成。陰陽者，一男一女也，一離一坎也，一鉛一汞也，此大丹之藥物也。夫坎之真氣謂之鉛，離之真炁謂之汞，先天之精積於我，先天之炁取於彼。何以故？彼，坎也，外陰而内陽，於象爲水、爲月，其於人也，爲女；我，離也，外陽而内陰，於象爲火、爲日，其於人也，爲男。故男女陰陽之道，順而生人，逆而成丹，其理一焉者也。」

曰：「坎爲中男，離爲中女，易固言之矣。而此謂我反爲離，何也？」

曰：「此先天圖位之說也。邵子曰：『陰陽之精，互藏其宅。』且夫太極分而兩儀，兩儀而四象，四象而八卦，則離屬之乾而坎屬之坤矣。離坎者，乾坤之交而成卦者也；

男女者，陰陽之交而成質者也。故乾坤交，則乾不得不虛而成離，坤不得不實而成坎矣；男女交，則陰不得不含夫陽，而陽不得不根夫陰矣。此坎離彼我之別也。」

曰：「然則離之中爲陰精，坎之中爲陽氣，吾一身中豈無精氣，而顧取之於彼乎？」

曰：「誠有之，未竟其說也。吾嘗没溺於玉吾老叟之論，而今始悟。子靜聽，吾試言之。聞之師曰，陰陽二五，妙合而凝，而人生焉。其始也，太樸未雕，渾然太極之全體。老子曰：『含德之厚，比於赤子。』未知牝牡之合而峻音「垂」；赤子，陰也作，精之至也；終日號而嗌音「益」，喉也不嗄音「沙」，去聲，聲破也，和之至也。是陰陽之純也。斯時也，先天之體，渾淪完固，何假於取？何事於填？得而修之，則無爲之上德又何加焉？及夫情竇一開，陰陽交感，則先天之炁乃奔蹶而逸於坤中，三畫純乾乃破其體而爲離。離爲日，日昃之離，大耋之嗟矣，能久視乎？故丹法取坎者，補其既破之乾也，填其既虛之畫也，復其純陽之體也，此神仙還丹之說也。」陳攖寧頂批 論乾破爲離、坤動成坎之原理，尚不十分徹底。

曰：「我之爲離，乃自奔蹶之後而得之。彼未奔蹶，則固坤也，以爲坎，又何也？」

曰：「善哉問。渾淪之初，彼固坤體，二七之期，有陽動焉。純坤之中，忽有陽動，非坎乎？故坎者，陰中之陽，乃太極之靜極而動，自然而然，謂之先天。天一生水，真乙之炁藏於坎中，母隱子胎，水中有金，欲造金丹，法當取坎，此產藥之川源，而登真之梯筏也。

且夫陰中之陽，以動爲主，故取坎之期即得藥之候，惟偵其動；陽中之陰，以靜爲主，故填離之後思其之候，致養於靜。知動知靜，而不失其時者，其惟聖人乎？聖人者，觀天之道而執天之行者也。是故，月盈虧，象藥材之老嫩；日早晚，爲火候之消息。藥火相得而丹成，丹成斯脱胎而神化也。」

或又曰：「子之所論，皆後天也，其在先天，亦有可言者乎？」

曰：「吾嘗因是而求之易矣。易曰：『精氣爲物，游魂爲變。』夫陰中之陽，其名曰『炁』；陽中之陰，其名曰『精』。二者相須，而物生焉。嘗觀順行之道矣，精先至而氣後隨，則陰包乎陽而爲女；氣先唱而精後隨，則陽包乎陰而爲男。然則離男坎女之辨，又不待於成質之後，而已預定於受氣之初矣。且金丹之道，陰陽相合而成者也，人道順施，天道逆取，取材於坎而造丹於離也，又何疑乎？」**增批** 知取材於坎，則知凝神之處；知造丹於離，則知凝神之方。凝神云者，即「取」「造」二字之真訣也。不知坎離之用，則取材造丹皆流於口談。坎在何處，離在何方，可不即講哉？而凝神之處、之方，又急講之急務也。

中篇

或問：「吾人四大一身皆屬陰也，有時而動，將不屬之陽乎？」

曰：「離爲火、爲日，動雖屬陽，而實根於陰也，故曰『火陽根陰』。觀夫靈光閃爍，莫可控制，吾身之陽，亦復如是。是以嘗有奔蹶之患。聖人知其如此，故取坎中真乙之水，以克制之。夫情熾於中，精逸於外，猶火炎於下而水沸於釜也。取彼先天真乙之炁，伏我奔蹶易逸之精，猶之酌泉於甕而救沸於釜也，靡不濟矣。」

「然則取坎之法亦有可言者乎？」

曰：「天機至閟，非得師旨，孰敢妄言？請啟其端，俟吾子悟焉。在易，雷在地中，於卦爲復，地勢重陰之中，而忽有陽動，此造化之根柢，而品彙之樞紐也。孔子翫易至此，不覺歎曰『復其見天地之心乎』，契亦有之『故易統天心，復卦建始初』，又曰『發號順節令，勿失爻動時』，蓋言此也。知雷在地中而成復，則知陽生於陰而真乙之炁之藏於彼也，可不言而喻矣。」

或又曰：「藥之生也，丹經每以三日出庚爲喻，可得聞乎？」

曰：「坎爲月，月爲太陰，受日之光以生明。三日出庚，陽始萌也，亦如復卦；八日上弦，遍臨三陽，東方盛滿，三陽開泰；下弦則陽之衰也；月晦則陽之盡也。剝復相尋，終則有始，故三日而復甦。彼之造化，亦復如是。丹法象此，以偵藥材之老嫩。師示曰『月夕爐中藥』，又曰『雪暎冰潭了淨，梅梢新月，始可藥生』，天機玄妙，盡洩於此。吾昔旨其言而不能暢也，今則恍然以悟，乃知師恩深重，昭昭若揭日月而賜之視也。」

曰：「藥材老嫩，其用之也奈何？」

曰：「金丹造化，乃先天真乙之炁而成。先天炁，輕清未形，乃陽中之陽也，其端甚微，而其妙莫測，急採於癸生之初，而用之以一符之頃，稍遲則生滓而度於後天，是又陽而反變爲陰矣。悟真詩曰『見之不可用』，蓋言老也；『一霎火燄飛，真人自出現』，蓋言速也。噫！造化之妙，非聖人孰能知哉？非聖人孰能用哉？」

下篇

或問：「造化之妙，自非聖人莫能用，吾輩非聖人也，而欲用之，其要安在？」

曰：「師不云乎？『真土擒真鉛，真鉛制真汞。』真土者何？己土是也。採藥之土，不煉己土，則靈汞易失，而所作無功，反遭困辱矣。經曰『築基煉己』，蓋言此也。己之爲物，於人爲意，亦曰『己性』。以其周遊於四象之中而無定位，故名之曰『土』。金丹始終皆藉於此，故煉藥求鉛以己迎之，收火入鼎以己送之，烹煉沐浴以己守之，換鼎脫胎以己成之。正心誠意，則身修國治而天下平矣。此煉丹之樞要也。契曰『運轂正軸』，又曰『辰極處正』。古仙垂語，叮嚀告戒，不一而足。」

「且夫父母以情慾而生我，故氣質之性每遇物而生情焉。茍煉己無功，六根未定，入室之頃，大用現前，慾動情熾，姹女逃亡，又安能以一符之頃而奪驪龍之珠於頷下哉？傳之有曰：『探虎穴，捋虎鬚，幾不免虎口哉！』危乎危乎！非大智慧，不足以破此；非大力量，不足以得此。」

「師示我曰：『入頭鏡，在汝心，心不虛兮鏡不真。』噫嘻！虛心之旨，其煉己之要乎！清淨經云『內觀其心，心無其心；外觀其形，形無其形；遠觀其物，物無其物。三者既悟，惟見於空；所空既無，無無亦無』，此虛心之謂，煉己之大解脱、大休歇也。故下文繼曰『常靜常應』。嗚呼！常靜者，其煉己之驗；而常應者，其求鉛之用乎。」

「師示我云『月夕爐中藥』，命對之，予茫然未有以應也，師復自對云『風花座上灰』。夫留連光境者，以風花雪月爲四勝，對景生情，應接不暇，吾師一切擬之爲座上之灰，非忘己忘物而忘忘者乎？採藥之符，煉己之要，師示我者至矣。予昔旨其言而今暢之也。」

或聞之躍然起曰：「微子之言，吾終不聞大道之要。」請塞子兑，吾退而煉己。

金丹就正篇後序

金丹之道，煉己爲先，己煉則神定，神定則氣住，氣住則精凝，民安國富，一戰而天下定矣。

昔師示我曰：「人能清修百日，皆可以作胎仙。」夫百日而清修，片晌而得藥，十月而行火，脱胎神化，改形而仙，顧不易易哉！而世卒難其人，此何説也？根淺者，聞道而不信；學疏者，證道而不真。盲師妄引，指東作西，不辨越燕，焉分蒼素？間或質以參同、悟真，未即條析，輒云「陳言易得，口訣難逢，別有開關展竅之秘，離形交氣之旨」。初學之士，一聆其言，意在速成，心希僥倖，焚香誓天，賫金固請，片言入耳，肺腑深藏，而參同、悟真束之高閣矣。

且夫陰陽同類感應相與之道，順之則凡，逆之則仙，是皆自然而然，非有巧僞。豈不聞悟真之詩云「休施巧僞爲心力」，參同契云「自然之所爲兮，非有邪僞道」？古仙垂語示人，曷嘗隱秘，然皆絕口不言「開關展竅，離形交氣」之説，而今乃有之，是知驥足不添，則駿骨無價，大道之厄，斯人爲之也。嗟乎！魚目爲珠，燕石爲寶，世人好小術，不審道淺深，獨奈何哉！

昔師示我云：「參同、悟真，乃入道之階梯。」顧言微旨遠，未易剖析，沉潛十載，始覺豁然。且夫僕非能心領神悟也，賴翫索之功深，而師言之可證耳。予既微有所見，不敢自私，輒成是編，以就正有道。雖然，此其大略云耳，若夫入室細微之旨，内外火候之詳，自有二書者在，予則安敢贅哉？

甲子嘉平潛虛生述

玄膚論

三元論 統論三才藥品。

愚聞之師曰：「丹有三元，皆可了命。」三元者，天元、地元、人元之謂也。

天元謂之神丹。神丹者，上水下火，煉於神室之中，無質生質，九轉數足，而成白雪，三年加煉，化爲神符，得而餌之，飄然輕舉，乃藥化功靈聖神之奇事也。其道則軒轅之龍虎，旌陽之石函，言之備矣。陳攖寧頂批 龍虎上經、石函記。

地元謂之靈丹。靈丹者，點化金石，而成至寶，其丹乃銀鉛砂汞有形之物，但可濟世，而不可以輕身。九轉數足，用其藥之至靈妙者，鑄爲神室，而以上接乎天元，乃修道之舟航，學人之資斧也。古今上聖高真，名爲聖事。其法至易至簡，不過採先天之鉛，伏後天之汞，識浮沉，知老嫩而已。今之盲師，率多昧此，故千舉萬敗，不知地元之道與人元不殊，必洞曉陰陽，深達造化者，而後可以語此。

人元者，謂之大丹。大丹者，剏鼎於外，煉藥於内，取坎填離，盜機逆用之謂也。古者高仙上聖，莫不由之。了命之學，其切近而精實者，莫要於人元。

故丹有三元，係於天地鬼神而不可必得者，天元也； 法度修明，福慧雙美，舉之而如取如攜者，地元也； 宇宙在手，萬化生身，鬼神不能測其機，陰陽不能逃其算者，人元也。然則亦有大小乎？ 曰：「愚聞之師，天包乎地，地載乎人，大小見矣。」是三元之品也。

內外藥論

論人元之藥必資同類。

人元之學，㓞鼎於外而煉藥於內，於是始有內藥、外藥之分。 而世之言外藥者，率多不得其旨，以盲引盲，殊可悼痛。

夫道在我身，內煉誠是矣，而何以㓞鼎於外？ 老聖比之用兵，曰：「夫佳兵者，不祥之器，聖人不得已而用之。」且夫上藥三品，神與氣精，凡吾所具於先天者，混淪未鑿，何假修煉？ 故童初之子，皆聖胎基，自夫情竇一開，而混淪之體破矣。 渾淪既破，凡吾身之所有者，日改月化，動皆落於後天。 後天之物，皆屬於陰，不能以久存，不得不假夫同類之先天者以補之。 而同類之先天，則太陽乾金矣。 以陽煉陰，形乃長存。 契有曰「欲作服食仙，須求同類者」，「籬破竹補」「覆雞用卵」，如斯而喻，甚明切也。 然又須知彼我之氣，同一太極之所分，其中陰陽之精，互藏其宅，有不可以獨修者。

易曰「一陰一陽之謂道」「同聲相應」「同氣相求」； 契曰「冠婚炁相紐，元年乃芽滋」。造化之理，順則成人，逆則成丹，神妙自然，不可誣也。煉藥於内而翔鼎於外，豈直補吾身之缺而已哉？

陰陽互藏論 論坎中先天真乙之氣。

「何謂『陰陽之精，互藏其宅』？」「契曰：『天地設位，而易行乎其中矣。易謂坎離。』悟真詩曰：『先把乾坤爲鼎器，次搏烏兔藥來烹。』乾坤者，陰陽之象；烏兔，則陰陽之精也。離爲日而秉陽精，而離之中畫却是陰，是陰藏於陽之宅也；坎爲月而秉陰精，而坎之中畫却是陽，是陽藏於陰之宅也。故曰『坎男爲日，離女爲月』，蓋言此也。是知乾坤者，陰陽之位也；坎離者，陰陽之交也。其在人也，情竇未鑿之先，一乾坤純陰純陽之象也；既鑿之後，陰陽之體交，而互藏之精用矣。少陽之數八，男子得之，故二八而精通；少陰之數七，女子得之，故二七而天癸至。豈非陽得陰數、陰得陽數？而互藏之義，斯以見乎？」

或曰：「男子二八而精通，彼之破體，夫固有所感也，女子二七而天癸至，何所感耶？」曰：「未論有感無感，但其氣既至，則渾淪之體斯已破矣。且夫地勢重陰之下，而忽有一陽來復，乃十有一月之卦也。斯時也，天地之心，果何所見？而夫子歎之，毋亦以造化交感之氣雖未氤氳，而其機斯已動乎。方其不動而動、動而不動之時，是謂先天真乙之氣，所以爲造化之根柢、品彙之樞紐者，實在於是。迨夫朕兆已彰，形色已見，斯則落於滓質，而屬之後天。故吾所謂破者，乃自氣機之動者而言之，非謂必待於交感氤氳而後謂之破也。且男子之精通也，其始未必先有滓質，必其氣先至，繼乃化而爲水，又繼化而爲精。所謂先至之氣，即先天也；氣化爲水，即天一所生之水也。先天之體既破，後天之用遂行；後天之用既行，先天之真愈隱矣。造化之妙，發洩至此，誰曰不然，請問之師焉。」

先天後天論

「何以後天之用行而先天之真愈隱？」曰：「先天之真不可見，凡可見者，皆後天也。今之言涕唾津精氣血液者，皆有形滓質之物，俱屬後天而不可用，則又以精氣神當之。不知後天之用既行，則精氣與神，又皆隨用顯發而落於後天。何者？已鑿之後，說着用着，皆落後天，而先天之真，沉潛淪匿，孱弱微細，日就蕭索，而不足以爲一身之主。至於老病死苦者，後天之用竭，而先天不存也。然則欲吾形之永固者，捨先天奚以哉？」

鉛汞論 論陰精陽氣。

或問：「先天之氣爲眞鉛，其旨安在？」曰：「眞者對凡而言，眞則無形，而凡則有象也。必欲竟其說，請言其本。夫自乾坤交，而坎離之體成矣。乾坤交而渾淪之體已破，故後天卦位退乾坤至尊於無用之地，而以坎離代之。蓋南北者，天地之兩極也。先天卦位，本乾坤所居，今退而不用，以離坎代之，則後天之用行矣。離爲日，照耀於南；坎爲月，照臨於北。日月交光，而萬物生焉。雖曰後天用事，其實則先天之體爲之。故坎之眞氣，化而爲鉛，即天一所生之水也；離之眞精，化而爲汞，即地二所生之火也。鉛汞水火，皆人間有名有相之物，謂之眞鉛眞汞，則不可名、不可相也，故不得已而假有名有相之物以擬之，而加之曰『眞』，實則陰精陽氣而已。易曰：『精氣爲物。』精與氣合而人始生，皆先天之用也。以其互藏也，故男得其精而用精者化，女得其氣而用氣者昌。用精者化，故順而成人；用氣者昌，故逆而成丹。先天之氣爲眞鉛，厥有旨也。以先天之未擾之眞鉛，制後天久積之眞汞，則其相愛相戀如夫婦子母不忍離，是皆自然而然。有不知其所以然者，自非洞曉陰陽，深達造化，烏足以語此哉！」

陳攖寧頂批 此論尚不透徹。蓋此方有形之精，與彼方有形之卵相合，則生人；此方無形之精，與彼方無形之氣相結，則成丹。先天未擾之眞鉛，乃彼家靜極而動之氣； 後天久積之真汞，即我家未變濁精之神水。

元精元氣元神論 分別先天後天。

「元氣爲鉛，元精爲汞，元神果何物乎？」曰：「元神爲性，精氣之主也，以其兩在而不測，靈通而無方，故命之曰『神』。故神往則精凝，精凝則氣歸，氣歸則丹結，皆先天之用也。所謂元精，非交感之精之謂也，精藏於離，心中之真液也；所謂元氣，非口鼻呼吸之謂也，氣藏於坎，虛無中之真氣也；所謂元神，非思慮之神之謂也，神通於無極，父母未生以前之真靈也。夫人一太極也，精氣即太極之陰陽也，神即太極之無極也，是謂元精、元氣、元神。善乎！翠虛之吟云『此精不是交感精，乃是玉皇口中涎』，玉皇，心君也，口中涎，心中之靈液也；『此氣不是呼吸氣，乃知却是太素烟』，太素烟，先天真乙之氣也；『此神不是思慮神，可與元皇相比肩』，元皇即元始也。是謂無極之真，通天地，貫宇宙，巍然而獨尊，超然而獨運者也。」

神統論

何以知神之統精氣乎？ 即舉一身之後天者言之，神大驚則精散而怔忡，神太淫則氣脱而痿縮，故神藏於精則謂之曰「精神」，神藏於氣則謂之曰「神氣」。精氣之得神而王，猶臣之得君而尊也。故修真之士，莫要於養神。

神即性也。性定則神自安，神安則精自住，精住則氣自生。何以故？性定則心火不至於上炎，火不炎則水不乾，故身中之精亦住。

凡身中五臟六腑之精，皆水也。身中之精既住，則腎中之精可知。腎爲精府，精盛於腎者，積水生潮，滃然上騰，如雲霧然，薰蒸四大，灌注上下，吾以元神斡運乎其間，則升降進止，如運諸掌，是謂水火交而成既濟也，是謂後天之氣而得之似醉也。

然此特自吾身之後天者言之耳。若夫先天之用，其採取交媾，脱胎神化，無一而非神之所爲。故修真之士，莫要於煉神。煉神者，玉液煉己之謂也，大道之所以成始而成終者也。

金液玉液論 分別了命了性之學。

「丹法有金液煉形、玉液煉己之說，其旨安在？」曰：「夫道者，性命兼修，形神俱妙者也。金液煉形者，了命之謂也；玉液煉己者，了性之謂也。玉者，温潤貞純之喻；金者，堅剛不壞之稱。夫煉性者，損之又損，克去己私，務使温潤貞純，與玉比德，則己之內煉熟矣，然後可以臨爐採藥，而行一時半刻之功；及時至機動，取坎填離，採鉛伏汞，而坎中一畫之陽，乃先天乾金也，謂之金液，以之煉形，則體化純陽，而形骸爲之永固，一如金之堅剛而不壞矣。故曰金煉玉煉，性命兼修，而形神俱妙者也。玉煉則無爲之道也，金煉則有爲之術也。自無爲而有爲，有爲之後，而復返於無爲，則性命之理得，而聖修之能事畢矣。」**陳攖寧頂批**　此處所謂玉液煉己，指清淨工夫而言。但世間所傳丹法，則凡用後天鼎者名爲玉液煉己，用先天鼎者名爲金液煉形，皆指陰陽工夫而言。此中派別甚多，下手之法不盡相同，惟在用之得宜，適合於自己之環境，斯可矣。

性命論　論了命關於性地。

「何謂性？何謂命？」曰：「性者萬物一源，命者己所自立；性非命弗彰，命非性弗靈。性，命所主也；命，性所乘也。今之論者，類以性命分宗，而不知『道』『器』相乘，『有』『無』相因，『虛』『實』相生，有不可歧而二者。故性則神也，命則精與氣也；性則無極也，命則太極也。可相離乎？或言『釋氏了性，道家了命』，非通論也。夫佛無我相，破貪著之見也；道言守母，貴無名之始也。不知性，安知命耶？既知命矣，性可遺耶？故論性而不淪於空，命在其中矣；守母而復歸於樸，性在其中矣。是謂了命關於性地，是謂形神俱妙，與道合真也。」

或問：「子之論性命，則既明且盡矣，敢問性之在人果何物也？可得而見乎？」

曰：「性不可見，所以見，則性也；於不可見而欲求其所以見，則性愈遠矣。何耶？性之爲物也，可以無心見，而不可以有心求。昔者老聖稱『太樸』以『無名』，黄帝索『玄珠』於『罔象』，古人之喻，厥有深旨。」**陳攖寧頂批** 「太樸」「無名」，見道德經；「玄珠」「罔象」見莊子。

「請言人之所以生也。」「無極之真，二五之精，妙合而凝。所謂性，既無極也；所謂命，即二五之精也；二者妙合，而人始生焉。**陳攖寧頂批** 「二五」「妙合」二句，見宋周子太極圖說。方其未生之前，則所謂無極者，混沌鴻濛，何相何名？何音何緒？何臭何聲？及乎二五既凝，得一以靈，何思何爲？何慮何營？是性之本體也。夫自情識開，而本體鑿矣。張子曰：『形而後有氣質之性，善反之，則天地之性存焉。』所謂情識，即氣質之性也；所謂本體，即天地之性也；老子曰『復歸於樸』『復歸於嬰兒』『復歸於無極』，即善反也。故修道之要，莫先於煉性，性定而氣質不足以累之，則本體見矣。吾師之詩曰『不迷性自住，性住氣自回；氣回丹自結，壺中配坎離』**陳攖寧頂批** 四句詩見呂祖百字碑，是後天得先天而妙其用也，是之謂了命關於性也。」

質性論 分別先天後天。

「夫性，一而已，何以有本性、質性之異也？」曰：「本性者，自先天而言之，清淨圓明，混成具足，聖不加豐，愚不少嗇者也；質性者，自後天而言之，生於形氣之私，於是始有清濁厚薄之異。且夫二五變合，生人物之萬殊，其間糅女救切，音「猱」，雜也雜不齊，本於胎元受氣之始。何者？吾自無始以來，至於今日，皆以情慾而正命本，逐境起念，遇物生情，薰習久矣。其間得氣有純駁，故嗜慾有淺深，莫不各借本然之性，以行其有我之私。蓋質性在人，非能自用，所以用者，皆借靈於本性，如豪奴孽子，借主人以號令也。故嘗喻之，性則水也，落於氣質，猶水入泥滓中，決而行之，但見泥滓而不見其水。泥滓豈能自行？水行之也。但水混於泥滓而不見耳。澄之久久，則清者在上，濁者在下，決而行之，無非水也。此澄湛之功，善反之力也。」

神室論 論人身三谷。

「元性、元神有異乎？」曰：「元性即元神，無以異也。以其靈通而莫測，妙應而無方，故名之曰『神』；謂之『元』者，所以別於後天之思慮也。」

「神之在人，亦有宅乎？」曰：「吾聞之紫清仙師，人有三谷，乃元神之室，靈性之所存也。其空如谷，又名『谷神』。神存則生，神去則死，日則接於物，夜則接於夢，神不能安其居也。靈樞内經曰：『天谷元神，守之自真。人身之中，上曰天谷，泥丸是也；中曰應谷，絳宮是也；下曰靈谷，關元是也。此三谷者，神皆居之，謂之三田。』嘗爲之論，泥丸者，棲神之本宮也；絳宮者，布政之明堂也；靈谷者，藏修之密室也。故夫元神居於絳宮，則耳有聞，目有見，五官效職，而百體爲之從令矣；元神居於靈谷，則視者返，聽者收，神氣相守，而營魄爲之抱一矣。楊子有言：『藏心於淵，美厥靈根。』淵者，深昧不測之所，靈谷是也，是神所藏也。」

河車論 論任督二脉。

神既藏矣，是謂歸根，歸根曰靜，靜曰復命，將見神氣相守，抱一無離。迨夫靜極而動，是神也，復乘氣機而上升於泥丸，於是河車之路始通。要知，河車之路，乃吾身前後任督二脉也。夫氣之始升也，油然滃鄔孔切，音「蓊」，雲氣蒸起也然，欝蒸於兩腎之間，浩浩如潮生，溶溶如冰泮，泛溢於五腧五藏腧穴之上者，乃水經濫行，不由溝洫也。吾急以神斡音「挖」，運轉也歸尾閭，使之循尾閭而上，至於夾脊雙關，上風府而直至於泥丸，神與氣交會於此，則疏暢融液，不言可知。少焉，降爲新美之津，則自重樓而下，由絳宫入紫庭，復歸其所藏之處而休焉。如此循環灌注，久久純熟，氣滿三田，上下交泰，所謂「常使氣冲關節透，自然精滿谷神存」也。造化至此，内煉之徵見矣。然非深造而實詣，烏知予言之有味哉。

澄神論

或問：「吾子所言藏神之宅，則吾既得聞命矣，敢問藏神之旨。」曰：「藏神者，凝神也。凝神之要，莫先於澄神；澄神之要，莫先於遣欲。清静經云：『遣其欲而心自静，澄其心而神自清。』易曰：『聖人以此洗心，退藏於密。』所謂『洗心』，即『澄神』之謂也。周子曰：『無欲固静。』所謂無欲，即遣欲之盡也。『夫人神好清，而心擾之；人心好静，而欲牽之。』所謂心者，有二焉：擾神之心，乃妄心也；好静之心，乃真心也。既有妄心，即驚其神，神可得清乎？既驚其神，即著萬物；既著萬物，即生貪求，即是煩惱。煩惱妄想，憂苦身心，心可得而静乎？故澄神之要，莫先於遣欲。能遣之者，内觀其心，心無其心；外觀其形，形無其形；遠觀其物，物無其物，知三心之不可得也；知四相之俱忘也。三者既悟，惟見於空，則人空矣；空無所空，所空既無，無無亦無，無無既無，湛然常寂，寂無所寂，則法空也。如是則根塵永淨，六欲不生，而心淨矣。心淨則神自清，如水之無波，而萬頃澄澈也。虛靖天師云：『欲得身中神不出，莫向靈臺留一物；物在心中神不清，耗散真精損筋骨。』遣欲澄神之說，百世以俟聖人，不易吾言矣。」

陳攖寧頂批 此篇大意，皆本於清靜經之說。

養神論

「神既澄矣，又何以加焉？」曰：「養之。養之者，所以韜神之光，使勿露也。神之爲物也，愈澄則愈清，愈清則愈明。蓋定能生慧，故靈光煥發，旁燭洞達，莫可蓋藏。莊子云『宇泰定者，發乎天光』，若用之不已，則太露而反傷本性；莊子云『古之治道者，以智養恬』，智生而無以智爲也，謂之以恬養智；坐忘樞翼論云『慧而不用，實智若愚，益資定慧，雙美無極』；道德經云『敦兮其若樸，渾兮其若濁』，又曰『眾人昭昭，我獨若愚；眾人察察，我獨若悶』。皆養神之要義也。」**陳攖寧頂批** 全篇重在「慧而不用」四字之義；坐忘論乃唐朝司馬子微所作。

凝神論

「神既養矣，安所事凝耶？」曰：「凝神云者，無用中之用，了命之學也。參同契曰：『經營養鄞鄂，凝神以成軀。』且夫離宮修定，禪之宗也；水府求玄，丹之旨也。澄神要矣，凝神急焉。翠虛篇云：『昔日逢師傳口訣，只要凝神入氣穴。』所謂『氣穴』，乃吾人之鄞鄂也，予前所著神室論中則既已明且盡矣。慮夫學者徒知澄神，而不知凝神之處，則漫無歸宿，而無以會夫歸根復命之原；徒知養神，而不知凝神之方，則茫無下手，而不能偵夫造化消息之妙。故述所聞，復著此論。」**陳攖寧頂批** 翠虛篇乃南宗第四祖陳泥丸所作。

「蓋凝神者，入玄之要旨，丹家之第一義也。所謂凝者，非塊然不動之謂也，乃以神入於氣穴之中，與之相守而不離也。老子曰：『載營魄抱一，能無離乎。』夫氣穴者，乃吾人胎元受氣之初所禀父母精氣而成者，即吾人各具之太極也。其名不一，曰『氣海』，曰『關元』，曰『靈谷』，曰『下田』，曰『天根』，曰『命蒂』，曰『歸根竅』『復命關』，即一處也。方其處胎之時，呼吸之氣與母相通，及夫子母分胎，剪落臍帶，則自安爐鼎，別立乾坤，而一呼一吸，當歸於本穴之中。蓋呼吸者，吾人立命之本也。一息之間，呼吸不至，則氣絕而死矣。呼則氣闢，陽之舒也；吸則氣闔，陰之歛也。一呼一吸，名曰『一息』，診家以之候氣，良有旨也。莊子曰：『眾人之息以喉，真人之息以踵。』以踵者，謂深入於穴也。眾人之息，非不以踵也，但神有不存，縱其出入焉而不自覺，若以喉耳；真人則神依於息，而深入於本穴之中，綿綿若存，無少間斷，故得專氣致柔，抱一無離，虛極靜篤，而能觀其復也。所謂依者，又非逐於息而依之也，有勿忘勿助之義焉。故神依於息則凝，神凝則氣亦凝；神依於息則和，神和則氣亦和。相須之道也。凝神之法，自調息始。調息者，依息之謂也。」

真息論

所謂「息」者，有二焉：曰凡息，曰真息。凡息者，口鼻出入之氣也；真息者，胎息也，上下乎本穴之中，晦翁先生所謂「翕然而噓，如春沼魚」者是也。凡息既停，則真息自動。而凡息之所以停者，非有心而屏之也，虛極靜篤，故心愈細而氣愈微耳。**陳攖寧頂批** 朱子調息箴云：「動極而噓，如春沼魚；靜極而翕，如百蟲蟄。」

今之論者，但知調息，而忽不自知其落於以心逐氣之病。蓋以凡夫躁競之心，未閒調習，一旦使之依息，心豈肯自依？未免著意。著意，則氣未平而心先動矣，豈非復以氣而役神乎？予故曰：「調息者，自然依息之謂，非逐於息之謂也。」調息又自調心始，調心者，攝念歸靜，行住坐臥，常在腔子，久久純熟，積習生常，自然澡雪柔埏音「延」，與息相和也。和則相依，依而勿逐，凡息自停，真息自動，橐籥一鼓，煉精化氣，薰而上騰，灌注三宮，是謂真橐籥、真鼎爐、真火候也。**陳攖寧頂批** 今之從事於靜功者常云，不調息便罷，愈調息則愈覺得氣急。都犯了「以心逐氣」之病。

火符論

「以真息爲火，其亦有說乎？」曰：「有之。『謾守藥爐看火候，但安神息任天然』『丹竈河車休矻矻，鶴胎龜息自綿綿』，古仙之言，不一而足，然非以息爲火矣。火，神火也；息，則火之槖籥也。今夫神氣相守之時，神則無爲，而氣機不能以不動，故一闔一闢，與經脉上下相爲流通。所以覺其動者，神也。一氣流通，元神獨覺，神與氣融，寬急相得，是火力調勻，然後丹成而藥就也。予嘗以槖籥喻真息，蓋亦有理。陳攖寧頂批　槖籥，今名爲風箱。今夫治人之鑄金也，必先鼓之槖籥，然後火發而金始溶。若徒以浩蕩之風吹之，則火氣散漫，而金終不可化矣。何者？浩蕩之風，往來不常，猶衆人以喉之息也；槖籥之風，綿綿不絕，即真人以踵之息也。神依息而互融，即火之得乎風也；氣得神而自化，即金之化於火也。如斯而喻，昭乎明矣。」

或問：「火符進退，朝屯暮蒙，其旨同異？」曰：「予昔未得師指，竊以火候難明，亦嘗按之周天，凖之卦氣，分更分漏，徒費講求。而後乃今，豁然大悟，乃知丹經萬卷，《火記六百》，皆可言下而廢，所謂真火無候，大藥無斤，誠哉不我欺也。夫煉藥有內外，故火候有煩簡。所謂內煉，一言以蔽之，曰『綿綿若存』而已。外藥者，非前所論之外藥也，蓋指天元、地元而言。符者，謂與天道相符合也。丹法以月之庚甲象藥材之老嫩，日之子午爲火候之消息，其言朝屯暮蒙，不過言進退之則有如是耳，得其意，忘象可也。悟真篇云：『内藥還同外藥，内通外亦須通；丹頭和合類相同，温養兩般作用。内有天然真火，爐中赫赫常紅；外爐增減要勤功，絶妙無過真種。』真種者，人元也。是火符之斷案也。」陳攖寧頂批　悟真篇所謂外藥，恐不是指地元爐火而言。真種既指人元，則外藥、外爐，皆人元之事也。

藥火論

「藥與火，同乎？異乎？」曰：「藥與火，可分也，亦可合也。分則可異，合則可同。何者？分而言之，藥者先天之氣也，火者先天之神也；合而言之，藥即火也，火即藥也。知合而不知分，則採取不明；知分而不知合，則温養無法。何者？採取之時，藥在外，火在内，以火而致藥，故藥火可分；温養之日，藥在外，歸於内，得藥而行火，故藥火可合。要之，火其主也。火急則丹傷，火冷則丹散。凡言火而不言藥者，十月之事也；言藥而不言火者，一時半刻之功也。紫清仙師之言曰『以火煉藥而成丹』，即『以神馭氣而成道』也，更明切矣。」陳攖寧頂批　紫清，即白玉蟾。

抽添論

或問：「抽鉛添汞之旨，可得聞歟？」曰：「予聞之立陽先生，得藥歸鼎之後，養以天然真火，綿綿若存，其中抽添變化，皆出自然，有不容以絲毫智力與乎其間。蓋道則無爲，而神氣自然有所爲，乃造化之妙也。所謂如米炊飯，厥有深旨，非止喻其易易也。夫鉛之投汞，譬則水之投於米中也，水不可過多，米不可過少，猶之二八相當也。火力調勻，其水漸乾，而米漸長，斯成飯矣。水漸乾，則抽鉛之謂也；米漸長，則添汞之謂也。抽非內減也，神入氣中，如天之氣行於地，而潛機不露也；添非外益也，氣包神外，如地之氣承乎天，而漸以滋長也。由是而胎圓神化，身外有身。造化之妙，一至於此，要皆自然而然。有莫知其所以然者，若於此而欲求其所以抽、所以添，則涉於有心，而非自然矣。所謂自然，亦有深旨。師語我曰：『順自然，非聽自然也。』旨哉言乎！」

遺言論

或問：「諸丹經所言，紅鉛黑汞、青龍白虎、白雪黃芽、木公金母、嬰姹黃婆，名殊字異，更僕數未易盡也。今子所著，一切置而不言，意者將有遺論乎？」曰：「否。子靜聽，吾試語之。昔者，吾以章句儒生，學窺玄圃，素無前識之資。偶以因緣遭際，得授真宗，頗知徑約，凡前所舉名義，悉皆熟讀而詳味之。但識此遺彼，適資扞格。而後乃今，知大道之不煩，可一言而盡也。夫道不外乎一陰一陽而已，陰則爲精，陽則爲氣，而神則統乎二者，故神與氣精，乃上藥之三品也。凡言龍虎鉛汞，種種異名，皆依此立。古仙垂語，不欲輕洩，故亂辭孔竅，紛爾多門，使志學之士，因文以見義，由博以之約。迨夫真積力久，豁然貫通，則刊落言筌，直見根本矣。」**陳攖寧頂批** 心印經云：「上藥三品，神與氣精。」

或問：「玄膚所著，多言外藥，至於採取交媾，略而不言，學人何述焉？」曰：「採取交媾，乃太上閟密之玄機，千聖心傳之要旨，至吾非不欲言，但師命甚嚴，是以臨書而惴惴其慄也。然吾於前所論中，似已訣破，但混於微言而不覺耳。契曰：『千周燦彬彬兮，萬遍將可覩。』志學之士，苟能千周萬遍，則研精而妙義見矣。然非有求而未得之情，則孰知斯道之難聞；非有相悅以解之妙，又孰知予知之有味哉！已乎已乎，吾茲將結舌矣。」

破僞論 附論六篇。

陳攖寧按 僞者，各種無用之假法也。

「世人好小術，不審道淺深」，是以狂夫僞人，得以行其無所忌憚之術。蓋以玄理幽深，不能洞究，心無所主，是以輕信而易惑。陳攖寧頂批 頭兩句見參同契中。

即以世之僞術，略舉其概： 或炮孕婦之胎以辟穀，或服砒硫之藥以禦寒，或用鉛劍以開關，或養靈龜而展縮，或搖夾脊而淅瀝有聲，或擊頭顱而鏗訇相應，或疊坐如石，或鼓腹如雷，或倒掛如猿，或曲睡如龍，或輕旋如風而屏氣不息，或疾行如猿而健步莫追。如此之類，難以枚舉，求諸至道，了不相關，類皆逞其頑技，以文神奸，正司馬真人所謂「巧蘊機心，以干時利」。

而外丹爐火，爲僞尤甚。蓋銀精附體，亦可變易金石。追攝之法，世多有之，學人不知，信爲點化，誤矣； 其次，則丁打膀那，對面爲盜，呼鹿作馬，以羊易牛； 又其次者，盲燒瞎煉，耗火亡財，玩日愒時，罔有成效。匪道誤人，人不審道故也。

嗚呼！ 不審道之淺深而稱好道，不識師之真僞而稱遇師，遂使狂人僞人靦顏居先，挺身納拜，爲愧孰甚焉。予故著爲此論，凡我同志，好道之倫，珍重珍重，早息妄心，早求真諦，吾鞭不可得也。

破執論

陳攖寧按 執者，偏執一端而不知貫通也。

夫物之瓜菓，與食之醯酒之類，凡破其體，啟其幕者，皆變壞而不能久。破體之人，亦猶是也。聖人知其如此，故求其所謂先天真乙者以補之。而今論先天者，不過自吾已破之身，關鍵而密固之，攢簇而和合之，以求真乙之生，以爲長生久視之道。不知真體既破，則吾身中所有精氣與神，皆日改月化，而入於後天，真乙之氣其能全乎？是猶藏已壞之瓜菓，冪已啟之酒醴，求其無壞，豈不難哉？此理甚明，人所易曉，近取諸身，遠取諸物，可罕譬而喻者也。

還丹之道，載諸丹經，學者不能熟讀而詳味之，獨以一言半句，出口入耳，自謂真傳實詣，至於終身執迷，獨修一物，而莫之悟，可哀甚也。予憫此徒，故著是論。古仙有云：「形以道全，命以術延。」今論道者比比，術在何處？請試思之。

破邪論

陳攖寧按 邪者，皆注意在有形渣滓之物，而不識先天一氣也。

今之論同類者，其說不一，予皆舉之。

九一之術，邪勿論矣。有先天梅子之說，影響形似，或有可聽，然皆有形渣滓之物，實與世之紅鉛，異名而同事，以之爲道，恐或未然。至於離形交氣之說，顛倒兩竅之說，開關鑄劍之說，上進下進之說，或反經而爲蟠桃，或含棗而飲甘露，或碎磁釀鐵爲酒漿，或取男女淫液和麯蘖，或配秋石而稱人元，種種不一，類皆邪師曲學，以盲引盲，窮年皓首，迄以無成，以至敗德禍身，爲世嗤笑，大可憐也。

夫先天之氣，來自虛無，視不可見，聽不可聞，摶不可得。如以揣摩鈎致，多方索取，則去之遠矣。所謂浮沉銖兩，今復何在？以予所聞，真若薰蕕異味，不可同器而藏。老子云：「夫惟無知，是以莫我知。」使天下有知言之人，則吾道不孤矣。

破疑論　陳攖寧按　疑者，疑學道不必多讀書也。

或疑：「古語云『一言半句便通玄，何用丹經千萬篇』，謂陳言之不足貴也。夫子教人多讀丹經，使之洞曉陰陽，深達造化，得無玩日愒時，而以聞見自障其心乎？吾得師旨，則一言半句，可以循之而入，奚以多讀爲哉？」曰：「吾子言之誠是矣。不知道有邪正，師有真僞，素非法眼，將何自而辨之？譬之欲試金者必以石，丹經者，時師之試石也。不能精思熟讀，而徒以一言半句師人以求道，其不入於邪宗而惑於異說者，無幾矣。昔有欲之京師者，問道於途，途之人口口不一也，其人懼不敢往。一旦之坊間，見途籍焉，於是執籍以往，所言棲泊之處，鬻販之所，關津棧閘之次第，毫髮不差，然後知書記之與口傳，何啻天壤。丹經者，入道之途籍也。今也，廢閣丹經，而求語句於時師，是猶廢途籍而問路人，欲之京師，能無謬乎？且夫一言半句，訣在真師，汝欲覓師，師在何處？」

破愚論　陳攖寧按　愚者，謂煉外丹受方士之欺騙也。

今之好道者，類皆延致方士，燒煉爐火，以冀點化，以求服食，謂之外丹。不知此等之事，起於妄心。既有妄心，即招妄侶，以故巧僞之徒，投間抵隙，以馬易牛，對面爲賊，曾莫之悟。即欲舉之，更僕未易數也。予昔未聞師旨，幾惑此輩，賴天之靈，不致敗缺，故著此論，以遺後人。

凡爐火之事，勿謂無有，亦金丹之印證也。參同契云：「爐火之事，真有所據。」在人洞曉陰陽，深達造化，然後妙用可見。蓋爐火煉氣，比之煉己，配合一道，採取一機，温養脱胎，無不皆同。大要識沉浮，知老嫩，則丹道其庶幾矣。

今之論爐火者，不知鉛汞何物，銖兩何在，真土何歸，動以凡砂水銀妄意配合，匱以八石，煮以眾草，或取鉛華爲水金，或取砂塊爲黄硫，或脱砂殼爲天硫，或取天癸抱砂汞，又或採鉛取鑛。玩日愒時，自謂真鉛、真汞、真土舉世罕知，千端萬緒，各私其寶，深藏巧秘。不知誤聽，則亡耗之禍，大不可言矣。

且夫金丹之道，上天所寶，求得外護，法財兩濟，斯亦可矣。舉而售人，以徼禮謝，此復何說？不識其詐而信其人，不究其理而用其術，非愚而何？誤之於前，而復踵之於後，非愚而何？不務修德，而求非望之福，非愚而何？所謂「竭殫產財，妻子饑貧，迄不諧遇，希能有成」陳攖寧頂批　此四句見參同契，不幸而中仙翁之料者陳攖寧頂批　仙翁者，指魏伯陽也，十人而九，嗚呼殆哉！

外丹之道，爲之在人，成之在天，知之在慧，凝之在福，訣之在師，明之在眼，有不可絲毫假借於人者。苟能潛修德行，密結同心，德動天地，誠感鬼神，自爾臨爐之時，保無虞失。否則，學術雖正，心眼雖明，如魔試何？予親試歷驗，今則不敢自隱，恐後人不知，妄意輕舉，迄無以成，反生懈退。非道負人，人不知道故也。若也，能知之而不爲，爲之而不用，用之而不私，則更善矣。

破癡論

陳攖寧按　癡者，謂壯年不肯修煉，老年悔已晚矣。

金丹之道，知之貴真，修之貴早，所以純陽老祖有云「下手速修猶太遲」。世人不知，執著太上「一百二十皆可還」之說，當其强富之年，沉溺愛河，罥掛塵網，不即解脱，日作夜爲，亡耗幾盡，迨至日暮途窮，方始就道，以爲歸老之計。不知時日不待，卦數既滿，藥材虧少，承藉無基，縱使遇師知藥，而時節因緣忽已蹉過，皓首無成，反起虛無之歎，可勝惜哉！所以悟真首篇，喻光陰於石火，等身世於浮泡，警悟之意，蓋深且切矣。

或問黃庭「一百二十」之說。曰：「上古之世，民淳事簡，婚配甚遲，譬之良田，其力未乏，是以晚植而猶穫；今則磽瘠既甚，樹藝復晚，則苗而不秀，秀而不實，無怪其然。且古今人之不相及，風氣使然，烏得以今之人而論古之世哉！」

承志錄

平陵太華山人彭純一貞父　著
會稽霍童山人陶素耜存存子　校

承志錄序

地元神丹大道，先取白金爲鼎器，凝結地魄，招攝天魂。銅符鐵券之法，旌陽而後，千三百年，寥寥無聞矣。太上慈悲大願，廣度後昆，恐絕道脉，次之又立銀鉛砂汞一途，採先天之鉛，伏後天之汞，與内事金丹作用相符。煉氣比之煉己，配合一道，採取一機，温養脱胎一轍。轉修服食，上接乎神丹，亦匪有二。但工夫煩瑣，造化幽玄，不比神丹簡捷。自非親得真傳，洞曉河洛理數、易象互藏者，不能知生尅制化、浮沉老嫩之妙也。

近代仙真，著作頗富，如洞天秘典、秋日中天、漁莊錄、黄白鏡、金丹三論、夢醒錄、黄白直指、黄白破愚諸書，皆顯揚妙道，確指坦途。而求其藥物配合、火候節次事事委曲詳盡者，則以承志錄爲稱首。上卷總詮大要，中卷制造二土，下卷九轉次第。詠之以詩，詮之以註。其言曰「鉛中之魄非汞中之魂不能追，汞中之魂非鉛中之魄不能住」，則藥物之清真也；「終一百四十四兩之數而水火之氣方全，盡三百八十四銖之稱而兩弦之氣始足」，則配合之停匀也；「五色雲中月吐華，癸生急採傳言久」；「威光鼎内火如雲，三十六時金電走」，則火候之應手也；「煉鉛如粉火如塵，產出真鉛靈又靈」；「玉漿養就皆歸祖，起自刀圭次第行」，則節序之周詳也。惟太華宿具慧根，家傳修煉，故於鐵柱宮遇師授道，遂能曲暢宗風若此。洵入玄之寶筏，度世之金針也。陶子素耜，細心校訂，補所未備，辨所易淆，又極始終融澈之妙。閱此一書，則凡爐火家言，皆可坐廢。余甚嘉之。

古語云：「太上立德，其次立功，其次立言。」是書立言也，而德被斯人，功垂萬世，三不朽事業畢萃於此矣。

碧蓮道人題

承志錄跋

丹道非爲富貴計也。以之成己，則内藥之助，服食之靈也；以之成物，則濟世之事，贊化之功也。仙師著書垂訓，昭示後昆，往往言理則詳，而於五行之順逆，配合之銖分，採取之老嫩，投煉之吞吐，關渡之細微，藥物之生熟，二土之奥妙，火候之陰陽，每托之腴辭隱語，學者無所從入。一生好道，不得其門者，多矣。

平陵彭太華先生承志錄，上卷詩註七篇，總論丹道，事理貫通；中卷詩註二十四篇，造土之條目也；下卷詩註三十三篇，養砂之節次、池鼎之精密也。其言戊土也，則水火情親，分胎轉煉，數足九陽，金成紫粉矣；其言己土也，則祛陰煉陽，栽培博厚，華池再會，紫粉成金矣。至於結胎沐浴之事，固形乳體之方，煉神卸甲、滋魄敷魂之妙，防陰歸祖、朝宗寶匱之法，言言次序，節節通玄，丹道之微妙已漏洩十之八九。間有未肯露者，余少爲補之。自有丹書以來，無若斯之明晰而條暢者矣。蓋先生得訣歸家，作書呈父，故以「承志」爲名，而言之倍親也。

夫造土養砂，雖非上品神丹，實係地元正道。死砂死汞，固屬難圖；死銀死鉛，尤非易事。火逢金死，木逢火死，尚有人知；金逢水死，水逢木死，有誰能識？詎知水不死無以成金，金不死難云鼎器，四象皆凡體耳。生者必制其死，死者必煉其靈，自然脱凡成聖，而造化在手也。

余承師授，歷有年所，向蒙問答機緣於瓊琯，今復悦可真諦於西河，通微達化之處，多取承志錄爲證。第白雪陽春，曲高和寡，因緣不偶，大器難逢，老之將至，晨夕疚心，誠恐派自我絕，必致負道負師，故以金汞返還之道，證之大要、玄膚二書，寄之參同、悟真二註。復取承志錄梭而傳之，附述辨惑十五條、長男眾子標題一首，以暢地元之旨。還丹之要盡於斯矣。

魏公曰：「至要言甚露，昭昭不我欺。」余亦猶此志也。後有志士，獲睹吾書，詳真詮於章句之間，悟口訣於論斷之下，内外丹法，一如同堂之指授，而斯文其未喪也夫。

康熙丁亥仲春老聖壽日霍童山人陶素耜題

彭師原序

自古仙師，假黃白之術爲内修之助，丹經子書，彰彰可攷，非浪傳也。今人多因世不偶見，遂指大道爲荒唐之説者，謬矣。蓋道之不行，有由然也。求道者貪心嗜利，爲師者蓄奸行騙，致使有道之人珍重勿洩，有志之士迷惑蔽錮，此道之所以不聞也。苟有篤志精修，朝乾夕惕，終身勿忘，無欲而求，不爲盲引，自然一誠感格於蒼昊，而祖師有點頭之許，不得之於在己，必得之於後人。嗚呼！人自負道，道豈負人哉！

家先祖矢志玄學，不竟乃志。家君髫年收其遺書，遂切企慕，薄視功名，竭産勵進，久暫一致。後以家難叠興，迍邅萬態，未遂素心，迄今年逾古稀，猶拳拳也。

不佞幼侍家君，心切願學，緣習舉業而未暇。及年二十有九，患羸尫之疾，足心如刺，步履甚艱。養靜毘陵天寧寺中，遇丐僧甚穢，手惠楊梅九顆，持歸食之，腹中隱疼，俄頃而精神爽裕，復出塵遠堂尋覓，而僧往矣。舊疾乃痊，筋力加倍。竊謂是必奇遇，始勵志玄宗，艱苦不避，奔馳數載，冒險蹈危，未敢少懈。

歲庚辰，爲友人招覽羅浮南華之勝，得憩洪都鐵柱宫，瞻羨英爽，興懷弔古，邂逅道士，狀貌清修，言辭端確。因請名氏而告之，爲悟玄子也。盤桓終日，各吐真實。余因告以性命之故，彼顧俛首太息，憐其誠，惜其遇，遂出丹砂靈藥相示，而授以黄白之術，是俾余内修之助也。其間藥物配合，火候制度，委曲詳盡，誥誡諄切。余感其恩而懷其訣，歸試有驗，進以告家君，願知其所自傳。家君以年高健忘，命以筆狀條理，可備觀覽。因述其得諸師、證諸經者，作詩六十四首，綱領條目，秩然不亂，典顯易知。更摘經書詩論之精切曉暢者，分註疏之。夫固老親見志起悦，初非敢沽名以誇世也。況此豈不佞之德足以致之哉？惟先祖之專誠，家君之懇切，而昊天祖師授此報之，吾故曰道不負人也。

書成，因名之曰承志録，吾儕或不以德輕言菲而深棄焉。雖不敢曰黄白之龜鑑，亦可少資開悟，以破盲師之惑爾。

萬歷癸未重陽日平陵太華山人紫玄彭純一貞父序

承志錄目次 原目

承志錄卷首

平陵太華山人彭純一貞父編次戊申秋

呂祖訓求黃白法

世有不信黃白又有妄信黃白者，皆由未獲承志錄等書以考證之故耳。有是書出，則彼之夢不難於速醒，而其非亦可以自知矣。第有知求黃白之真傳而不以修心種德爲要者，其人甚多，其艱難破。吾有度盡眾生之願，因不自惜唇舌爲爾等明辨之。

夫求黃白而何必以修心積德爲要也？蓋黃白一事，太上留爲後賢助道，非爲世人富貴謀也。故欲得黃白以成大道者，要必內修其心，外積其德，有可以享長生之福，而後上天與以黃白而爲內修之助。不然者，心非聖賢之心，德無聖賢之德，猶是庸夫俗子，仍爲惡徒罪人，上天賜爾黃白何爲哉？

此理顯而易知，而諸生每不深信者何也？以爲求道只須心切，功行可以後補耳。詎知成道全賴乎功行，而所謂求之真切者，謂勤苦修心積德以感格皇天，非徒思慕真切之謂也。如徒思慕真切而可以得之，何以古今來朝夕思慕黃白者不少，而得其真傳者卒寥寥也？試取而譬之，譬之仕途中三元，思慕真切者豈少也哉？而何文昌帝君又不與之以三元也？ 由此以思，即可知修心積德爲求黃白之要務也明矣。

如謂家寒無力作功德，而遂不積功德，此又差矣。 蓋所謂功德者，非盡以財爲之也。爾無財不克作銀錢之善，豈筆與口力之德俱不能積，聖賢致中致和之學俱不能體，孝弟忠信之道俱不能盡，自己之偏見氣質俱不能化乎？ 咦！ 以此能爲之事而猶不爲，豈足以授黃白而了大事哉！ 實維妄想，自悞此生也。

吾今爲爾道破，有志斯道者，求訣之心固宜切，而不可徒切其空求之心，總要志聖人之志，行聖人之行，日日改其非，時時去其偏。 靜則致中，務令虛靈不昧，以復天下之大本； 動則致和，務期發皆中節，以全天下之達道。 真師之不遇，惟此自勉； 口訣之不得，惟此自勵； 大緣之不就，亦惟此自反。 虛心下問，不執己見，如此以求，仙師斷未有不遇，大法斷未有不得，而烹煉斷未有不成； 不如此以求，縱有苦心，而上天不許，無論聖師不度，即得其傳，而燒煉必不能成，終亦空想而已矣。 試觀世之跋山涉水，苦訪斯道而卒不遇，傾家破產，苦煉此丹而竟無成者，無地不有也，有志之士，曷其奈何弗省？ **增批**

慈祖如此反覆惕醒，求此道者猶不修心積德以去苦訪，真地獄種子也。

呂祖合習和情煉性功過格法

鍾離祖曰：「世間學道，一切因緣，莫非天授，半點不由人力造作。故丹道非神助不成，而上神非功德不感。」增批 黃白更要神助，若無神助，燒煉夫不能成。茲編所載和情功過格，致和工夫也；煉性功過格，致中工夫也。此參贊位育之事，乃功德之極大，而神天之所最重者。奉道之士，豈可不盡其日行之功乎？

顧合習二格，自有合習之法。不知其法，跬步維艱；得其要領，頭頭是道。其法爲何？在明乎動靜之理而已。

凡人之身雖閒，要不能有靜而無動；而人之事即多，亦不能有動而無靜。靜則用致中工夫，動則用致和工夫。兩格兼習，不得待身閒而後持，以身不閒而不持也。然靜中有動，動中有靜，又不可不知。

何謂靜中有動？即如閒坐，靜也，斯時則習煉性功過格，務令真性不昧，一念不起，而致其中；閒坐時，忽有人以急務來相商，我之應答便是動，斯時則習和情功過格，務使辭氣從容，仁義滿腔，而致其和；應答畢，仍然煉性，不要思念其事。

何謂動中有靜？即如往某處會人，其先必起心，起心，動也，斯時則習和情功過格，而做致和工夫，務令我會人之心，純是爲公不爲私，爲義不爲利； 發心欲去時是動，及其行也，則是靜，斯時不可東思西想，惟習煉性功過格，而做致中工夫； 及至會着某人，與之言語行事，動也，斯時則習和情功過格，務令所言之話，所行之事，悉中節而無弊； 言行訖，又是靜，即止念習煉性功過格，不得留戀閒談； 尤有時本動極而又純是靜者，如座中有羣輩談笑，或狂言浪語，或弄妓詠歌，此全不干我事，乃我之靜時正好煉我之性而致我之中，斯時則習煉性功過格，不可爲俗塵所染。 **增批** 心學曰：「問如何是應物不昧。答曰：『耳目雖是見聞，口內雖是言談，只要心不着他。』」

由此以推，時時刻刻皆有動靜之機，在在處處，無非用功之地。 總之，事來則致其和，事去即致其中，無論處靜處喧，或坐或卧，惟以二格自勉，一時不可閒過，片念勿許他適。始而惟求功多過寡，久之自然有功無過。 至於功過渾忘，則吾之中和自致，而天地萬物自位育矣。 人而至於天地位，萬物育，不謂仙佛而謂之誰？ 故二格乃中和之捷徑，修仙之要道也。

道君曰：「功過一格，最能超凡入聖，能積久奉行，即未皈我者，亦得感格彼蒼，發大憐憫，默加福報，況皈我者乎？」然積善之道有三焉： 有行其善而不知其爲善者，有行人所難能之善而不自以爲善者，善之善也； 有知其善而勉强行之者，有行其善而存其念者，平常之善也；　有圖善之美稱必行人所知者，有小善行之大善則不能者，有過不改第行善以希福者，不善中之善也。**增批**　至人爲善，心如太虛，過之即化。善之一念不同，彼蒼之報應有別，亦各從其所修之輕重而應之。習功過格者，由平常之善以幾於善之善，慎勿爲不善中之善也，庶乎功行易滿，而仙道可成。

又功與行有分，而積功累行亦有法。功在事，行在心，舍己饒人，忍辱耐魔，行時時之方便，作種種之陰功。百行孝爲先，凡事在父母面上加功，用力省而積累多。鍾離祖云：「有功無行如無足，有行無功走不前；　功行兩全雙足備，誰云無分作神仙？」

彭太華訓一段

彭太華曰　欲煉黃白以證仙道，必先立神仙的心志，養神仙的性情，學神仙的氣度。孝弟忠信，禮義廉恥，一切善行，事事必要做到至善處；　驕傲滿假，克伐怨欲，一切不善之習，件件必要拔盡根株。異日上天，方可與眾仙同處，朝見上皇。青華上帝有曰「學道之士，以濟世度人爲本分事，不單爲自己一箇長生不死，分明要做三途八難六道四生無數含靈一大父母。見他受苦，如己親嘗；　見他痴迷，如己陷溺。必得有如此慈悲，如此切願，則修持之際，自然眾神來現，諸神拱持，惟恐其道之不成」，真至言也。煉黃白者，尤要輔眾同類成道，方得諸神擁護。蓋上天開此黄白一法，原爲寒士内修之助，苟得黄白而不度可度之同類，只徒一己上昇，大非神天之心矣，其烹煎斷斷無成，可不戒哉！

彭太華曰　事事物物，皆有箇至善之地，奉道之士，須要辨得清、認得真，方知下手涵養，造到聖域。不然，不知至善之地，下手工夫便差，如何得到止境？試以一事言之。懶道人曰：「凡人以横逆相加，只覺自我開起眾生罪障，咎我憐人，方有意味，爲大慈悲。如云自反有禮，不與爲難，即非天地覆載，何德之有？」咎我憐人，此處横逆之至善也。若先認得下手，即從此涵養，養到自然，便得止境；先若認不得此，只從「不與爲難」涵養，縱令養到自然，終非至善之地。是以大學之教，必先知止，而後能得所止也。

承志錄卷上

平陵太華山人彭純一貞父 著　會稽霍童山人陶素耜存存子 校

一　詠成道在種德。　增批　一囑修心積德。

黃白真機世罕知，皆因貪利反遭虧；方流造作終無益，妄念營求總是癡。欲覓丹財為道助，須修德行與天齊；仙經反覆多滋味，莫謂陳言廢看書。　增批　二囑修心積德。

此詩總論勝事，非凡心俗志可求，惟功高德重可冀也。增批　三囑修心積德。

夫黃白者，明鏡匣云：「乾黃坤體白，黃白藥無比；只用黃白精，不用黃白體。」「黃金砞砂父」，神存於離，是謂真火；「白金水銀母」，精藏於坎，是謂真水。是故黃金為德，植發育之機，萬物由此而生也，氣也，水中金也；白金為刑，司肅殺之權，萬物由是而成也，形也，水中銀也。用黃以補砂汞之陽魂，用白以立砂汞之陰魄，砂汞得黃白之真精，感二五之正氣，融結形體，永成至寶，得非太上「金種金兮銀種銀」之謂乎？

世人以凡世金銀為黃白，去道遠矣，故其真機玄妙，舉世莫能曉悟。蓋緣仙師留下助道，非與貪夫爲富貴謀也。世人不明此理，不辨邪正，惟知好利，輕信方流，竭財費產，多遭虧折。豈知方外之人，志在誆財，原非爲道，巧設奇言，粧成放浪，欲人輕信，頑心妄作，無益有損。況求事之人，不念性命，只慕榮華，萌心先妄，終成癡愚。有志之士，欲覓黃白丹財爲內道之助，必須立心制行，不愧不怍，自然昊天不負，祖師點頭，不期而遇，鬼神相通，丹經潛玩，句句真機，篇篇真訣也。增批 四囑修心積德。若云不可書上求，只願口中授，是落方流套矣。殊不知，傳道者，真師也；印證者，仙經也。不然是非莫辨，總爲無益。

至若金穀歌、漁莊錄、秋日中天、洞天秘典、黃白直指、黃白破愚六書，一字一句不可苟且抹過，又不可執泥一條而不融貫全文以犯時弊，庶得之也。今之學者，俱以一書爲一事，而不知下手有煩簡，成功有遲速，至藥物配合，初無二理。六書之外，以假亂真者紛紛，慎勿濫及，以增疑惑。況六書透徹玄旨，無有出其右者，使非篤志玄門，深探道妙，未有能盡意言之表者也。

二　詠黃白大旨。

燒丹道理最幽深，下手工夫着意尋；藥物清真明戊己，陰陽配合定銖分。

氣精交感功通聖，魂魄相拘妙入神；兩物直須齊毫耋，刀圭次第蔭兒孫。

丹門爐火，理非粗淺，全賴攢簇五行，和合四象。凡生尅制伏，進退抽添，作爲玄妙，機未易窺，學者必須細心參訪，得遇真傳實授，方可下手，以冀有成。

藥物者，真鉛真汞也。無一陰之謂清，能變化之謂真，不清則不真，不真則不足以變化也。戊土乃鉛中之精，謂之真父，水生金也；己土乃砂中之液，謂之真母，火生木也。二土俱以清真爲奇。水源既清，制火易伏，純陽無陰，始可乃用，而己土之功尤大焉。故水中有金，先天之乾金也，金藏水中，陽微陰勝，故以離火尅之，則木載金浮，是爲戊土；火中有木，先天之坤土也，木藏火中，陽包陰髓，故以乾金合之，則木受金尅，是爲己土。戊己二土，分則爲土，合則爲圭。經曰「從紅入黑，得水内之金；煉黑入紅，得汞中之寶」，此正合「欲令鉛制汞，先使汞迎鉛」也。大丹記云「欲得烏肝，先求兔髓」，其斯之謂與。除此戊己之外，更無死砂死汞之藥物也。一犯五金，并用雜類，則不清真矣，烏能有益？

藥物既明，當知配合，配合不知，則陰陽無相乘之妙矣。故六十四兩，乃鉛用四九之機；七十二數，合金水同宫之妙。終一百四十四兩之數，而水火之氣方全；盡三百八十四銖之稱，而兩弦之氣始足。此丹道自然之配合，仙師秘隱之玄機也。

氣精交感者，金丹以鉛汞爲大藥，以精氣爲妙用。精藏於坎，抽坎中之元陽爲煉精；氣產於離，補離中之真陰爲煉氣；神具於土，合坎離而成乾爲煉神。精不得氣則不出，氣不得精則不住，神非精氣凝結則不靈。金丹有入聖之功，全仗精氣交感之妙也。秋日中天詩云：「大藥無過氣與精，坎離二象結交成；鉛因火逼精方出，木賴金調氣始盈。日月互垣憑煅煉，陰陽得類自和平；直須黃老分胎去，化作刀圭次第行。」而論又云：「精藏坎户，西北主之；氣產離宮，東南主之。蓋坎中有金，金情戀木，金爲火逼，則從木泛然而上浮矣，浮則爲金，沉則爲水，仙師則取其金而去其水；離宮有木，木性愛金，木因金尅，則伏火的然而流形矣，伏則爲硫，飛則爲汞，仙師則取其硫而去其汞。故以坤交乾而得金，煉成戊土，是謂真父；以乾交坤而得木，是謂己土，是謂真母。戊己二土，實金丹起手之要藥，使不知精氣之玄、交姤之妙，而欲求丹砂之就者，斷斷乎其不能矣。」

魂魄相拘者，後天爲離，先天爲乾，故己土爲天魂；先天爲坤，後天爲坎，故戊土爲地魄。此等魂魄，人皆知之。若夫陽魂陰魄，藏於互相制伏之中，則未有知之者。蓋鉛中之魄，非汞中之魂則不能追；汞中之魂，非鉛中之魄則不能住。始則將魂攝魄，終則以魄制魂，金丹入神之妙，在乎魂魄相拘也。秋日中天詩云：「日魂月魄不難知，魂魄分明在坎離；　魄是坤宮金虎液，魂爲乾舍木龍脂。魂須借魄擒朱雀，魄亦資魂制黑龜；　魂魄包藏天地髓，箇中煉出大丹基。」而論又云：「魂屬離南，先天之真火也，是爲庚金，爲天魂，而爲日之光，火化爲土，己土值之；　魄屬坎北，先地之真水也，是爲辛金，爲地魄，而爲月之精，金從於木，戊土專之。以魂投魄，採天一之真精，是爲魂制水金也；　以魄合魂，結地二之真液，是爲地魄擒朱汞也。陰陽兩相交通，魂魄互爲室宅，故仙師先取坎中之元陽，以立大丹之基，而必投之以木液，陰返坤宮，而陽華自生，煉成戊土；　次結離中之真陰，以發大丹之用，而必媾之以金精，陽還乾舍而陰精自凝，制成己土。魂魄交姤，乾坤合成，而大藥在乎是矣。」

兩物者，戊己也。若戊土之陰不絕，己土難成；　己土如不煉陽，難生靈嗣。黃白破愚云「他無玄妙，妙在無陰」，黃白直指所謂「大都兩物精神老」，精氣詩所謂「直須黃老分胎去」，其義精矣。兩物既臻耄耋，而刀圭已凝，誕生聖嗣，子子孫孫，俾沾祖氣，是九轉丹成，全藉此二物之神異也。

如此大旨，人未易曉，故次第精詳，備諸條目。

三　詠真父。

父本乾金水内尋，投之木火自相親；結胎半晌夫妻姤，去癸三番子母烹。母生靈嗣憑真氣，子度陽關藉至精；不特流芳蔭諸子，若逢七返用尤神。

砂感鉛金之氣而含胎孕子，故以坎北真金名爲真父，但坎中一點真金，本是乾宮走坤來，被水外蔽，不能自出，故投之以震木，木中有火，火剋水内之真金，而金情戀木，猛烹極煉之下，金隨木氣而上浮，是謂水中之金，而爲大丹之父也。採金歌云「惟有同類情相親，惟有木火爲至要」，秋日中天云「要將水火打成團」，皆此謂也。

結胎者，真鉛真汞，本二氣交結而成，金木相戀，煉氣採精，只在片晌之間，結成丹基，如漁莊錄云「金公脱却皂羅袍，姹女便來交素體」，即秋日中天所謂「夫妻交姤金方出」也。然結胎之後，清濁既分，真金之内，陰癸未盡，故必兑金爲母，坎水爲子，子母同宮，三番煎煉，數足九陽，癸氣盡絕，方就戊土，纔可配砂以制己土。若少含陰，配砂無用。此之謂「子母烹煎水自乾」。漁莊錄云「採得水中金半斤，陰陽池内兩翻騰；三番煉就九陽數，朱雀又與龜相爭」，洞天秘典云「若是九陽功不到，却從何地起丹砂」，即此意也。

母生靈嗣，乃真母己土也，非兑金之謂。己土含胎孕子，全仗乾金制伏，變爲純陽，方能變化。子度陽關，是震木初子也，父雖不能抱子，而賴真母養育，然脱胎之後，必須過關，而賴先天氣煉，以使陽氣堅凝，方能靈異，轉生子嗣。

流芳諸子者，子子復歸母匱，母之氣衰，以金補之，此之謂矣；七返尤神者，丹砂六轉，六陽已備，則一陰復生，砂汞防返，必得鉛金配伏，方可萬全，故功尤神。

種種妙用，不能盡述。世人紛紛好道，卒至破家蕩産，白首無成者，良因不得真師之訣也。故吕祖垂憫無知，特留一歌，以開後人。倘有大福大緣，精誠參悟，一旦豁然，則事成反掌矣。歌曰：「祖師傳下靈砂丹，道理雖難法不難；未死硃砂先死汞，未乾砂汞汞先乾。砂裏汞號先天氣，若無祖氣枉徒然；會得土釜追鉛氣，三朝兩夜運周天。運周天，火足完，養得赤鳳變青鸞；胎完借氣成真體，正是用鉛不用鉛。鉛是丹，丹是鉛，採取金花棄却鉛；識得煉鉛休再問，貫徹丹經千萬篇。」

秋日中天云：「三十二斤黑鉛水，六十四兩汞銀配；水火成團藥祖宗，煆煉功完天地位。甲壬乙癸何所成，西家少女爲姻對；　五百七十六數終，方得八兩真鉛氣。」陳自得云：「月朗無烟真死汞，火炎作汁類凡鉛；　凡鉛死汞焉能死，死汞何堪藥妄傳。」金火歌云：「四斤黑鉛水，八兩汞銀配；　四九三十六，方得半斤氣。」漁莊錄云：「鉛池種母非煉母，將母配鉛成戊土；　煉得鉛枯氣自生，須將此理從頭悟。日紅月白是真機，幾箇聰明幾箇知；　鉛遇癸生須急採，莫教望遠十分遲。不可太遲莫太早，要知老嫩討分曉；　採得真金果是金，奇形異狀世間少。」又云：「太上老祖分明說，煉鉛如粉又如塵。」以上諸書，詞若矛盾，理惟互發，皆爲煉鉛妙旨。至於採金歌，實實下手，字字不虛。可見真聖仙師，莫不留意於此，真有見於用鉛之難耳。故范師云「丹頭只在鉛中出，識得煉鉛方可求」，誠格言也。

或有執漁莊錄「用鉛只在片時間」意，而以凡鉛煎煉，看其火候，種之以砂，制造天晥，退去鉛陰，抱養子砂，其餘更不用鉛。竟不看下文詩云「入了陰池不等閑」是何緣故？　又云「陰陽池內兩翻騰」，又云「煉得鉛枯氣自生」，豈誠只在片時間也？夫坎中之金，被水外蔽，陽池煎煉，投之木火，金木相戀，片晌之間，木載金浮，結就丹基。分胎之後，復入陰陽池煎煉，制成戊土，名爲真鉛，以此制離中之火，化爲己土。

戊己二土，正大丹起手之妙藥。自陽池結胎之後，更不以凡鉛爲用，故曰「用鉛只在片時間」也。若以水銀種活砂，則鉛爲真陰，汞善飛揚，求其聞氣而死者，謬矣。間有幾存，必然滿腹含陰，欲其不盜母而生子，寧有是理哉？學者當深思之。

四　詠真母。

晥珠是母住南園，性好飛騰不受煎；配以金郎形始定，煉須兑母體方堅。胎生初子多恩澤，教令諸孫一氣傳；不向箇中求化育，金鉛金母總徒然。

夫汞自砂中產出，而砂爲母，故以離南真火名曰真母，理之自然。晥珠者，火中之木液也，呂祖云「晥爲先天真火」。至真之汞，性似一團火，情如一溜烟，見火飛騰，不受制煉，若不得乾祖坎陽真一之水以制之，終不能成其妙也。招攝傳變，化化生生，必合用後天兑母，方全其功。故仙師取火中之木液，配以坎中之金精。金中有水，水能尅火，真火遇金則伏，火伏爲晥，晥乃合戊己而成。去戊留己，復以兑金煉陽而擒汞，汞感乾陽之氣而立死。除此己土之外，更無死砂死汞之藥也，得不謂之真母乎？

秋日中天云「晄珠是火性飛揚，惟有真鉛厮配當；　戊土烹調令氣足，兌金煉養得形剛。陽還陰竄名神母，坤變乾爻作藥王；　要識箇中奇絕處，金烏端不在扶桑」，誠爲千聖秘藏之旨哉！　假使徒識晄珠，而不以乾金配之，是「不以真水制真火，百煉千燒總不成」也；　不以兌金煉之，是不知「若要水銀無畏火，温砂直到作灰塵」也。求其有明乾立點之效，其可得乎？

真母既成，胎生初子，而超脱之間，節節要資真母，真母深恩厚澤，是誠多矣；諸子成形之後，務令轉轉歸祖，一氣相傳，不可少也。若不求真母爲丹基，縱有金鉛金母爲大丹之要藥，即以抱養砂汞，是不得其類，事難成真。縱然勉强制倒硃砂，終屬含陰，不免盜母，制爲天晄，靈氣散盡，止存砂皮，賴有母氣，亦能煎寶。雖小有成，終無大用。再干鐵器，頓成頑鈍枯朽之物，勞力費財，何益之有？　更有方流，指凡晄爲晄珠者，地獄種子也。

五　詠庶母。

西方白虎採鉛華，金火相函暈紫霞；　去癸真金全賴此，煉陽神火實堪誇。

初胎木子功爲重，七返青龍用更佳；果熟殘花並敗葉，收來培養續河車。

西方白虎，乃兑金。採水中金，煎煉九陽，是採鉛華也。始焉，母子交煉；終焉，金火互烹。乃能陰盡陽純，色暈紫霞，體凝金液。誠哉！紅綾餅也。坎中之金，欲成戊土，以立丹基，必賴此以煉聖胎；離中之火，欲成己土，以爲丹母，必藉此以煉陽神。

初子賴真母養成靈胎，必須乳哺，而其功爲重。砂逢七返，不特金鉛抱養還土，兑母制伏，而其用始全。且戊己二土，生養聖子，子成之後，則二土爲殘花敗葉矣。然子子必歸真母，是瓜熟而尋敗葉也；真母抱子之餘，復配真父養氣，是藕生而覓殘花耳。直指云「瓜熟纍纍尋敗葉，藕生簇簇覓殘花」，蓋詠此也。但此二物，雖彼此相須，尤必兑母培養，方能氣足神全，河車始靈，運轉不已。故兑母自九陽之後，乳哺之餘，當共三家相配，永不孤寒也。

謂之庶母者，以離南真火，含胎孕子，名爲真母，能生而不能育，欲求子體成真，必假後天乳哺，故西方兑金名爲庶母也。漁莊錄云「認得兩箇母分明，自然母聖胎亦靈；教養成人同一父，三箇一樣恩愛深」，旨哉！

秋日中天云：「兑居西方，質本後天，有質無氣之物也，但可假之以作鼎器，以奪鉛中之金氣耳。惟其受死於子，故煉之真水，以益其陽氣；敗絕於午，故姤之真火，以採其金花。以四九之金，合三十六斤之水，分池煎煉，數足九陽，入池不可偏枯，採取察其老嫩。銀中陽滿，自外赤而內黄；鉛內陰消，庶形剛而體壯。木賴之以乳哺，火賴之以煉陽，水賴之以消陰，大有補於丹道之用者。故曰：『無母不成，有母不靈。』」而詩又云：「位列西方屬後天，仙師假此煉真鉛；取將北海烏龜體，化作瑶池白虎涎。花簇錦盤宜採取，藥投神火莫遲延；數終九九陽華足，產出金酥玄又玄。」是誠有真見矣。

世見有「宜採取」「莫遲延」之句，遂以銀鉛交煉，馴至九池，候其花生，以砂作毬，投入母中，收攝真氣。豈知母面生花，但有陰魔，全無陽氣，而況炎燄未收，生砂入火，汞走銀飛，寧復有真氣存乎？是誠可笑復可哀也。

然須知煉母不止爲母也。范師云「只因用母要通靈，故向鉛中取精液」，是爲母矣；又云「鉛池種母非煉母，將母配鉛成戊土」，是爲鉛矣。夫銀奪鉛中之陽氣，陽滿而陰質自消；鉛尅母內之陰精，陰絕而陽華自現。如是鉛始枯而乃靈，銀方剛而不弱，所謂「一餅能開兩樣花」也。古詩云「要煉九陽母，須採坎中金；要知煉母法，陰陽池内尋」，斯言盡之矣。

迺有邪徒，牽合己意，妄作庶母藏金訣插入漁莊錄中，取人傾信，誤己誤人，深可痛心；又有狂流，存心欺騙，欲人易從，設言丹事不用母，是誠魑魅魍魎，造妖揑怪，迷人於青天白日之下，其可免雷霆之殛乎？入道者察之。

六　詠長男。

青龍伏性感金精，火母生來氣始靈；乳哺務求神滿足，添精應在體堅凝。過關超脱宜加意，插骨追魂要細心；轉制但令凡氣釋，孫玄接踵盡超羣。

長男者，初子丹砂也。今人執泥，只認硃砂爲火，水銀爲木，惟指水銀爲青龍，屬震，故爲長男。豈知土之養砂，即所以養汞。且爲初子起手，其爲長男也宜矣。然欲造九轉之妙，必先感先天真乙之氣以立其胎，再施煉氣烹精之法以伏其性，然後吸戊己之精以固其形也。吸戊己之精者，丹砂腹抱真汞，其性屬木，非火不焚，其形如水，非土不尅，故仙師採坎中之金，煉成戊土，去制離中之火，火化爲土，是爲己土。雖則去戊留己，而戊中之金精已含於己土之内，煉陽之後，以之養育初子，木得火而焚，水得土而燥，且奪坎中之金以尅木，是謂汞傳金氣，又爲母氣傳初子。真氣一通靈，變化莫能禦。使不用此真母養子，而或以鉛拘汞，以銀養砂，則砂汞陰精太重，見鉛盜鉛，見母盜母，縱然制死，非類相從，氣體不靈，爲之何益？經云「若不經真土，何能退巨鱗」，真箇中消息也。

砂既結形，方施乳哺之功，以足其氣。乳而復乳，務使神全，方可煉神，勿以煎足而遂止也。煉神之後，形體堅凝，欲令脫胎，難開金甲，須用補之以真精，謂之死中用活，使其透徹肌體，而衣衫易解也。若非煉神極堅，砂體不竭，則不相入。宜超脫之內，有養藥養氣之功，一節不全，難言入聖。過關之後，有插骨追魂之用，一着不妙，事豈通神？其間互相配養之細微，交合轉煉之委曲，已悉其五六於條目中矣。然插骨追魂者，初子過關，名爲真鉛，非此二著，則胎元不靈，神未純陽，欲其化金液以誕二子，其可得乎？真機玄妙，諸書未嘗漏洩，惟黄白破愚云「陽池以插骨，陰池以追魂。汞如是，砂亦如是」，黄白直指云「更有陰陽池秘訣，追魂插骨妙如神」，畧露其端，宜加意細心，愼勿視爲泛泛也。

轉轉制度，因初子賴凡母乳成，務必消釋凡胎氣淨，使真氣通靈，生子育孫，種種超凡入聖，以臻毫釐點化之大成耳。然此妙奪天工，斡旋造化，全在真師口訣之精詳、學者穎悟之靈異，方能事事無失、節節完成也。

秋日中天云「震屬東方，氣受先天，而爲乾之長男。又屬木，而自離宮產出，其性最燥而愛金，其體似水而畏土，故以離南之真火，奪坎北之金精，制成真土。火化爲土，則土能尅水；土中有金，則金能尅木。木死於離，故借太陽之液而行薰蒸之法，以立其體；木敗於子，故借先天之氣而施乳哺之功，以足其神。木凝神足，過關之後，名爲真鉛，又爲真銀，體變純陽，化成金液，又爲養砂乾汞之聖藥也。知死汞養砂之法，開點可坐而致矣」，詩云「震屬東方是長男，送歸火府最相安；汞因土煉凝成質，木賴金精結作團。生子育孫承祖氣，點銅化錫感金丹；只求一滴真乾汞，積累如山信不難」，旨意顯然。學者究心此書，參以前註，細玩條目，反覆思悟，玄機自明，不啻真師之口授矣。

至若黃白直指，全卷以清真爲主，而深誹八石之非；及老爐火賦，又有「草木滋養」「八石扶庚」之說；黃白破愚，極言「不清則不真，不真則不靈」，而又何有「黃白助藥黃婆」之論？此皆時師附會己意，改易語句，攙入以惑人者，決非仙師本義。漁莊錄云：「縱然制死，亦是旁門小法，非清真最上之道也。」觀書者當究心玄理，以別邪正。如金火歌則知爲陳師之精髓，採金歌則知爲范師之秘旨，句句通徹，庶可冀其爲神仙中人也。

七　詠諸子。

煉出真鉛賴母靈，神稀能使汞成形。　汞烹白雪黃芽長，砂出金蠶玉筍生。玉樹更培鉛母氣，瓊林豈外祖先神？　玉漿養就通玄化，起自刀圭次第行。

真鉛，初子過關後之名也，化爲金液，結就玉蕋金蓮，生二子，變化通靈，皆賴真母神氣靈異，故能變化若此。不比枯鉛，凡母制倒之砂，無轉變也。用此金蓮玉蕋，固抱伏性陽砂，以真鉛聖晥共養，行火日足，虛養砂神，生出金毛，形如蓮蕋，號曰神稀，一分乾汞，明驗不誣。

汞烹白雪，必得真火燒之，方能返魂歸魄；　白雪栽砂，必須虛養通神，始得黃芽生長。　黃芽長，尚要脱胎；　金蠶出，必因神室。　玉筍生成，金蠶接制，玉樹常防七返，金鉛金母交加，瓊林得藉通神，豈外先天祖氣？

玉漿結就，九轉功完，羣眾子以朝宗，點五金而成寶，通玄造化，妙不可言。若此，全賴戊己二土，結就刀圭，次第傳變，以至此也。然真戊己者，真父母也。九子必須歸母，一氣相傳，精神始靈。以其轉運不已，而真母為河車，時須補養，勿令少衰。若使母衰，則河車斷絕，九子何歸？故曰：「莫破我車，度我還家。」補母必以真父，而使九子得沾鉛氣，方得神全。此真父亦須補養勿寒，故曰「莫壞我鉛，留我命全」。是九轉功化之妙，一起自刀圭之次第行耳。學者當知仙師為助道計，着着竊神丹之遺意以成造化，而真父真母為造化之源也。

承志錄卷中

平陵太華山人彭純一貞父著　會稽霍童山人陶素耜存存子校

詠戊土十二首

一

出山鉛是大丹基，內隱先天世罕稀；下手先須去沙土，土沙淨盡始爲奇。

大丹本以鉛中白金名爲真鉛，須假七返九還之功，俾得鉛內產砂，砂中生汞，以成金液還丹。今黃白起手，乃借鉛中先天之氣，制死砂汞，以資內外大丹之用也。但凡鉛初出山時，夾和沙土，如不先淨，則煎煉之際，塵垢掩閉。必淨而後用。

二

灰池密布土池中，武火煎鉛爛熳紅；木載金浮魂繫魄，日紅月白見真宗。

採金者，從紅入黑，結水內之金也。經云：「鉛必煉而後通靈。」但煉之有法，採之有時，全在真師口訣，非意想測度可能。其間秘要，必須細認。漁莊錄中採金歌訣，玄機妙理，一一詳盡，方可下手。倘惑邪師，妄辨經旨，萬法莫救，切須慎之。

即如「日紅月白」之句，世人皆以爲池中景象，誤矣。豈知太陰黑魄，借太陽之光以生明。今坎水沉黑，謂之陰魄，藉離中木火以生靈，謂之陽魂，二氣交姤之時，魂魄相拘，金木相戀，結成聖胎，反覆制煉，祛盡餘陰，一名辛金，一名壬水，戊土所由成也，豈得言景象哉？

三

靈鉛凝餅簇金花，剛脆敲來似馬牙；　用釜鎔鉛非謬語，全憑急鼓散金砂。

不鎔不鼓，金砂何出？　分胎之妙，在此一訣。

四

龍吟虎嘯聲無二，拳出蟾宮共一家；　五日三方文火足，發出金粟似松花。

金木相配，二氣絪緼，金戀木而浮，木得金而靈，温温靜養，慎勿粗心，松花簇簇，清濁可分。　漁莊錄云「熱火冷鉛爲薰蒸，升上浮，降下沉，龍吟虎嘯一般聲」，可以驗矣。

五

灰築重封水火行，清香五炷足陽春；藩籬剖破塵埃去，金水浮沉妙絕倫。

採金歌云：「金水浮沉從此定，從此定，要分胎，清者爲真濁者埃。剥去塵埃全不用，請君再煉休疑猜。」如此細訣，若不洞明，竟難就手。

六

癸生急採傳言久，那着須投要不差；老嫩推詳真妙訣，直看明月照金波。

上詩言坎離交媾之玄，此詩詠華池火候之妙。採金歌「那一着，用心投」，正指此。蓋緣真鉛之中，陽微陰勝，而真氣藏於杳冥，煎煉之際，藉火力以爲發生之機。癸生者，真氣發生之際；急採者，真氣易於散失也，若不乘其發生之際急用採取之法以迎之，則水枯而靈散矣，所謂「金逢望遠不堪嘗」也；老嫩推詳者，癸生尚嫩，癸盡則老也；月照金波者，陰盡而陽純也。通神妙用，仙師亦不敢盡洩，正當敷演之地，天機亦復隱藏。不佞深憫有志之士，蔽錮極深，無從省悟，展轉慈悲，不獲自已，敢將仙師所未敢洩者而洩之，但願後學，覩是書而察玄旨，堅誠立德立功以膺天眷，謹戒妄作妄傳，以消予罪，斯爲幸矣。**增批**　五囑修心積德。

「那一着，用心投」，今人皆以銀鉛配煉九池，臨後投砂於上，以收其氣。噫！以陰從陰，汞走銀飛，可勝惜哉。豈知歌中所謂「此時又有追金藥，不離前番那一着」原其本旨。蓋因聖胎雖經制煉成真，餘陰必難盡絕，務須金火相配，方得陰盡陽純，始有通靈妙用。節節之中，天機所藏，仙師不敢盡洩，指云「那一着」者，復指採金歌之火候言之也，故下文有敷演當池中景象之法耳。若論煉鉛始末，惟有陽池結胎，明煉可觀，及後金水同宮，竝無花色可見，藥物可投矣，奚能已於辨耶？

七

八兩先天配後天，玉池封蓋入爐煎；生寅庫戌須加慎，踵息凝和弗驟寒。

採金歌云「從前如法入爐煎，此際財分先後天」，正明始初煉鉛，惟投木火；分胎轉煉，方配後天。世人分煉鉛煉母爲二，不明此訣者也。此訣不明，丹豈成哉？

然池中爲何要用陰陽？地元真訣云：「三元池鼎列雌雄。」雌雄者，陰陽也。又「顛倒取來逆順煉，三十六時運火功」，豈非漁莊錄「陰陽池內兩番騰，三番煉就九陽數」之謂乎？ 又云：「入了陰池不等閒，莫教火大洩機關。」皆仙師喫緊之玄機。凡正經書，詞雖不同，理惟互發，學者務求融貫，無執泥字面，乃夙有仙骨者也。

池用陰陽者，癸水未除，以銀煉鉛，所謂陰也； 陽氣未充，以鉛煉銀，所謂陽也。正陳師喫緊之玄機。 若漁莊錄云「入了陰池不等閒」，則又指金水池爲陰池，以其皆陰煉也； 指結胎池爲陽池，故曰「片時間」也。 經書之內，先賢各隨所見立名，道惟一致也。

八

虎出池中質不剛，好吞龜髓會潛藏； 丁公極戰陰魔退，顛倒翻騰足煉陽。

陳師陰池詩云：「瓊林玉樹結獅頭。」若論金水池煉鉛，則鉛浮銀沉，何由而有獅頭之結？ 再觀上句「開看陰池別有由」，其寓意有在矣。 洞天秘典所謂「銀裹陰魔須戰退」，採金歌所謂「發付癸水何處去」，金碧經所謂「潔白見寶」，其義一也。 使徒知煉銀於鉛，而不明此訣，則九陽之功不成。 九陽不成，而造丹無地矣。 洞天秘典詩云「若是九陽功不到，却從何地起丹砂」，誠顯以示人也。

九

一百四十又四星，尋來得方一斤金；三十六宮春意足，翻來卦象要分明。

上二句言採金總數也。要足金花三百八十四銖之稱，必從金水一百四十四數烹來，地元真訣云「一斤水銀十六兩，三百八四不虛言；八兩癸水煉一兩，一百四十四數終。煉鉛毫髮更無差，此道真機不敢說」也。又漁莊錄云「周天火候要分明，不遇真師莫强行；三十六宮翻卦象，千金莫與俗人評」，金火歌「四九三十六，方得半斤氣」，此又指明周天火候也。藥火妙用，機須口授，學者得訣，切宜謹守，妄作輕傳，必速殃咎。

十

七返功成金水佳，初傳母氣長靈芽；看窮五百七十六，半井蓮開白玉花。

大丹起手，仙師先取水中之金，煉金中之水以成七返之功。金水相停，母子烹煉，黑魄潛消，黃芽漸長。試看五百七十六數既終，而八還之功始盡，僅得三百八十四銖之半，而上弦之氣方全，故曰「半井蓮開白玉花」。

十一

天下燒丹亂似麻，誰家種養白硃砂？ 臨爐莫訝金公老，返本還元始發芽。

古詩云：「神仙煉就白硃砂，天下燒丹第一家。」世見有白硃砂者乎？噫！誠有之也。石函記云「二十四鼎始華池，終則神符生白雪」，地元真訣云「赫赫火紅飛白雪」，皆謂此也。造丹之初，先以離中之真陰，投入坎中交煉，是以日魂而攝月魄也。蓋緣離中真陰，原係坤宮走入乾舍，今捨乾宮而復入坤宮，金木相戀，魂魄相拘，結成聖胎，是謂「返本還元作藥王」，又所謂「七返硃砂還本元」也。莫嫌老朽無嗣，轉煉始發黃芽，終凝白雪，以此名為白硃砂，其玄旨誠罕見也。從此更進一着，是以地魄而合天魂，則兩弦之氣始足。兩弦氣足，聖母胎完，還丹在乎此矣。若此黃白之內，則又指兩弦為父母，作為相類，故言及之。吁！天下燒丹無數，其孰能與於此哉！

十二

周天火候莫教差，五色雲中月吐華；火養鮫綃功始畢，金成紫粉號仙葩。

漁莊錄云：「周天度數要分明，毫釐差錯藥不真。」學者縱知藥物之真、配合之當，使火候不明，亦難成功。欲知火候之妙，當觀祖師「五色雲中月弄影」之句，則知火候之訣矣。蓋真鉛煎煉之際，每每有異顏殊色，變換不同，而真母自始至終，未嘗不現一輪明月於雲中也。但煉鉛雖至極妙地位，止完得從紅入黑，得水中之金耳。必須用黑入紅，方能得汞中之寶。真鉛真汞交加，真水真火孕育，由七返而臻九還，真鉛色變庚黃，釀成紅粉，精華奪目，即如火養鮫綃無異矣。馴至九還功滿，紅粉復轉紫粉，誠閬苑之奇葩，瑤池之異草也。珍重珍重！

詠己土十二首

十三

晲珠屬火產於離，先沾玄元始脫衣；活汞上升晲在下，玉池番取紫金泥。

洞天秘典云：「既得真鉛，當求真土。土從晲制，不外硃砂；砂用霜填，須焚桑木。漫漫火從下發，騰騰汞即上升。砂脫朱衣，晲居鼎底。」

先沾玄元者，降其燥性也；　後歸玉池者，使之離形也。　即此一訣，槩世少知。

十四

水火同歸混沌窩，夫妻從此結絲蘿；　温存火候恩須足，寒燠調停性始和。

金丹口訣云「索取出來求己配，歸根同入鳳凰窩。　鳳凰窩，水火結，一團混沌難分別」，地元真訣云「二胎水銀混沌死」，識得混沌之機，方投嬰姹之竅。

洞天秘典云：「晥性猖狂，猛勝九牛，配合鉛金，伏養一月，始雖狂悖，到後馴良。」此正結水火爲夫妻，勝人間之鳳幃鴛侶；　配鉛汞於洞房，類陽臺之暮雨朝雲。戊己情孚，刀圭藥就，大丹起手之要旨也。

寒燠調停，全在器用之妙。

十五

纔配夫妻意始親，氣精交結未全純；　浮陰升盡方堪煉，會見玲瓏癸丙丁。

黄白破愚云：「須假先天以配砂母，水火打升晥液，去盡浮陰，收下清藥，如法栽接，煉就純陽，方能變化。」蓋緣水火交結之初，龍性未即馴服，故必升去浮陰，方堪入煉。但升須有方，煉須有訣。地元真訣云「學人要識一爐紅，調燮三家合爲一」，煉氣化神篇云「八兩玲瓏癸丙丁，露出仙家第一着」，學人當細研之，差毫髮，不成丹也。

十六

浮陰升盡藥苗良，靜養還同沐浴方；三十六時文武足，混元池內煉金霜。

升陰之後，靜養三朝，晥內方無頑髓。入池更煉金霜，庶使太陽真氣凝堅，金鼎天晥靈驗，反覆制老，變化無窮。

十七

九九烹來轉轉靈，威光鼎内火如雲；乾爻二百一十六，方得純陽紫土成。

九九者，指明威光鼎、混元池，一養一煉，反覆制煉之功也，火功漸次而加，神氣漸次通靈矣。此言九九者，蓋陰陽得類歸交感；後言九九者，乃新舊相扶，氣始盈通。前分別水火，及後煉神還虛，火入華池妙用，共終陽符之策，則體化純陽，真火混成紫土矣。

此因「九九」二字，故統言始末，以顯造化之全功也。

十八

百日功完四鼎砂，如花結果號黃芽；若還急欲探神力，妙手分來用可嘉。

四鼎烹來，功完百日，渴龍奔水，狂性馴良。若欲探其靈異，即堪制汞成真。但工夫漸到，造化須完，此特驗其藥之功力耳。金火歌云「百日四鼎兮，如花方結果；一號土黃芽，用之功力可」，地元真訣云「神功在百日，藥就鬼神欽」，驚哉！欽哉！

十九

華堂夫婦齊眉老，撫育兒孫各有情；三十六時金電走，一池水火兩停分。

夫婦雖已齊年，生產還須各別。況懷胎惟賴於母恩，養氣必資於父澤，故分居養育，各自為情，又必電走雷轟，赤龍炎燥，方得水升火降，黃白判形也。金丹口訣云「一團混沌難分別，更定浮沉分兩儀。混元鼎內威光烈，此是先天真太陽，變化無窮金電掣」，又云「神仙隱下這箇理，向人只說水中金。水中金，只一味，一味偏枯丹豈濟？若欲真實求丹成，須仗兩弦龍虎氣」，皆斯義也。地元真訣云「三十六時火不停，希君同玩紫金霜」，復於此文明且切矣。

二十

水火分胎氣已靈，爭誇姹女獨含真；殷勤種養黃金粟，點汞開茆頃刻成。

分胎養氣，夫婦各室，撫育兒孫雖各有情，而懷胎孕子實自母腹。故火中姹女，獨含真孕育之靈，而爲曠古希遇之奇珍也。

試看九鼎功完，摘取金粟一粒，投於活汞之中，如秋蟬朗吟，頃刻成銀也。金火歌云：「九鼎氣足兮，碎如金粟顆；一粒能乾汞，明暗無不可。汞死復開茆，變化皆由我；五金八石類，亦無盲與跛。」學者至此，豈可頃刻忘情於三千、八百之陰行哉？增批　六囑修心積德。

補詩二首

晥成方見體堅凝，只恐身中尚帶陰；烹煮亦如沐浴法，還添汞髓退鉛精。

水火分胎，黃晥實死，而所盜祖匱兑金濁氣，若不陽烹，恐貽後患。又洞天秘典云：「鉛精汞髓先天藥，加入晥中秘莫傳。」此物一加，既益晥中不足之神，又退晥中盜鉛之氣，誠要旨也。

欲成神火如灰樣，須賴三朝水火周；金母同培紫赤色，方堪寄氣養新晥。

此法已露「二十三詩」，此處未講。但不知此法，則接必不靈，故必三朝明煉，行滴水返陽之火，自粉如塵，還如坎金兑母同培，俱成紫赤金晥之粉，接養伏氣新晥，自然神異。

二十一

萬物資生土作基，若還不厚不芳菲；栽培上應河圖數，博厚通靈造化奇。

萬物資土而生，不厚則不能承載，不久則不能長養，不靈則不能變化。真土既厚且靈，是爲仙家之玉田矣。種以丹砂，坐收金穀，刻日可期。故必以生接熟，數按河圖。既欲求其博厚，必須新舊相平；既欲求其通靈，還宜金火轉煉。洞天秘典云：「其間簡易無多訣，只是將晥去伏晥。」地元真訣云：「炎火制伏兮，金丹成熟；伏火制火兮，收成萬斛。」神哉神哉！

二十二

九九陽浮煉藥苗，祛陰靜養似前朝；但於匹配華池會，銅雀春深鎖二喬。

前言九九者，陰陽相配，性難馴伏，必祛盡浮陰，凝神靜養，方堪轉煉；此言九九者，後先相續，氣未純和，祛陰靜養，與前無異，煉僅相彷。若赴華池一會，則離火與兌金貼體，中女和少女同宮，互相交煉，各抱育嬰之靈，擬諸二喬雙美何異？

金丹口訣云：「此藥本是赤龍精，煉成點入金龜裏。曾向眈珠池內煮，形體酥黃氣脈靈，不比尋常凡父母。這金龜，誠是母。」誠哉！洞徹玄旨。

二十三

赤龍四九施威武，紫粉成金號日魂；氣足胎生成聖嗣，神靈派遠盡超羣。

九九功完，形體既壯，氣脉亦靈，但神未還虛，功虧一簣，故必赤龍閃爍，威武通行，火功足多，正離魂成火，赤母作虛無谷也。地元真訣云「四九三十六兮，火候足有」，漁莊錄云「神火煅煉如灰塵」，陳師云「若要水銀無畏火，溫砂直到作灰塵」，古歌云「朱砂變赤色，方是水銀死」，良妙旨也。由是而胎生初子，即成聖體，變化無窮。推之而撫育孫枝，盡生靈質，超凡穎異。可不捫心省己，立德立功，以膺天眷哉？

附錄增註詩

直將神火煅灰塵，坎兑相函烹又烹；萬化不熔龍甲赤，無邊金穀此中生。

二十四

笑看花簇紅綾餅，喜羨光浮紫色泥；更訝盈盤紅玉粉，三家共育聖嬰兒。

此統言三家之神異也。

紅綾餅恩惠，出唐僖宗喜宴頒賜進士，借此以喻金母外赤內黃，精華簇錦；毓本離魂，體變純陽，轉成赤色，化爲己土，故以紫泥喻之。洞天秘典云「務教母似紅綾餅，更要毓如紫色泥」也。

坎中辛金，得火煅煉，色變庚黃，轉成紅暈，仙師亦以紅玉粉喻之。石函記曰「高奇妙手修金鼎，金鼎修成造化爐，九還七返煉虛無。七返煉成紅玉粉，九還煉成紫金酥」，即此同也。

有此三家，而共生子嗣，有不超凡入聖者哉？

總詠金火標題

康熙丁巳歲，偶爾彭師降筆，余未之信，乃以中卷條目索題，遂成此詠。字字真詮，始終融貫，安得不心讋而師耶？

後學陶素耜謹識

金丹道理最難明，特著三篇承志經；要知造土真玄妙，但向篇中中卷尋。第一提鉛二採金，第三熔鼓四分清，五兮水火升砂汞，六也銀鉛煉水銀；七收金水池中煉，八進丁壬虎化塵，第九周天配合停，第十靈芽漸長成；十一莫訝金公老，十二金成紫粉形，十三取己十四媾，十五升陰見丙丁；十六三朝靜養神，浮陰去盡藥苗新，這番却入威光鼎，十七純陽紫土成。十八功完已十旬，便堪分却驗疏靈，妙訣還存十九處，一池水火兩停分。二十堪誇姹女真，提靈返粉要分明，陽極乃堪求博厚，廿一栽培新舊平。更須九九行功養，廿二瑤池見兑神，廿三紫粉要成金，煅煉今番化作塵。三五藥成廿四氣，妙哉紅玉與紅綾，若把三般去育靈，自然子體易成真。偶向人間留秘訣，看來都是會中人；一句天機值萬金，寰中那箇是知音？今朝説盡金和火，好將條目細跟尋。

承志錄卷下

平陵太華山人彭純一貞父著　會稽霍童山人陶素耜存存子校

詠長男十六首

一

欲求子聖選陽砂，嘴帶砂床箭鏃佳；寶色鮮明神氣足，修之端可達仙家。

欲求子嗣神靈，精選硃砂爲上。箭頭石榴子嘴帶砂床，紫映牆壁，色瑩珊瑚，方爲上品。若用陰砂劈砂土巒頭，必然僨事。洞天秘典云：「求得好砂方下手，不然火燥損河車。」

二

仙姝浴罷色尤鮮，相抱金郎帳裏眠；三候洞房春意足，請歸東海啗龍涎。

離爲姹女，故喻仙姬。此浴與他浴不同，香湯洗刷垢膩，故色尤鮮耳。將砂配戊土溫養，俾沾金氣以懷其胎，然後再烹。秋日中天云「初置丹砂於坎宮，感先天金氣以立其胎」，洞天秘典云「離宮仙妹配金郎，花燭輝煌入洞房；二七錦幃恩愛足，起吞銀海浴瓊漿」，其喻同也。

三

仙姬嫌燥襯羅衣，滿沼瓊漿濺玉肌；養得性馴青徹骨，陽池神水浴尤奇。

丹砂入汞，防其浮泛，若還火燥，必損河車。內用天羅束縛，外憑土隔施爲。烈焰不得上升，即爲文候；漫火微從下發，乃是武符。文武齊行，是朱砂煉陽氣之妙；陰陽交姤，爲水銀烹金精之玄。秋日中天云：「次置丹砂於震宮，行煉氣烹精之法，以伏其性。砂因汞煮而去其紅衣，則無盜母之患；汞因砂制而益其陽氣，自無難乾之憂。砂汞相制，理之自然。青徹肌骨，子性乃馴，勿憚日長，須防傷損。」古書云：「陽池神水煮。」洞天秘典云：「誰識丹砂神水，乃爲月魂金漿，就裏玄機不離鉛。造到此，若不陽烹向前，徒爲陰煉。水非鉛造，難固砂形；砂必經烹，方爲真土。」詩曰：「陰陽二水名神水，造化玄機在秘傳；若問陽烹反落後，須知陰煉必居前。丹砂不浴終無藥，神水施爲豈離鉛；釜內懸胎相煮制，有誰識得此中玄。」似此工夫緊要，二者兼行，愼勿偏廢。

四

丹砂浴罷必穿衣，真土調和兩固之；直待身乾方入匱，若還不固損元胎。

洞天秘典云「神足氣全方有藥，不將土固不爲玄」，又云「先將土把砂身固，又把朱砂種土中」，其義明矣。然「固」須重複，庶免剥落。若還不固，必損河車，熟亦愆期。

五

親娘貼體育嬰孩，三七重闈始揭開；丁公試看無虧損，方送西隣乳母懷。

真母抱養初子，即秋日中天所謂徙丹砂於離南，吸戊己之精以結其形也。火須温養，防損胎元，但要子靈，遠期何害？子體堅凝，燒試無虧，方送西隣乳哺。乳哺雖足，尚有許多轉制，方能抱養二子。勿聽人言，將乳足子砂養汞，欲速則不達也。母既誕子，神氣虛弱，亦須補之。直指云「嬌兒離母休添汞，弱母抛兒要换銀」，又云「婦把嬰兒宿内房，外城端的卧金郎；重幃密帳須温養，體魄堅凝可離娘」，其義精矣。

六

嬰兒初產未精神，庶母來施乳哺恩；三七錦幃相眷顧，温存抱養莫粗心。

兒體雖成，必資乳哺，西隣抱養，恩同慈母。然必錦幃相護，兒體不單。秋日中天云：「置丹砂於兑西，施乳哺之功以足其氣也。」

七

兒因得乳已調停，筋骨猶憐尚嫩新；三五如前三換乳，返歸離位煉陽神。

陳竹泉云「初產嬰孩氣未純，仍歸母鼎復元真；佇看三五薰蒸透，送入離宮去煉神」，其訣誠顯露矣。

補 二首

長男離母始成形，庶母還同慈母恩；但愁體質沾陰濁，一樣陽烹兩樣評。

初子出真母匱，以生汞烹之；乳足之後，以金母度汞烹之。兩樣沐浴雖殊，祛陰之意則一。

增註詩

弱母拋兒自養神，神全復爲養兒身；金公反復重幃卧，一樣恩多可煉神。

弱母拋兒，同類已補，子欲養神，復須眷顧。微陰欲盡，少加武符，更用真父，一樣恩多。勿泥鉛情短，得法決非差。

八

養足元神體已强，還憂腹内未純陽；水火鼎中烹九日，臨期一日沸瓊漿。

秋日中天云：「見寶必資於乳哺，脱胎須肇於煉神。」旨哉！傳神之後，氣體須强，猶恐微陰未絕，質未堅凝，添精未可，必假水火，陽烹九日，終加猛烈，盞沸瓊漿，方爲煉神。

九

龍體純陽甲未開，玉漿釜煖飲三盃；欲卸錦鱗資潤氣，陽池硼浴始奇哉。

丹砂煉神，體自純陽，但骨肉堅凝，形軀焦燥，金甲難開，脱胎未妙，必須陽裏投陰，故用三男一女。死中用活，當防女盛男衰。青龍白虎交爭，實藉丁公効力；鳳翅龍鱗開折，全憑汞液烹成。釜須温而液始能吞，養三周而汞方入骨。誠能識此玄機，理類村舂搗麥，砂既添精，錦鱗欲折，投之金鼎，求其作汁而酥，卸却緋袍。猶恐潤澤氣微，而未能興致雲雨，故須陽池硼浴，俾沾土澤。從此脱胎，易施靈液，洩之甚易，所關綦切。

十

龍過陽池膏澤肥，紫金城裏脱緋衣；丁公丙叟行威武，解出全身潤玉肌。

龍過陽池，膏腴澤肥，投之乾鼎，緋袍乃脱，丙叟丁公，煅經一日。陳師云「脱却緋衣着練袍，碧天雲散月輪高；昨宵因赴瑤池會，阿母乘鸞下九霄」，妙旨淵深，尤當默悟。

十一

子出胞胎性復回，還同親母入羅幃；深恩不異懷胎日，莫使冰肌惹土埃。

龍體脱胎，性必復回。先居水火，升提不盡之衣；復入慈幃，恩與懷胎不二。但須保守冰肌瑩淨，不使渾沾塵土。事雖細節，宜加謹護。

十二

慈幃抱育體方凝，神未通靈事未真；復送西隣重超度，精敷氣足始完成。

慈室恐沾塵土，西隣亦復關防，氣足精敷，過關方妙。

十三

赤子堅强欲度關，全憑老祖破顏看；操持筋骨須神武，丁將施爲到日間。

赤子者，脱胎子銀也。得來母氣縱足，使不以先天之氣煎煉，終是神氣不全，難以煉陽誕子，故破愚云「過關爲第一策」也。

十四

龍衣脱下即天晥，爲產靈苗氣轉柔；飲養精神俾充足，須從坤兑育方優。

龍衣脱下，即爲天毓，氣弱性柔，難以作用，必從真母伏性，庶母補氣，氣壯性靈，接毓養藥，無邊神異。

十五

毓伏毓兮作藥王，仙姝寄氣改新粧；班行會合精神老，任使金郎月下狂。

真火非金不伏，故欲接制新毓，必假真金伏性，始入靈毓和合，則體性馴良，方堪配養；若欲老嫩同顏，共生靈嗣，必須金火轉煉，方足其功。更有陰陽池鼎，妙造神修，骨健魂靈。神哉奇異！

十六

毓共真鉛各己靈，陽池配煉妙通神；陰池半月天機巧，看取金蓮玉蕋生。

真鉛過關，感月華以滋魄；聖毓養氣，藉日精以敷魂。二者配煉，魂魄互相制伏，則聖毓體變純陽，渾是一團神氣。真鉛功完插骨，内懷金液瓊脂。更入陰池封煉，水火兼行，日足冷開，池中紅黃金紫，形如玉蕋金蓮，升上靈英，胞胎爲妙。聖毓真鉛，均作長生湧泉遺。所謂「一母雙生聖嗣，見者毛骨悚然」。以生二物，抱養陽砂，自然入聖。

洞天秘典云：「煉得真鉛配聖毓，玉池煉陽到中秋；中間結就金蓮蕋，此是金丹第一籌。」破愚云：「接胎爲第二策，使陰魄漸消磨也；升藥爲第三策，收真炁以離形也。」使非夙植靈根，何能到此地位？

詠諸子九首

十七

玉蕋真鉛抱子遲，砂成虛養發神稀；如前超脱須歸祖，骨健魂靈倒玉脂。

玉蕋真鉛，抱養陽砂，連經七七，火足功多；離母虛養，神稀乃發，脱胎毓母，俱同前制。經云「相扶二子爲姻眷，一樣施爲超脱同」，誠信然也。歸祖者，非祖氣之謂，乃真母也。歸祖之後，神稀爲三子之抱胎，毓母作誕生之親母，養砂無比其妙。但古語云「晲擒砂死砂乾汞，養成白雪作丹頭」。宜遵舊派，養汞爲奇。然洞天秘典云「三轉靈砂藥，分行路更多；配砂成紫粉，進汞結金荷」，可見二者亦未有差。

十八

玉脂生魄氣從容，欲度陽關謁祖宗；歸魄返魂應有訣，紛紛白雪滿晴空。

玉脂生魄，賴神稀之靈異；玉脂返魂，非真火難以成功。故於謁祖過關之後，假真火以烹真水；追魂追魄已畢，收白雪以種青砂。秘典云：「膩粉虛虛白，玄霜片片皤；五金堪點化，真可塞黃河。」誠哉！其靈異也。

十九

到此燒丹事更佳，笑看白雪種青砂；黃芽發出還超脱，不厭囂塵到舊家。

白雪栽砂，火行一月，收歸虛養；黃芽漸茁，功完四七，仍付超脱。青砂者，九子俱用烹徹肌骨之砂也；　囂塵者，宗祖也。　煉丹至此，白雪栽出黃芽，固爲奇妙，制度更益精虔，尤爲堪羨。　四子超脱之後，胎銀造成神室，黃芽金晥，配砂入養，火行七七，方離黃芽，接制於後。

二十

神室黃芽拌玉砂，終令謁祖莫教差；　金蠶出殼因虛養，轉制栽培發嫩芽。

玉砂入神室，同黃芽金晥配養，火足出匱，熟砂虛養，俱成金蠶，衣甲自卸。　謁祖之後，養氣之餘，進汞接砂，俱成靈嗣，森森玉笋，於此萌芽也。

二十一

金蠶伏氣還加種，長出靈苗事更玄；　玉笋森森從解籜，新英舊葉蔭琅玕。

金蠶伏氣，復養丹砂，砂熟虛養，長出靈苗，開爐進汞，森森玉笋自此解籜成竿矣。　然其歸祖超魄，制轉神砂，又如新英舊葉，蔭庇琅玕，待其發榮滋長。　造化參天地，神功玄妙，難以語人。

二十二

玉樹亭亭傍笋生，根盤七轉返生陰；雙金並伐防陰盛，養得陽華氣鬱層。

七轉玉樹，玉笋養成，六陽已滿，返爲陽精。蓋大丹到七轉，砂汞皆返，理勢自然。治之法何如？陽華不足，金鉛粉土交加，陰質不消，九陽金母養育，朝朝沐浴更新，日日隄防進退，七七火足，玉樹生成，亦須歸祖超魂。陽華滿足，生氣鬱層，而爲八轉之階梯也。

二十三

真水真金培玉樹，氣充枝盛長瓊林；舊家園裏陽春暖，又看林中金粟生。

真水者，真鉛也；真金者，真母也。七子玉樹，賴鉛母養，陽氣充足，種砂成熟，盡長瓊林。舊家園裏，賞陽春之布暖，瓊林長成素魄，養砂神氣最靈，種九子而生金粟矣。

二十四

花結瓊林化玉漿，一團神氣噴龍光。相攜兄弟同相賞，金粟難將升斗量。

瓊林種成九子，收來靜養，化作玉漿，神氣純陽，精華耀目，真如龍光之閃爍也。但工夫須到，造化須完，然後俾眾子以朝宗，歸神室而獨賞，謾訝瓊漿化金粟，笑看九子盡登仙。陳師云：「九子心思報祖宗，好將神氣顯靈通；次第總歸神色內，水升火降候三功。」燒丹至此，誠可謂奪盡天地之造化也。

金粟收來，固非升斗可量，而長生匱就，尤堪助成內道，真乃神仙稟祿。吾儕欲希得此，當求德合於天。若至此復煉虛無，去火毒當求以服食，否則丹砂入火，毒不可解。而況九江張尚書之失明，呂祖已明示人矣，其可不鑒此弊哉？

二十五

各轉天晾總入神，金胎神室煉尤靈，造成寶匱收金粟，浪迹烟霞不憚貧。

九子雖有脱與不脱之異，而聖晥未嘗不同。更同九子神室温養，眾子俱化玉漿，氣脉神靈無比。然後將汞銀造成池胚，底蓋俱全，而用大藥造匱於内，亦全底蓋，則朝種汞暮即收也，正謂「朝種玉田，暮收金穀」。攜此四海遨遊，或閉門養道，何憚於貧？秘典云：「誰會養天晥，制成田一坵；水銀朝若種，金粟暮間收。歲歲無蝗旱，時時用火牛；擔頭攜此去，四海任遨遊。」燒丹至此，洵可樂也。

補二首

丹成九轉多靈異，玉蕋金英養舍利；萬刦千春永不磨，三丰以後伊誰繼？

九轉子銀，澆汞烹出瓊霜，曰「玉蕋」，九子之虎弦也；九轉天晥，懸胎刦出元神，曰「金英」，九子之龍弦也。各取二兩，而以九子天晥鑄室，子銀做胞胎，先養三日，後入芙蓉蕋砂，重一錢者二粒，養經百日，取出金砂，號曰「舍利子」，任意煮汞。此寶以子銀做盒，用韜光袋盛佩，萬刦長存。昔通微顯化真人張三丰授沈萬山之後，竟寥寥千古，非道高德厚，誰能堪此？

饒君金寶積如山，未得長生亦等閑；若把玉漿重鑄室，虛無產出大還丹。

寶匱舍利，縱金寶如山，安得長生住世、服食飛昇？經云：「輕清服餌作神仙，重濁點金堆泰山。」若以玉漿乾汞，鑄成上下二釜，下釜入先天一氣，壇臺鼎竈，各按規模，天水天火，養經十月，悉依銅符鐵券制度，從虛化炁。上釜結成白雪，如鍾乳琅玕，是先天汞氣，初轉者服之百日，即可住世延年。頂上神符，乃先天火氣，非九轉不可服也。下釜黃芽，則係點化之藥，先天鉛氣也，古歌云「百尺竿頭重進步，我命在我不由天」，弗謂服食止銅符鐵券「九池」「九鼎」一途也。

詠制度器皿七首

一

始煉鉛池著聖灰，金精木液按時栽；歡情片刻交雲雨，俾得真鉛結聖胎。

漁莊錄云「土池要厚扁磚深，灰鋪池底上幃平」，即此謂也。鉛汞交姤，片晌之間，結成聖胎，爲丹家起手之要務。即採金歌云「先取黑鉛投入池，次次花生光陀陀。

池池同，就裏木火爲根宗。一次花生投一次，三次花生半斤數；四斤黑鉛俱煉盡，金水浮沉從此定」，正此訣也。若以此爲陽池，而指金水池爲陰池，則非也。金水池自有陰陽，范師云「口訣妙在陰陽池」，旨哉！

二

妙手精修金水池，膠泥配合各須知；造須依式爲寬窄，寶蓋玄機世罕稀。

地元真訣云「流珠鼎共流金池，各有配合成金泥」，謂之「各」者，以其有分別也；又云「造池密密採金鉛，造鼎採汞爲金粉」，則流金池爲七返之要無疑矣。而九還中曰無池者，乃一池而兩用也。噫！似同而實異。獨不聞三元池有云「三十六時運火功」，混元池則云「三十六時火不停」，學者當細心悟之。

三

八塊磚先太乙爐，烟筒中起鐵條鋪；周圍瓦匝釘須活，退火藏風兩得之。

試把條磚直起，更加扁磚砌成爐，烟筒中起，鐵條遶鋪。鐵條中四邊抽動，扁磚上瓦匝周箍。釘活者，退火疾速；瓦匝者，藏風得之。更於烟筒上，加以窑器，庶使金水池得以安居。惟願人人成道，是以援筆直書。

四

坤鼎端然要正模，膠泥配合莫教差；粉須細膩還經晒，陶冶修爲巧勝多。

地元真訣云「七返有池還有鼎」，豈無池鼎乎？所謂有池者，大丹謂之流金池，即與金水池不同也；所謂有鼎者，大丹謂之流珠鼎，即與此坤鼎無異也。不遇真師口訣，焉能臆度以盡其妙哉？況坤鼎模範翕藏，作爲轉巧，即質之窑丁，亦須一一指示詳悉，不過借其套護火煅之勤勞耳。

五

乾鼎分胎世罕知，陰烹陽濺總相宜；試來陶冶修持妙，七返於中更用奇。

坤之德，主於翕受收藏；乾之德，主於動植發生。故此鼎對於坤鼎而言，亦謂之乾鼎，非鐵鼎之謂也。

脱胎陽濺，施無不可，但陰烹一節，必須作爲精密，運火停勻，方爲奇妙。設或少欠精細，龍性易於鬼匿，付之鐵鼎，用亦無妨，故存後訣以備採用。

此謂之七返者，非丹砂之七返，乃九還七返之謂。其中制度，實隱神機，必須洞察陰陽，方能勝此妙用。語云「工欲善其事，必先利其器」，誠哉是言。

六

固口端須瓦作灰，封時光熟縫難開；藏於坤鼎須泥釜，五轉中央是紫胎。

瓦灰羅細，滷醋調研，固時溫熱，縫始膠粘。此固神仙秘密，不才甘罪洩焉。

泥釜者，陳師云「匱內藥靈鉛內死，鼎中丹熟盒中生」，其義精矣。而況火氣周流六虛，並無過燥之咎，其他用處固多，惟在九還爲重。

紫胎者，自四、五子以臻九子，則秘典云「丹砂五轉，不親磁鐵，須假汞胎，鑄成神室，中間約虛三寸三分。龍睛燦燦，形如太乙燈毬；鳳卵團團，象似混元模樣。內貯金毓，中生玉筍。靈苗金蠶之藥，因此結成；玉樹玉漿之丹，由此產出」。作爲玄巧，筆難盡傳，入室下工，精巧方妙。

七

金水添光將去燋，丹砂伏性外盤磽；胎分初子無妨事，四轉三回緊似膠。

金水添光，總兵除銹，淨鼎之妙法也。若還鼎熟，不用斯爲。烹砂伏性，外假天盤，内須羅格，庶火不上炎，砂不沾鼎，無損失之虞。

初子脱胎，無妨於事。有言砂犯鐵器，恐難入聖，然脱胎後有許多轉制，鐵氣豈存？且陳師云「欲脱先將土釜開，開取一粒火中栽；頻頻燒試無烟起，鐵鼎方分一子胎」，是明徵也。但用鼎須防滲漏，故必「三回五轉緊如膠」，方顯妙手。

總結一律　詠成道以内修爲上。

聖道於人不等閑，旌陽假此得成仙；授來口訣誠難測，看破丹經悟入玄。

有德不傳爲棄道，非人若示即違天；功成切勿誇能事，早辨雙修了俗緣。

黄白金丹，萬萬學人，無門從入。蓋以祖師留爲助道，昊天付與有德，非緣莫遇，非人不成，豈等閑哉？增批　十囑修心積德。真君先成黄白，後令旌陽，解七年大旱之災，活一方既死之命，歸求諶母，道就雙修，密煉神丹，功完拔宅，固爲勇決精誠、功高德重所致，而亦黃白聖藥以爲法財之助也。**增批**　十一囑修心積德。龍沙檀柏，識正當期，苟能堅繼美之志，篤步武之心，内修功德，外竭辛勤，入道如棄獵回頭之勇，尋師如遠求諶母之誠，則誠可格天，自獲遇至人，密授口訣玄機奥旨，真有鬼神莫測之秘也。**增批**　十二囑修心積德。然丹經子書，又爲歷代傳心奥要，句句字字，真機所藏，必也盡繼晷焚膏之學，下韋編三絶之功，庶幾心與理融，機與神合，而仙經聖訓，一旦貫通。如其得訣看書，則又如對鏡而辨形矣。設聽方流妄談經旨，或執泥一句以藉口而不知融貫全文，或分别一書爲一事而不符合宗旨，雖敝髮腐齒，焉望其有成哉？

或言先師垂訓，胡不直書顛末，而顧或提其綱領不明其條理，或發其節度不悉其指歸，其故爲何？不知正先師不得已之心也。蓋大道爲公，天人所寶，不可秘，亦不可洩，祖師相傳，擇人而授，爲道謀耳。若遇至德，足以載道，而不虚心參求，或值狐疑，或阻人言，則派自我絶，豈非棄道而慢寶乎？**增批**　十三囑修心積德。苟有僞德，本非道器，而不用心詳察，或感意氣，或因虚譽，而妄授至道，豈非違天而取咎乎？棄道違天，師盟忘失，天地不容，鬼神不祐也。故祖師深鑒於此，作爲經傳，以貽後世，直言文言，百般引譬，豈得已哉？

吾儕遇師得訣，造作有成，勿謂能事既畢，造化在我，且自眷戀繁華，留心聲色，而以内修之事有待無妨。殊不知有限光陰，無窮嗜慾，何時可足？且百年瞬息，隙駒之身，有何可樂？苦海無涯，狂浪莫濟，可勝悼哉？又況得外忘内，逆天背師，雷斧之誅，在所不免。故必感俗緣之難脱，急出世之修持，藉此丹財，資修内道。始也，悟無上之菩提，歸真元之正覺，而使玉液之功成；繼也，解龍虎之重韁，開刀圭之密鎖，以求金液之丹就。得藥於一時二候之内，抽添於周年温養之間，抱一於九年面壁之久，形神俱妙，與道合真，步日月無影，透金石無碍，豈非大丈夫功成名遂之時乎？自此之後，欲超九祖之幽魂，必得靈丹之點化；欲度輔佐之道契，不能概授以真修。乃擇名山洞府，立鼎安爐，密煉九轉神丹，名號天元服食，點枯骨以成形，度同事以報德，功完行滿，飛昇拔宅。

人有畏性之難悟，乃欲修煉服食神丹。吾恐本性不明，必根氣淺薄，不惟至人不授，縱得真訣，多方煉成，則靈丹既就之後，神氣上冲牛斗，蛟龍戲取，妖怪侵奪，雖有劍鏡符咒，使非得法真人，而求其保障勿失，未之有矣。若云靈丹之氣有所掩蔽，何龍津之氣不能掩豐城之沉没也？入道者思之。

承志錄附集

辨惑十五條

會稽後學陶素耜霍童山人述

金丹道理幽玄，工夫精細，行之固難，知亦不易。余校承志錄竟，興趣所至，輒成辨惑十五條，以發錄中要妙。雖粗率不文，而義理遥深，精微透露，於丹道或有小補也。

其一

藥物只是鉛銀砂汞，但非世間現成之物，皆是恍惚杳冥之中，二氣交結，凝而成象。造出真鉛，名曰「白金」； 制成真汞，名曰「紫土」。而白金一物，舉世尤鮮知者。金穀歌曰：「若要水銀死，先須死水銀； 水銀若不死，如何死水銀？」蓋水銀死，後天之水銀也，庚金也，紫土也； 死水銀，先天之水銀也，辛金也，白金也。石函記曰：「白金即是水銀胎，返本還元水銀制。」地元真訣曰：「此金不是世間金，囊括先天真水銀。」黄白鏡曰：「水銀活則爲木汞，死則爲白金。」古聖仙師，明明說出。既知白金，鉛真汞自親，何慮二土不就？然而結胎樞紐，全在華池，真鉛賴以接胎而絕命，然後真汞賴以化土，長子賴以傳靈也。故石函記曰：「二十四鼎始華池，終則神符生白雪。」學人若能引神水入華池，不待火入華池，而丹道已思過半矣。

其二

學者必須洞明河洛生成之理。以河圖而言，北方之一，非東方之三不立，水逢卯死，故用木火入鉛，從有入無，而媾出水中之金也；西方之四，非北方之一不靈，金逢子死，故用神水久煉，得先天氣，纔可乳成胎之汞也；東方之三，非南方之二不成，木逢午死，故用離火化土，以尅汞中癸水，而汞結成形也；南方之二，非西方之四不堅，火逢酉死，故用兑金採先天，而使龍變虎體，則黄睆實死也。

以洛書而言，北之一，南之九，合中五而成十五，故以鉛制砂，砂死化真土，猶月至十五而滿乾，真土始靈也；東之三，西之七，合中五而成十五，故煉鉛乳汞，汞死化真鉛，猶月至十五而滿望，金精始足也；水生於坤二，火生於艮八，合中五而成十五，水火既濟而生真土也；金生於巽四，木生於乾六，合中五而成十五，金木交併而生真土也。

河圖四象，各居本位，天道運乎東南，故木火爲侶；地道盛於西北，故金水合處。洛書金火互易其位，熒惑守西，火能尅金，則交結而產陽鉛；太白經天，金中有水，則水盛而火消滅。此生死秘妙之理，陰陽逆用之機，丹藥局定之訣。臨爐要道，無出於此。

其三

丹道始終，惟仗砂汞變化，而銀鉛不與焉。

參同契曰：「植禾當以黍，覆雞用其卵。」金穀歌曰：「若無真父母，所生都是假。」蓋砂汞，八石類也；銀鉛，五金類也。要得八石通靈，須以砂汞爲父母。死汞便其真父，死砂便是真母。但砂汞性善飛揚，難擒難制，只得借鉛銀重濁之物使之留形住世。始而寄氣於鉛而鉛不用，繼而寄氣於銀而銀不用。非竟不用也，用其氣不用其形，用其真不用其凡也。

夫銀鉛中本無先天之氣，其曰先天一炁者，仙師之巧法，仍砂汞爲之也。悟真篇曰：「本是水銀一味，周流遍歷諸辰。」曰遍歷，不獨砂汞是水銀，即銀鉛亦水銀矣。如此方是氣精交感，方是魂魄相拘，方能清真變化。知此理者，可以外煉黃白，可以內修金丹。

其四

黑金煉出白金，白金煉成黃金，黃金煉成紫粉，則戊土成矣；水火同歸混沌，十旬煉就金霜，粉土栽培博厚，則己土成矣；二土圓成，育子自聖。

今人不知「太陽移在月明中」之理，輒把硃砂要在鉛上弄死，用母造作天硫，便思轉制，何其愚乎？

夫硃砂之中，原有數種：水銀爲硃，黃硫爲砂，神火爲真火，砂皮爲渣質。豈黑鉛一味有能令四物全死之方？神物不存，獨留砂殼，安能通靈變化？不知丹道原是以日月爲藥物，鉛屬坎月，純黑無光，猶内事之少陰也。先聖以法追攝，誘會太陽之氣歸於太陰之中，先天一炁交合，結出一點妙有，猶月之借日生光，内外一理，實是無質生質，從虛化氣，爲死黃硫之聖藥。故外丹者，内丹之法象也。

其五

呂祖曰：「識得煉鉛休再問，貫徹丹經千萬篇。」范師云：「丹頭只在鉛中出，識得煉鉛方可求。」白師云：「煉鉛毫髮更無差，此道真機不敢説。」古仙莫不以煉鉛爲要務，誠有見於煉鉛之難耳。

世人執漁莊錄「用鉛只在片時間」一語，或以凡鉛煎煉，看其火候，種之以砂；或以銀鉛交煉，察其花色，投之以砂。種種制造，退陰抱子，此後絕不用鉛，謂「鉛情須短汞情長」也。豈知范師之旨，謂陽池結胎，只在片時間耳。竟不詳下文「入了陰池不等閑」之意。蓋緣白金出自水中，雖見其形，不能獨立，賴兑金權爲鼎器，以招攝先天一炁，子母同宮，三番煎煉，數足九陽。池有陰陽之別，而概言陰池，以其皆陰煉也。直至金成紫粉，化火爲土，傳金精於己土，方畢煉鉛之事耳。

況真鉛之用甚多。長男感先天之祖氣，烹水銀之金精，賴錦幃以愛護，助兒體而不單。長子成人之後，重會祖源；赤子度關之時，全憑老祖。七返陽華不足，金鉛粉土交加；九子母匱歸宗，祖先金母培養。節節離真鉛不得，所不用者，凡鉛耳。故曰：「丹頭不是尋常藥，曉得煉鉛便罷休。」

其六

仙師隱秘之玄機，全在配合。配合不知，則陰陽有偏勝之患，而氣精無交感之妙矣。金火歌云：「四觔黑鉛水，八兩汞銀配；四九三十六，方得半斤氣。」古歌云：

「一斤水銀七十兩，多餘一兩是金精。」蓋爐中鉛一兩，火内汞三銖，乃丹道一定之配合，非謂一池之中即入八兩汞砂也。若砂鉛氣結，以八兩投四觔，則陽强陰弱，必致水枯靈散，而胎元不結矣。

分銖定兩，全在真師之口授，後學之心虛，非可意想臆度而得。余雖婆心，未敢悉爲陳敷也。

夫七十二數而上弦之氣全，百四十有四而金水之功備，二百一十有六而兩弦之炁足。兩弦炁足，戊己功完，金火之能事畢矣。

其七

承志錄一書，全以清真爲主。清者無陰，真則能變化。姤精若不清真，丹砂決然無孕。水心篇云：「汞若乾時即白金，白金猶自怕含陰；煉成紫赤真金體，留在丹房捕赤禽。」故白金三叠陽關之後，必藉真火接胎，煉至紫金赤色，如塵如粉，燒試，還成金液，方是純陽無陰，而真水清矣；晥則先天真火也，遇火飛騰，難擒難伏，其體是火而畏水，其性屬木而愛金，合乾祖坎陽之金精，水能尅火，火化爲土，土合金氣，金能尅木，升陰煉陽之餘，必假木液烹煮，則晥内之陰質方消，必加汞髓鉛精，則土中之鉛陰盡退，返粉栽接，煉至赤紫金色，如灰如塵，燒試，亦成金液，方是純陽無陰，而真火清矣。水火既清，育子自聖，「下卷」條目已詳哉言之。脱胎之後，三關已畢，聖疏亦成金液，則長子清矣。步步金液，故曰金液還丹也。

清則真，真則化，轉轉相承，皆成聖嗣。古詩云：「紫粉成金不見金，金成紫粉少知音。」知我者希，則我貴矣。

其八

銅符鐵券九鼎九池最上一乘服食之道，與承志錄不同，不敢具論。若夫竊神丹之遺意，制成金液養砂，余深得其旨矣。雖是借假留真，以形住氣，而養出神稀白雪，立可乾汞開茆，轉修服食，功亦不減於神丹。而其中最喫緊處，全在超脱之一法。鉛有鉛之超脱，陰陽疊煉，接氣成塵也；銀有銀之超脱，九池投煉，稟受先天也；疏有疏之超脱，烹煮添精，栽接返粉也；砂有砂之超脱，三度陽烹，脱胎過關也；汞有汞之超脱，進火加水，歸魄返魂也。或接胎以消陰，或升藥以傳氣，步步離超脱之法不得。破愚云：「認得鉛疏，頭頭可做；超得砂汞，路路可通。」藥物配合，雖無二理，而下手之煩簡，成功之遲速，不可執一而論也。

其九

「聖人傳藥不傳火，從來火候少人知。」火無斤兩，亦無時候，大約緩急得宜，藥物成熟而已。而用火之法，則各有不同也。煉鉛之火，焦頭爛額；華池之火，徹地通天；陰池之火，初小終大；陽池之火，返本還元；洞房之火，調停寒燠；升陰之火，去頑養神；威光之火，如雪如雹；栽培之火，博厚通靈；立胎之火，一陽初動；沐浴之火，春半和煦；固形之火，無害方炎；傳神之火，何妨盛暑；煉神之火，助以炎羅；脱胎之火，當施威武；陽烹之火，滴符明煉；温養之火，寧久而文。其中池鼎疊用之機，神氣互融之法，發生肅殺之理，抽添進退之妙，節節次次，俱有真傳口訣，只是鉛銀砂汞四件物事，不過多寡先後之間，生熟輕重之際，變出許多名色，換出許多作用。而少有差池，胎決不結，氣決不充，神決不完，用決不靈。執文泥象者，固不足窺其堂奧；即得理忘言者，亦未易竟其精微也。

其十

金丹傳靈一訣，廼於老死之中，用靈活之氣，傳之於子。失此一著，則胎元不靈，難以變化，砂汞成寶而止，無服食并無點化也。古聖仙師未曾明示，余既得師授，敬爲發明之。

蓋初子入己土匱，必要外藥固住砂體，神火不致走失，子乃通靈。洞天秘典云「先將土把砂身固，又要將砂種土中」，又云「不將土固不爲玄」，所以重複言之也。此外，沐浴之陽烹，亦固內身，西隣之乳哺，竟資外護；二胎混沌全憑玉蕋金蓮，三子胞胎端賴神稀靈異；白雪得真火之力，黃芽收虛養之功；金蠶簇簇，神室滋生，笋樹亭亭，水銀造化；瓊林度九子之龍光，玉漿攜兄弟而共賞；金英取晥火之陽魂，玉蕋結汞霜之陰魄；舍利養成，金剛不壞，神符藥就，萬古長春。凡此一氣相承，步步靈英不失，盡露丹道精微，可作丹門匠手。

其十一

丹家所最精深者，造土也；所最煩瑣者，養砂也；所最近而易忽者，乳母也。

黃白鏡曰：「乳娘沒乳且休言，枉把真鉛裹面煎；此處不知栽接法，前途依舊又茫然。」漁莊錄云：「若把凡母爲乳母，須得身邊有乳生。」蓋西隣乳母，原是凡質，九池煎煉，花簇錦盤，雖戰陰魔，總無陽氣。

古詩云：「凡質從來不化真，化真須用真中物。」真中物者何？真水真火也。夫煉母煉鉛，原非二事，鉛中癸水，憑火燒乾；　銀内陰精，仗鉛戰退。鉛既枯而靈，銀亦剛而聖。然非招攝真水真火之氣，陰煉陽烹，則體未酥黄，用亦無益。

況兑金之大用匪一：　真金用以去癸，用以成塵；　真火用以煉陽，用以化土；　長男用以見寶；　脱胎用以過關；　七返用以竝伐；　祖匱用以補養。其用甚多，其功甚鉅，惟中間生熟之不同，吞吐之各别，煉養之異用，大有講究。不得師傳，誤亦非淺。

其十二

丹經皆言「丁壬妙合」，又云「舍丁用丙」，將何從印可？

夫黑鉛之中，内含一點壬水，性屬坎陽，内陽而外陰，在五行中獨與丁火相當；　朱砂之中，内含一點丁火，性屬離陰，内陰而外陽，在五行中獨與壬水作合；　二物結成妙有，寄居北海之中，爲大丹之祖氣。

丙雖陽火，以陽從陽，必不成胎。此造化生成之理，莫與易也。舍丁用丙者何？丙乃砂中之神火，既曰神火，自宜配以神水，石函記不云「神水原因出白金」乎？　白金煉至純陽，則體就乾金而成神水，神水與神火妙合，自成聖胎，而丁火不相入也。只此神水神火，纔是大藥至藥，纔能育靈誕聖。

其十三

有論枯鉛忌用者，漁莊錄云「煉鉛不是煉枯鉛，鉛若枯時氣不全」，又云「堪笑世人愚又甚，枯鉛頑體認先天」；有論枯鉛必用者，漁莊錄云「煉得鉛枯氣自生」，古歌云「枯鉛端的要鉛枯，不會枯鉛莫强圖」。有論凡母忌用者，採金歌云「生玉果，不用銀，用銀反濁藥不真」，丹訣云「若還砂汞賴母死，畢竟頑陰濁似泥」；有論凡母必用者，後採金歌云「吾今說破真消息，只在銀鉛池内尋」，中卷云「九九烹來轉轉靈，威光鼎内火如雲」。二說相反，何所依據？

古歌云：「鉛枯汞自乾。」黃白鏡云：「水銀乾徹即枯鉛，世上枯鉛豈足言。」是不用者，凡世之枯鉛；必用者，真鉛之枯徹也。

凡母則丹家之鼎器，成胎之樞紐，育形之妙用，惟起手煉氣，不可用形，形體既立，節節離他不得，但切忌沾滯耳。如曰丹事不用母，何以成九陽之功而造丹乎？學道者思之。

其十四

丹家謬誤之處甚多，謹指陳其概，以爲學人告。

鉛用凡鉛，不明去癸存壬之秘；砂用凡砂，罔知舍丁用丙之奇。死銀昧於坎北，死汞忘却離南。求助藥而用砒硫，舍銀鉛而尋鑛土。認鉛皮爲戊土，取砂殼作天硫。徒研渣質，不攝先天。藥物之謬一。

吞吐暗於盈虛，烹煉盲於生熟，採取不分老嫩，交煉不辨浮沉。煉神無訣，造土何由？煆煉之謬二。

金水分胎，何謂冷鉛熱火？水火齊老，如何電走雷轟？煉鉛無計長陽魂，煉汞何緣求博厚？陽關曷度，陰氣未除。造土之謬三。

起手之分兩不均，求白金兮何地？九池之爻銖未合，造黃輿兮無由。金水同宮，何處烹完坤策？威光兩鼎，奚從煉盡乾爻？華池難赴，九九安施？配合之謬四。

白金與兑金，兩物而同其名；鼎器與庶母，一物而異其號。精氣相交，用母則濁而無用；形體既立，舍鼎則弱而難堅。清真不必是孤陽，少女未便是凡濁。鼎器之謬五。

衣衫不解，無以傳兒孫；超接不明，何以離凡離？煉神未足，便想脱胎；關度未完，即思誕嗣。父母之陰質猶存，聖子之陽魂誰度？轉制之謬六。

煉鉛如塵如粉，戊土陰氣不絶，己土難成；温砂直到灰塵，己土陽華不厚，靈嗣難育。瓜熟宜尋敗葉，河車斷絶，則九子安歸？藕生仍覓殘花，祖竇凝寒，則真母奚補？

宗祖之謬七。

闇於生熟轉制之法，昧於母子暗度之機。砂汞犯水而吞啗不清，則有父子交體之病；　⿰日㐬母合煉而三才不分，則有反吞不吐病；　⿰日㐬經母而洩氣，則有養汞而汞不死之病；　⿰日㐬如珠而不粉，則有傳神而中母毒之病；　⿰日㐬不成土而手撚墨色，則有鉛陰不退之病；　⿰日㐬成返粉而母氣未足，則有新⿰日㐬難接之病；　體不堅凝，色未純黑，則有賴母而留、離母即去之病；　砂鉛相雜，⿰日㐬累鉛形，則有死之甚易、接制甚難之病；　汞死如銀，而⿰日㐬陰未盡，則有不能返粉之病；　汞不過度而竟返粉，則有癸陰未盡之病。　或補其神，或助其氣，或治以銀鉛，或治以汞火，巧拙殊途，救全有術。制度之謬八。

同志者率留意焉。

其十五

丹法始終節次，皆古仙聖師流傳度世，一件不可苟且抹過。聰明自用之子，好好異立新，見小欲速，輒嫌工夫煩瑣延續，或任意刪改以顯才思，或喜用武火以取近效，既得真傳，萬無成理，況未必得傳者乎？

彭師云：「兩物直須齊耄耋，刀圭次第蔭兒孫。」陳師云：「大都兩物精神老，皆使貧家作富家。」凡藥物未熟已前，有許多調神養氣工夫；藥物既熟以後，有許多培養添接工夫。非靜心體會者，不知此中竅要也。要而論之，藥物之秘，欲陽而不欲陰，欲輕而不欲重，欲老而不欲嫩，欲粉而不欲結，欲清而不欲混。數語皆丹道之急務也。

總詠下卷長男眾子標題

修丹第一選陽砂，牆壁周全用乃佳。二抱金郎胎可立，三吞神水浴奇葩。第四先將真土固，親娘第五育英華。匱中濁氣先烹出，六七三番乳足誇。又愁體質沾陰濁，烹後還須歸母家。再會祖源陽氣足，第八煉神猛烈加。九十死中方用活，衣衫脱下泛仙槎。真鉛先歷三關遍，十一二三字字嘉。十四晥衣覲二母，十五仙姝新舊花。十六陽池配煉後，陰池半月發靈芽。蓮蓝將來傳二子，虛養超脱皆如此。十七神稀烹白雪，十八歸魂返魄矣。十九白雪種青砂，砂成虛養發黃芽。謁祖超脱造神室，二十金蠶似錦霞。衣衫自卸仍歸祖，廿一森森玉笋佳。廿二雙金來竝伐，玉樹亭亭發舊家。廿三玉樹長瓊林，都是水銀一味成。廿四玉漿九子畢，朝宗次第要分明。廿五長生寶匱訣，朝種暮收神鬼驚。玉蕋金英舍利子，萬刦千春可輟耕。制造壇鼎養虛無，服之百日自長生。誰說丹經無口訣，彭公承志主宗盟。我今校錄闡玄奧，留與當來度有情。